档案整理实务教程

柳瞻晖　金洁峰　苏　坚　编著

上海大学出版社
·上海·

图书在版编目(CIP)数据

档案整理实务教程/柳瞻晖,金洁峰,苏坚编著.
—上海:上海大学出版社,2021.3(2024.9 重印)
ISBN 978-7-5671-4163-6

Ⅰ.①档⋯ Ⅱ.①柳⋯ ②金⋯ ③苏⋯ Ⅲ.①档案整理-职业教育-教材 Ⅳ.①G272

中国版本图书馆 CIP 数据核字(2021)第 036843 号

责任编辑 傅玉芳 盛国督
美术编辑 柯国富
技术编辑 金 鑫 钱宇坤

档案整理实务教程

柳瞻晖 金洁峰 苏 坚 编著

上海大学出版社出版发行
(上海市上大路 99 号 邮政编码 200444)
(http://www.shupress.cn 发行热线 021-66135112)
出版人 戴骏豪

*

南京展望文化发展有限公司排版
上海华教印务有限公司印刷 各地新华书店经销
开本 787mm×1092mm 1/16 印张 20.75 字数 454 千
2021 年 3 月第 1 版 2024 年 9 月第 3 次印刷
ISBN 978-7-5671-4163-6/G·3274 定价 58.00 元

版权所有 侵权必究
如发现本书有印装质量问题请与印刷厂质量科联系
联系电话: 021-36393676

本书编委会

主　　任　柳瞻晖　金洁峰　苏　坚
委　　员　王楠楠　闵　桃　徐晓云
　　　　　陈欣慧　钱玉锦　齐　丹
　　　　　孙俊杰

前　言

我们身处一个数字化的时代，随着档案行业外包服务逐步放开，档案管理服务作为数据基建的基础正处于高速发展期。各企事业单位、档案外包服务单位需要大量的职业档案整理员，协助对档案进行整理、扫描、数字化等多项技术服务。目前，档案行业的一线从业人员青黄不接，再加上缺乏对传统档案技术从业人员的职业培训，实际上档案行业从业人员的知识储备已经与现有的档案软件技术、设备的高速发展脱节。

《档案整理实务教程》是一本培养应用型档案整理技术人才的教材，以服务社会经济发展、建立"社会需求＋职业上岗证书＋专业职业教育"之间密切关系、构建档案传统业务和现代化服务为一体的人才培养基地为目的而编写。本书的主要特点是注重实际能力的训练和训练效果的考核评价。理论是灰色的，实践之树常青。理论需要实践这一"源头活水"的滋养。为此，本教材围绕纸质档案整理、档案数字化、档案信息系统、档案保管与利用等内容，深入档案整理现场一线调研，利用上海档案产业园得天独厚的环境优势，注重职业岗位的情境性，在项目、任务和能力训练上都针对能让学员独立上岗而设计。

有继承，才有发展。在本书的编写过程中，编著者广泛吸收了近年来档案工作研究的成果，上海师范大学、国防大学政治学院、上海档案产业园的同行专家为本书的编写提供了大量的素材，在此我们表示由衷的感谢。由于我们水平有限，书中的缺点和错误，恳请读者斧正。

编　者

2021 年 2 月 22 日

目　录

第一章　档案和档案工作 ··· 1
　　第一节　档案概述 ··· 2
　　　　一、档案的定义与内涵 ··· 3
　　　　二、档案的种类与划分 ··· 5
　　　　三、档案的价值与作用 ··· 6
　　第二节　档案工作概述 ··· 9
　　　　一、档案工作内容 ·· 10
　　　　二、档案工作性质 ·· 11
　　　　三、档案工作的基本原则 ·· 12
　　　　四、档案工作组织机构 ·· 14

第二章　纸质档案的整理 ··· 18
　　第一节　文件的收集归档 ·· 19
　　　　一、文件的收集归档 ·· 20
　　　　二、归档制度 ·· 20
　　第二节　文件级整理流程 ·· 22
　　　　一、组件——"件"的确定 ······································· 25
　　　　二、修整 ·· 26
　　　　三、编页 ·· 27
　　　　四、分类排列 ·· 30
　　　　五、编号 ·· 33
　　　　六、编目 ·· 36
　　　　七、装订 ·· 40
　　　　八、装盒上架 ·· 47
　　第三节　案卷级整理流程 ·· 50

一、档案的分类 ·· 52
　　二、立卷 ·· 52
　　三、案卷的排列 ·· 62
　　四、编制案卷目录 ··· 63

第三章　专门档案的整理 ·· 76
第一节　人事档案整理 ··· 77
　　一、人事档案的定义 ·· 78
　　二、人事档案的形成条件 ····································· 78
　　三、人事档案的种类 ·· 79
　　四、人事档案材料收集的范围 ······························ 81
　　五、人事档案材料收集的渠道 ······························ 83
　　六、人事档案整理的内容 ····································· 85
第二节　会计档案整理 ··· 93
　　一、会计档案的概念和种类 ·································· 93
　　二、会计档案整理流程 ··· 95
第三节　声像档案整理 ··· 115
　　一、声像档案的含义 ·· 116
　　二、声像档案的整理 ·· 116
第四节　保险业务档案整理流程 ································ 138
　　一、财产保险业务档案 ··· 139
　　二、人身保险业务档案 ··· 158

第四章　档案工作的信息化 ·· 176
第一节　档案管理的信息化 ······································ 177
　　一、档案管理信息化概念 ····································· 177
　　二、档案管理信息化应用 ····································· 178
第二节　纸质档案的数字化 ······································ 180
　　一、数字化概念 ·· 181
　　二、数字化流程 ·· 182
第三节　纸质档案数字化扫描设备 ····························· 198
　　一、平板扫描仪 ·· 199

二、高速扫描仪 …………………………………………… 202
　　三、大幅面扫描仪 ………………………………………… 207
　　四、数码翻拍仪 …………………………………………… 210
第四节　档案管理信息系统的应用 …………………………… 221
　　一、档案管理信息系统的概念 …………………………… 222
　　二、档案管理系统的基本功能——以顺秋档案管理系统为例 …… 223
　　三、档案管理系统的业务工作流程 ……………………… 253
第五节　新型档案管理设备 …………………………………… 255
　　一、智能化设备 …………………………………………… 255
　　二、一体化设备 …………………………………………… 261

第五章　档案馆建设及规章制度 …………………………… 270
第一节　档案馆建筑设计规范 ……………………………… 271
　　一、总则 …………………………………………………… 271
　　二、术语 …………………………………………………… 272
　　三、基地和总平面 ………………………………………… 273
　　四、建筑设计 ……………………………………………… 274
　　五、档案防护 ……………………………………………… 277
　　六、防火设计 ……………………………………………… 279
　　七、建筑设备 ……………………………………………… 280
第二节　档案馆建设标准 …………………………………… 281
　　一、总则 …………………………………………………… 282
　　二、建设规模和项目构成 ………………………………… 283
　　三、房屋建筑面积指标 …………………………………… 284
　　四、选址与规划布局 ……………………………………… 286
　　五、建筑设计 ……………………………………………… 286
第三节　规章制度 …………………………………………… 297
　　一、档案工作人员职责 …………………………………… 298
　　二、档案库房人员职责 …………………………………… 298
　　三、档案工作保密纪律 …………………………………… 299
　　四、档案保管制度 ………………………………………… 300
　　五、档案借阅管理制度 …………………………………… 301

六、档案库房管理制度 …………………………………………… 302

七、档案销毁制度 ………………………………………………… 303

参考答案 ……………………………………………………………… 308

参考文献 ……………………………………………………………… 318

第一章
档案和档案工作

本章摘要

　　档案和档案管理工作起源于人类文明的早期。文字的出现,使人类由蒙昧走向文明;阶级和国家的产生,促使统治者在维护其统治的过程中重视档案文献的积累和保管。有了档案,就有了档案管理工作。在古代,由于档案数量较少,种类单一,利用范围狭窄,档案管理与图形、资料等其他文献的管理没有明确界限。近现代以来,档案管理工作才逐渐发展成为一项独立的业务工作并形成了专业的学科。随着人类科学技术的进步以及社会活动领域的拓展,各种门类和载体形式的档案大量增加,同时社会对档案的需求也日益增强,需要设立专门的档案管理机构,以及受过专门档案教育或培训的人员进行系统管理,为社会各项事业发展提供档案利用和服务。

学习目标

　　(1)知识要求:通过本章的学习,掌握档案的概念及特征,掌握档案工作相关内容。
　　(2)能力要求:通过本章学习与任务训练,了解档案工作相应环节和工作内容,认识档案管理制度。

第一节　档　案　概　述

知识目标

（1）掌握档案的概念和基本特性。
（2）掌握档案的种类。
（3）了解档案的价值与作用。

能力目标

（1）能够正确区分档案种类。
（2）能够正确认识档案发挥作用的客观条件及规律。

案例导入

"弃档族"居高不下　档案屡被遗忘

高校毕业生忙着找工作，不重视档案和档案转移的现象屡见不鲜。调查显示，有近40%的高学历求职者都加入了"弃档族"，很多毕业生根本不知道自己的档案在哪里，也没有意识到人事档案的重要性。2015年毕业的范先生是一名出色的网络工程师，从某大学计算机专业毕业后，在一家网络公司供职。后来，范先生想跳槽到另一家网络公司。面试后，他却遇到了令自己头疼的问题：他保存在人才服务中心的人事档案仍然是学生身份，档案内没有任何可以证明他毕业以来工作业绩和职业荣誉等方面的记录或资料，甚至连当初的就业手续都没有。这家公司给他的评价是"不负责任"，自然也就没有录用他。范先生十分后悔，毕业后一直没把"办理就业手续"这件事放在心上，现在需要补办全套材料，才认识到档案的重要性。

人事档案记录着个人的学习经历、工作经历等原始信息，当毕业生参加工作后，会面对转正定级、职称申报、养老保险办理、人事调动、社保福利等问题，这些都离不开档案，应届毕业生及其档案所在学校应及时转接档案。毕业生出现案例中这种"弃档"现象，主要是对档案和档案价值认识不足。

档案在文字发明不久后就已产生的，但"档案"一词，到清代才出现。清代以前，对档案的称谓因时而异，而且往往与图像、资料混在一起。商代叫"册"，周代叫"中"，秦代叫"典籍"，汉魏以后叫"文书""案牍""文牍""案卷"等。"档案"一词的具体表述，最早见于清代杨宾的《柳边纪略》。由此引申，便把处理一桩事件的有关文书叫作"一案"。清代，虽由过去的木牌、木签改为纸质文件,但仍沿用过去的习惯,将保存起来的文件称为"牌子""档子""档案",将存放档案的架子称为"档架",每一格称为一档,"档案"便意为存放在档架之内的案卷,历经300多年,一直沿用至今。

一、档案的定义与内涵

《中华人民共和国档案法》(以下简称《档案法》)第二条明确规定:"本法所称档案,是指过去和现在的机关、团体、企事业单位和其他组织以及个人从事经济、政治、文化、社会、生态文明、军事、外事、科技等方面活动直接形成的对国家和社会具有保存价值的各种文字、图表、声像等不同形式的历史记录。"很显然,档案这个概念的内涵是人类在社会实践活动中直接形成的原始的历史记录,它的外延是具有这种属性的各种形式的文件材料。这一档案定义的基本含义有以下四个方面:

(一)档案是机关、团体、企事业单位和其他组织以及个人在社会活动中形成的

档案的来源大致可以分为三类:一是官方性质的机关;二是非官方的各种社会组织(如社会团体、企事业单位);三是个人(如著名人士、著名家庭和家族)。这使档案具有很强的广泛性,只要单位和人存在,其档案就会源源不断地产生和积累。

同时,档案又是来源于形成者的特定的实践活动。有什么样的社会活动,就有什么样的档案,经济政治、文化教育、天文地理、农工商学,无所不包。实践活动形成和产生各种形式和内容的文件资料,日后经过一定的整理保存下来,也就形成了档案。档案是伴随着人类活动自然而然地产生的最为原始的历史记录,这一特性是档案区别于图书和报刊资料的标志之一。

(二)档案是保存备查的文件

文件是国家机关、社会组织和个人在履行职能、处理事务活动中形成的一切材料的总称。一切单位和个人围绕其社会活动,产生和形成了许多可供日后工作查考的大量的文件材料,将这些文件材料按照一定的方法有序地管理保存下来,就转化成为档案。可以说文件和档案是同一物体在不同发展阶段的两种表现,现在的档案就是过去的文件,现在的文件将是以后的档案。

但是,不是所有的文件都可能转化为档案的,档案是文件有条件地转化而来的。文件转化为档案一般需要具备三个条件:

1. 办理完毕

办理完毕的文件才能作为档案保存,正在承办中的文件在一定程度上并不是档案。所谓办理完毕是相对而言的,主要是指完成了文书处理程序,不能理解为要把文件中所说的一切事务全部办理完成才算为"办理完毕",而是指文件的承办告一段落。日常工作中

有三种情况：第一种是文件所涉及的事务很快就办理完毕。第二种是文件所涉及的事务需要经过较长时间才能办理完毕的，如上海档案局制定的《上海市档案事业发展"十三五"规划（2016—2020）》，对于这样的文件，并不是要等到"十三五"结束后才进行归档，而是指只要将文件完成签收、传阅、研究讨论和贯彻执行后，就可视为办理完毕。第三种是无须进行具体承办的文件，只要经过登记、收发、圈阅等文书处理手续，就视为办理完毕。文件办理完毕，才能转化为档案。文件转化为档案后，大部分丧失了现行的效用。但有的文件有效期长达几年甚至几十年，例如各种法律、合同、规划等文件，不需要等到其失效后才归档。

2. 有保存价值

国家机关、社会组织和个人在履行职能、处理事务活动中形成的文件材料，数量是巨大的，不可能全部都转化为档案。有的文件在办理完毕后就失去了保存的价值，也就不需要转化为档案，如停车费缴纳单等。所以说，档案是文件的精华，文件是档案的基础。日常工作中"有文必档"的做法是不科学的。

3. 按照一定的规律集中保存起来，才能最后成为档案

文件是逐日逐件积累起来的，是比较分散和零散的，只有按照一定的规律或要求并经过整理保存下来的才能称为档案。因而，归档既是文件转化为档案的程序和必要条件，也是文件转化为档案的标志和界限。

（三）档案的形式是多种多样的

档案的形式是指档案的载体形态和记录与表达方式。从载体形态看，有古代的甲骨①、金石、竹简、缣帛②（图1-1-1）和现代的纸质、感光材料③、磁性材料④等固化载体；从记录方式看，有手写、刀刻、印刷、摄影、录像（音）、数字化存储等方式；从信息表达形式看，有文字、图表、音像等方式；从文件的名称来看，古代有诏、诰、题本，近代有令、布告、呈，现代有计划、报告、通知、通报等。总之，档案的形式是丰富多彩的，又是千变万化的。

（四）档案是人类社会活动的原始记录

档案是人类社会实践活动中形成和产生的各种材料转化而来的，是当时活动最为原始的记录，不是事后另行编写和随意收集来的，这是档案区别于其他资料的重要特点之一。

---

① 中国古代占卜时用的龟甲和兽骨。其中龟甲又称为卜甲，多用龟的腹甲；兽骨又称为卜骨，多用牛的肩胛骨，也有用羊、猪、虎骨及人骨。卜甲和卜骨，合称为甲骨。
② 中国古代以丝织品为记录知识载体的。一般称为帛书，也有人称为缯书；因其色白，故又称之为素书。
③ 感光材料是指一种具有光敏特性的半导体材料，目前常被用于复印机和照相机。
④ 通常所说的磁性材料是指强磁性物质，是古老而用途十分广泛的功能材料，例如中国古代的指南针和现代永磁材料制造的马达、作为存储器使用的磁光盘、计算机用磁性记录软盘等。

甲骨档案　　　　　　金石档案　　　　　　　简牍档案

图 1-1-1　古代档案的各种形式

二、档案的种类与划分

由于划分标准和认识角度不同,档案的分类也各不相同。

(一) 从档案的载体划分

从档案的载体划分,可分为纸质档案与非纸质档案。纸质档案是指以纸张为书写载体的档案,非纸质档案主要指除纸张载体以外的档案。非纸质档案又可以分为两种:一是传统载体档案,如以甲骨、金石、竹简、缣帛等为载体的档案;二是新型载体档案,如以照片、录音、录像、软盘、光盘等感光或磁性材料为载体的档案。档案载体的不同,其制作、管理、传递以及耐久性和保护方法均有所不同。

(二) 从档案形成领域的公私属性划分

从档案形成领域的公私属性角度,可分为公务档案和私人档案。公务档案是指机关、团体、企事业单位和其他组织在其职能活动中直接形成的档案,其具体文件形态主要是公务文书,如法律、法规、行政公文等。私人档案是指人们在私人事务中直接形成的档案,其形态主要是私人文书,如日记、文稿、信函、票据、账单、笔记等。

(三) 从档案形成的政权性质和阶段划分

从档案形成的政权性质和阶段,可把档案分为建国后档案、革命历史档案、旧政权档案。建国后档案指 1949 年 10 月 1 日中华人民共和国成立后,在我国形成的归国家所有的档案;革命历史档案指 1949 年 10 月 1 日中华人民共和国成立前,由中国共产党及其所领导的军队、政权、企事业单位、社团等社会组织及个人所形成的归国家所有的档案;旧政权档案指 1949 年 10 月 1 日中华人民共和国成立前,除革命历史档案之外的所有归国家所有的档案。这三部分档案又被称为国家档案全宗。这种划分的意义在于便于国家从行政管理角度对全国范围内归国家所有的全部档案进行宏观管理和控制。

(四) 按文书档案、科技档案和专门档案划分

文书档案也称为党政档案,是反映党务和行政管理方面的档案,是党政机关、团体、企事业单位在党务和行政管理活动中形成的档案材料,如国家行政机关和其他单位组织发出和收到的指示、请示、报告、批复、决议、决定、通知等。

科技档案的全称是科学技术档案,是指科学技术研究过程中形成的,具有保存价值的文字、图表、数据、声像等各种形式载体的文件材料。

专门档案是指文书档案、科技档案之外的,所有在专业职能活动中形成的档案。如人事档案、会计档案、诉讼档案、病历档案、婚姻档案等。由于社会分工细致,专业档案种类繁多,不再一一列举。

三、档案的价值与作用

(一) 档案的价值

人们在各种社会活动中,需要查考过去的工作与生产情况、研究事物的发展规律、继承已有的成果,那么档案就具备利用价值。

档案的价值指的就是档案的利用价值,是档案能够满足社会需求的表现。当档案的原始记录性或知识信息性能够满足某个方面的社会需求时,就形成了档案的价值。档案的价值一般可以概括为以下四个方面:

1. 档案是机关行政管理和业务工作的查考凭据

档案是由机关、团体和社会组织在社会活动中形成的文件材料转化而来的,是机关公务活动的记录,反映了机关和社会组织活动的完整情况。它是机关工作中不可缺少的辅助工具,是处理业务和履行职能的手段,要熟悉机关工作的情况、规划决策、处理事务就必须查考和利用档案,否则将给机关工作带来诸多困难。

2. 档案是生产活动的参考依据

档案来源于生产活动,记录了人类在其发展中世世代代同大自然作斗争积累下来的宝贵经验,可以为社会建设提供重要的依据和参考资料。特别是科技档案,它更是企业现代化生产和科学管理的重要条件,在企业经营管理和提高生产力方面发挥着重要的作用。如果没有档案或档案不全,就会造成工作上的重复劳动和浪费,甚至造成重大的事故,危及人民的生命和财产安全,给国家的生产建设带来损失。

3. 档案是科学研究的基础和条件

一切科学研究,无论是社会科学研究或是自然科学研究,都必须充分利用一定的材料,这是一个不可缺少的重要条件。在科学研究中,档案一方面能提供原始的记录供直接借鉴,另一方面能提供大量的实验和观察中概括的基础材料供间接参考。科学研究工作

的发展,主要依靠人类的实践,通过不断地总结前人研究的成果,吸取其中有益的经验教训,避免少走弯路或不走弯路。档案是记录前人研究成果的最原始的资料,其真实可靠性是任何材料都不可替代的。因而任何科研成果都是以档案作为基础和条件的。

4. 档案是宣传教育的生动素材

档案记录了各个历史时期进步势力、反动势力以及各种英雄人物的事迹材料,内容极其丰富,是著书立说、文艺创作、举办各种展览和对人民进行革命传统教育、爱国主义教育的生动素材,具有较强的说服力和感染力。近年来,档案馆已充分认识到档案的宣传教育作用,将档案馆办成爱国主义教育的重要基地。

(二) 档案的作用

档案的作用是多方面的,但最终可概括为两个基本方面,即档案的凭证作用和档案的参考作用。

1. 档案的凭证作用

档案原始记录的特性决定了档案的凭证价值,它是其他材料所不能取代的,具有法律上的权威性。

档案的凭证作用是由档案的形成规律和自身特点所决定的。这是因为:第一,从档案的形成看,它是原始形态的记录品,是当时、当地、当事人留下的,未经过任何人改动的最为原始形态的记录,比较真实地记录了当时人们的思想和活动,可靠性强,是令人信服的证据。第二,档案记录着形成者的历史真迹,如各种手稿、合同、证书、录音、录像等,这些原始标记进一步证明了档案是确凿的原始材料和证据,是真实的历史凭证。

2. 档案的参考作用

由于人类社会活动的多样性,所以档案所记录的信息和知识也是极其丰富的。档案中有成功的经验,也有失败的教训;有思想观点,也有实验观察数据;有社会变革,也有生产的发展。与图书情报资料相比,档案的参考价值更具有原始性和可靠性。

社会对档案的需求是多方面的,社会不仅需要利用档案的凭证价值,而且需要利用档案的参考价值。不论是机关行政管理还是生产建设,不论是科学研究还是宣传教育,都需要广泛地参考利用档案,所以,档案的参考价值也是档案的基本价值之一。

(三) 档案的作用规律与特点

档案价值与作用的发挥具有一定规律和特点,具体可归纳为以下几点:

1. 档案价值时效律

档案的价值与时间的关系极为密切。档案价值的时效律,是指有些档案的作用是有时限性的,有的档案可能在一段时期内有较高的查考价值,且利用的价值较高,随着时间的推移,这种价值逐渐减小,甚至消失。如条约、合同、协议类的档案,其时效性与档案内容的有效期直接相关。而有的档案,由于社会要经常地、反复地查考利用,它的价值可以说是永久存在的,不会随着时间的推移而变化。如天文、水文、勘测、气象类档案,其时效性较长,因为这类档案历经的时间越长、积累的数量越多,就越能寻找其中的规律。

掌握档案价值的时效律,要求我们正确判断不同档案的时效性,适时地提供利用,以免因错过最佳的开发利用时机而丧失档案的部分或全部价值。

2. 档案价值扩展律

所谓档案价值扩展律,是指有些档案作用的范围存在一种逐渐扩大的趋势。即由对本单位的第一价值过渡到对社会的第二价值。一些档案在形成后的一段时间内,作为本单位工作和生产活动的必要条件,它所发挥作用的对象主要是本单位。随着时间的推移,第一价值实现到一定程度,本机关对这些档案利用的需要会逐渐淡化,第一价值就向第二价值过渡,档案就由机关档案室向档案馆进行移交。档案的价值和作用也就突破原来形成机构的范围而扩展到社会的各个方面,形成了丰富的、多样化的社会价值形态。

掌握档案价值的扩展律,有助于处理好档案管理中当前与长远、局部与整体、保密与开放的关系。

3. 档案机密程度递减规律

随着时间的推移,档案机密程度不是一成不变的,档案的机密性会日渐减退,有的甚至失去机密性,最终可以向全社会开放。一般而言,档案形成时间距今越远,机密程度越小;现行机关的档案机密性相对较强些。档案的机密程度与档案的保存时间成反比。

掌握档案机密递减规律,有助于我们妥善处理好保密与开放的关系,及时有效地开发档案信息资源,发挥档案的价值与作用

4. 档案发挥作用的条件和规律

档案发挥作用受到一定条件的制约。档案的作用是客观存在的,而档案的作用能否发挥及作用发挥的大小,取决于如下三方面因素:

一是受社会发展水平的限制。社会发展水平,如社会制度以及政策、法律等,对档案利用需求程度有很大的制约作用。总的来说,政治、经济、科技、文化、教育提供的条件发展到什么程度,档案价值就实现到什么程度。

二是受档案管理水平的限制。档案发挥作用的先决条件之一就是要用科学的方法和工具把档案管好,收集齐全,整理科学,排列有序,检索工具齐全,查找利用方便,只有这样才能有效地促进并满足社会对档案的需求,实现档案的价值。反之,档案的价值只能停留在潜在状态中无法实现。

三是受人们对于档案认识水平的限制。档案的作用是客观存在的,然而它的作用的发挥又受到人们对档案的认识水平的限制和制约。几十年档案工作的实践证明,凡是社会档案意识较强,人们对档案作用有足够认识的地方或单位,档案的作用就发挥得较好。

认识这些规律,有助于帮助我们树立正确的档案价值观,搞好档案的宣传工作,增强全社会的档案意识,认真分析档案利用工作中出现的困难和问题,从社会现状出发,创造条件,采取最有效的方法为社会服务,满足社会的档案需求,最大限度地发挥档案的价值与作用。

第二节　档案工作概述

知识目标

(1) 掌握档案工作基本内容。
(2) 掌握档案工作原则。
(3) 了解档案工作组织机构——档案室和档案馆。

能力目标

(1) 能够正确区分档案室和档案馆的不同。
(2) 能够熟悉档案工作内容和档案体系。

案例导入

档案销毁失误　处以行政警告处分

某机关秘书王××，在临时负责本局办公室工作期间，为了给新购进的复印纸腾出存放空间，在既未请示局领导、又未亲自查看的情况下，擅自批准工作人员将1957年至1969年间形成的档案从柜子中搬出，装入麻袋并堆放在机要室，后因办公室调整又转放到油印室。此后，在长达半年多的时间里，王××既没有安排档案管理人员去整理、保管这部分档案，又没过问这批档案的下落，使得其最终被人误认为是油印室无用的废纸而予以销毁。事发后，王××虽然被处以行政警告处分，但造成的损失无法追回。

造成这次误销档案事件的发生，究其原因是王××档案意识淡薄，不了解档案工作内容及环节。档案工作人员在销毁任何应该销毁的档案时，一定要严格依法办事，即在销毁档案时，一定要事先进行鉴定。在鉴定后一定要将待销毁的档案编入档案销毁清册，经机关领导人审核、批准后才可以销毁。任何人未经法定程序无权擅自销毁档案，只有这样才能有效地防止那些不该销毁的档案误被销毁。

近年来，随着社会的进步和科技的发展，我国的档案工作已发展成为一项管理规范的专门事业。档案工作具有广义和狭义两种解释，从广义上说是指整个档案事业，它包括档案室工作、档案馆工作、档案行政管理工作、档案教育工作、档案宣传工作、档案科学研究工作和档案国际合作与交流工作等。而狭义的档案工作，则是指档案业务工作，也就是人们通常所说的档案工作，专指档案室和档案馆围绕档案所开展的一系列业务，即用科学的原则和方法管理档案，为社会各项事业服务的工作。

一、档案工作内容

(一) 基础业务工作

档案管理是指用科学的原则和方法管理档案,并为社会各项事业提供档案信息服务的工作,它包括档案收集、整理、鉴定、保管、编目、统计和开发利用等环节,这是档案部门最基础的业务工作。

1. 收集工作

收集是指按照一定规定和要求,通过例行的接收制度和专门的征集办法,将档案集中保存起来的过程。收集工作是档案管理工作的起点。各机关单位及其内部各部门形成和使用的文件往往是分散的,档案收集工作就是将分散在各部门和个人手上的文件集中到档案室,然后再集中到档案馆。机关单位文件归档和相关档案向档案馆移交以及档案馆的接收、征集等,都属于档案收集工作。

2. 整理工作

整理是指对档案系统化、条理化、有序化的过程。收集起来的档案不仅数量繁多、内容复杂,而且处于零乱状态,不便于保管和利用。为了解决档案的零散状态与系统查找利用之间的矛盾,就必须对档案进行分门别类的整理,使之系统化、条理化、有序化。

3. 鉴定工作

鉴定是指对档案的真伪和价值进行判定的过程。随着社会的发展和时间的推移,各项工作中形成的档案的数量在不断地增长,档案材料经过一段时间保存后,有些仍有保存价值,而有些则失去保存价值,致使档案库存繁杂。为了解决档案库存繁杂和档案价值之间的矛盾,使有价值的档案得到优先保管,减少库房压力,就需要通过鉴定工作,确定档案的价值,并对已满保管期限的档案进行审查和鉴别,去粗存精,提高库藏档案的整体价值,同时降低档案管理成本。

4. 保管工作

保管是指维护档案完整与安全的过程。由于自然和社会的各种因素,档案始终处于渐进性的自毁过程,甚至于可能遭受到突然性的破坏。为了使档案得到安全的保存,应将整理完毕的档案按照编号体系的要求各就其位,有序管理,并采取有效的保护措施,对已破损的档案进行修复,开展去污、去酸、加固、档案字迹的显示与恢复、档案修裱等工作,最大限度地延长档案的寿命,以便更好地开展档案工作。

5. 统计工作

统计是指对档案和档案管理有关状况进行数据的登记、统计和分析研究的过程。每个档案室和档案馆保管的档案数量多,成分繁杂。为了了解并掌握档案的基本情况,在档案管理过程中做到心中有数,就要对档案的收进、移出、销毁与编目、开发利用等有关数据进行统计和分析研究,以便掌握档案工作的规律。

6. 利用工作

利用是指档案部门向利用者和社会提供档案,实现档案信息的共享,满足社会对档案信息的需求的过程。档案工作的最终目的是要发挥档案的作用。

在实际工作中,除了上述"六个环节"外,也有人将档案业务工作划分为八个环节,即加入档案的编目工作和档案的编研工作。编目工作是指编制档案检索工具的过程。编研工作是指利用工作中,对档案史料进行编辑、研究,加工成各种信息材料提供给社会利用的过程。

(二) 特殊业务工作

档案工作中所指的特殊业务,一般指档案的修复。档案修复是指对以纸质为载体的古籍、历史档案和文物等进行修复、恢复,去除档案中对耐久不利的因素,使档案、古籍、文物等恢复原来面貌的过程。我国保存有大量的历史档案,它们反映着我国不同时期的历史面貌,为我国的历史研究提供真实依据,是我国和人类宝贵的文化财富。但这些档案文献保护却存在着诸多问题,如档案文献老化、数量不清和破损严重等问题,急需进行抢救式修复。据了解,现如今仅是中国第一历史档案馆中所留存的明清档案数量就达一千万余件,这些历史档案中约有百分之三十需要修复。很多档案已遭朽烂、虫蛀,甚至粘结成砖,破损相当严重,急需修复。但档案修复需要专门性人才,而我国当前档案修复的专业性教育和专业技术相对较薄弱,因此发展档案文献修复教育和技术研究是解决我国历史档案文献修复的关键要素。

二、档案工作性质

档案工作是维护党和国家历史真实面貌的重要事业,是党和国家各项建设事业必不可少的环节。档案工作,就其与党和国家其他事业的关系来说,是一项管理性、服务性、政治性的工作。

(一) 档案工作是一项管理性工作

档案工作的管理性包括两个方面:第一,档案工作实质上就是档案管理工作,它有自己的管理对象、管理理论与方法。档案工作的管理对象就是档案,管理的目的是维护历史真实面貌,开发档案信息资源为社会服务。第二,档案来源于社会实践活动,档案管理是整个社会管理系统的一个组成部分。从机关档案管理来说,它是机关行政管理的组成部分;从企业档案管理来说,它是企业管理的组成部分。档案管理与各项社会管理事业有着不可分割的关系,是各项管理工作不可或缺的组成部分。

(二) 档案工作是一项服务性工作

从档案工作在整个社会活动中所起的作用以及档案工作同其他工作的关系来说,服务性是档案工作的基本属性之一,是档案工作的宗旨和赖以生存与发展的基础和动力。机关档案工作要为提高机关行政效率服务,企业档案工作要为提升企业竞争力服务;档案馆工作一方面要为社会政治、经济、科学、文化各方面进行基础性服务,另一方面要为国家积累档案历史资料服务。通过服务社会,使档案潜在的价值转化为现实作用,从而达到档案管理工作的目的。

(三) 档案工作是一项政治性工作

档案工作的政治性主要表现在三个方面:第一,档案工作是一定的政治服务。从古到今,档案工作都是为一定的阶级掌握,为一定的社会制度和阶级服务的。第二,档案工作是一项机要工作。任何时期、任何国家的档案工作都有一定的保密要求。我们国家的全部档案,记载着政治、经济、军事、外交和科技等各方面的重要情况,广泛涉及国家机密。许多档案在一定时间和范围内也需要进行保密。因而必须正确处理好保密与开放的关系,以维护国家、民族、集体和公民个人的利益。维护档案的安全是关系党和国家安危的大事,档案工作中应切实负起这项严肃的政治责任。第三,档案工作是维护党和国家历史真实面貌的重要事业。档案是历史的见证,后人了解和研究历史,主要依据档案。维护党和国家历史的真实面貌,是每个档案工作者肩负的一项光荣而又艰巨的任务。对于档案工作者来说,做好档案工作,实质上就是维护党和国家历史的真实面貌。

三、档案工作的基本原则

《档案法》第四条对我国档案工作的基本原则作了规定:"档案工作实行统一领导、分级管理的原则,维护档案完整与安全,便于社会各方面的利用。"它包括三个方面的基本含义。

(一) 统一领导,分级管理

这项内容可具体概括为如下三个要点:

第一,国家的全部档案由各级档案机构分别集中保存。各机关党、政、工、团等组织和机构在其工作活动中形成的档案,均由机关档案室集中管理,不得由承办单位和个人分散保存。各机关档案中需要长久保存的,在机关保存一定时限后,一律集中到各级档案馆集中保管。一个机关的全部档案是一个不可分割的整体,应统一向一个档案馆移交。一切档案非依规定和批准手续,不得任意转移、分散或销毁。集体所有的和个人所有的对国家和社会具有保存价值的或者应当保密的档案,档案所有者应当妥善保管。

第二,全国档案工作由各级档案行政管理机关统一、分级、分专业负责监督和指导。所谓统一,就是全国档案事业由国家档案主管部门根据党和国家有关档案工作的方针、政策和法律法规,统一制定档案业务标准,并对全国档案事业进行统筹规划、指导、监督和检查。所谓分级,就是指地方各级档案行政管理机关,按照全国统一的规定和要求,结合本地区的具体情况,制定本地区档案工作的规划,具体指导、监督和检查本地区的档案工作。所谓分专业负责,就是指中央和地方专业主管机关档案部门,按照全国档案工作的统一规定,在国家和地方档案行政机关的指导下,根据本专业、本系统的特点,负责对本专业、本系统包括下属单位档案工作进行指导、监督和检查。

第三,实行党、政档案和党、政档案工作的统一管理。这是我国档案工作的特点之一。1954年11月,国务院成立国家档案局,掌管全国档案事务。1959年1月以后,根据党中央关于统一管理党、政档案工作的指示,全国范围内党、政档案和党、政档案工作的管理逐步统一起来。全国党、政系统的档案事业管理机构合并,统一进行档案业务的监督、指导工作;一个机关内部的党、政、工、团等组织的档案统一集中在一个机构保管;需要长久保存的党、政档案,也统一集中保存于各级档案馆。

(二) 维护档案的完整与安全

维护档案的完整有两个方面的含义:第一,从数量上要保证档案的齐全,使那些应该集中保存的档案不能残缺不全;第二,从质量上要维护档案的有机联系和历史真迹,不能人为地将其割裂或者零乱堆放。

维护档案的安全也有两个方面的含义:第一,在日常工作中注意保护档案的实体的安全,防止自然和人为的损坏,尽量延长档案的寿命;第二,保证档案的内容安全,确保档案不丢失、不泄密。

维护档案的完整与安全,这两个方面是互为联系的。只有维护档案的完整,才能有效地保证档案的安全。同样,只有维护档案的安全,才能确保档案的完整。维护档案的完整与安全,这既关系到党和国家的利益,又关系到为子孙后代留存的历史文化财富,也是档案工作者的政治责任和历史使命。

(三) 便于社会各方面的利用

便于社会利用是检验档案工作的主要标准,是整个档案工作的基本出发点,一切档案机构的设置、档案工作规章制度的建立和档案业务工作、业务环节的开展,都须服从、服务于这一根本目的。从这个意义上说,便于社会各方面利用,是档案工作原则的一个重要方面。

实行档案的集中统一管理,维护档案的完整与安全,都是为了便于社会各方面利用档案。同时,要做到便于社会各方面的利用,就必须实行统一领导、分级管理和维护档案的完整与安全。从这个意义上说,前两者是手段,后者是目的。没有档案的完整与安全,就不可能有档案的方便利用,便于社会各方面的利用是目的,离开了这个根本目的,护档案的完整与安全也就失去了意义和方向。

四、档案工作组织机构

(一) 档案室

档案室是国家机关和社会组织设置的集中统一保存和管理本单位档案的内部机构。档案室是我国档案工作组织体系中分布最广、最普遍、数量最多、最基层的业务机构。它是提高机关工作效率和工作质量的必要条件,是维护机关历史面貌的重要机构。档案室也会被称为档案处或档案科,一般可有七种类型:

1. 普通档案室

指集中管理本单位党、政、工、团等组织在其职能活动中形成的档案机构,通常在办公室领导下工作,业务上受当地档案行政管理部门指导。此种档案室也称作机关档案室或文书档案室,它在全国最普遍,数量最多。

2. 科技档案室

指集中管理本单位科学技术档案的专门档案室,业务上受当地档案行政管理部门和上级专业主管机关档案部门的指导、监督、检查。工厂、矿山、设计院、科学技术研究院(所)等科学技术部门一般都设有科技档案室。

3. 音像档案室

指单位设置的专门管理影片、照片、录音带、录像带等特殊载体的档案室。电影、电视、新闻、广播等单位一般都设有音像档案室。

4. 人事档案室

指机关单位在其人事部门设立的专门管理人事档案的机构,也称为干部档案室(科)。由于人事档案自身的特殊性,一般都附设于组织人事部门,与其他门类的档案分开管理。

5. 综合档案室

指集中统一管理本单位全部档案的综合性的管理机构。此种管理模式精简了机关内部机构设置,加强了本单位对档案工作的集中统一领导和管理,便于档案资源整合和档案信息的开发,因而被越来越多的单位所接受,数量迅速增加。

6. 联合档案室

指由若干个性质相近、办公地集中的单位联合成立一个档案室,共同管理各单位形成的档案。有的地方还建立了介于县级机关和档案馆之间过渡性的档案管理机构——"文件中心"。这种管理模式有利于优化档案室藏和提供利用,节约了人力、物力、财力,精简了机构,提高了效能。

7. 档案信息中心

指在原有的档案、图书、情报机构的基础上设立的,将档案、图书、情报实行一体化管理的信息管理机构。一般大型企事业单位设立这种机构,这种管理模式有利于各种信息资源的共建共享。

档案室是国家全部档案不断补充的源泉,整个国家档案的完整程度和连续积累,首先决定于档案室,其中具有长远利用价值的档案最后移交到档案馆,因此档案室档案工作的好坏直接关系到档案馆档案质量的高低。

档案室主要有三方面的职能:第一,贯彻执行档案工作的法律、法规和方针政策,建立健全各项规章制度;第二,对本单位文书部门和业务部门的文件材料的形成、积累和归档工作进行指导;第三,负责统一管理本单位的档案,并按照规定向有关档案馆移交档案。中央和地方专业主管机关所设置的档案室除履行上述职能外,还要对本系统及所属单位的档案工作进行监督和指导。

(二) 档案馆

档案馆是集中保存、管理档案的机构,是永久保管档案的基地,是科学研究和各方面利用档案史料的中心。档案馆是我国档案事业的主体,在档案工作组织体系中居于主导地位,因为档案馆是档案永久保存的基地和长远利用的中心,在干部配备、工作条件、管理手段、经费设备、档案开发利用等方面远比档案室等部门要优越,并且其工作情况直接反映了当地档案工作的水平。档案馆一般可分为五种:

1. 国家综合档案馆

按行政区划或历史时期设置的、收集和管理所辖范围内多种门类档案的档案馆。

2. 国家专门档案馆

收集和管理某一专门领域或某种特殊载体形态档案的档案馆,如中国电影资料馆、中国照片档案馆等。

3. 部门档案馆

中央和地方某些专业主管部门所属的收集和管理本部门档案的档案馆,如公安档案馆等。

4. 企业档案馆

企业按照国家规定收集和保管本企业及其所属单位形成档案的档案馆。

5. 事业单位档案馆

事业单位按照国家规定收集和管理本单位及其所属机构形成档案的档案馆。

档案馆主要有三方面的职能:第一,接收和征集具有永久保存价值的档案以及资料;第二,对所保存的档案进行科学的整理和保管;第三,采取各种方式积极开发档案信息资源,为社会提供服务。

(三) 档案室与档案馆的区别和联系

档案室和档案馆都是直接保管档案的部门,两者之间有密切的联系,但也有明显的区别,主要体现在以下几点:

1. 机构性质不同

档案室是一个机关单位内部机构的组成部分,而档案馆则是整个国家、地区或系统、专业领域的机构;档案室是国家档案事业的基础,档案馆是全国档案事业的主体。

2. 所管理档案的范围不同

档案室集中统一保管本机关单位的全部档案,档案馆则保管本地区、本系统、本专业的档案。

3. 保管档案的期限有所不同

档案室只在一定时期内保管本机关形成的档案,对逾期的档案,或向档案馆移交,或予以销毁;档案馆是党和国家永久保管档案的基地。

4. 档案的利用范围不同

档案室主要为本机关单位提供服务,一般不与外界发生联系;档案馆面对社会提供档案,为社会各项工作服务。

(四) 档案行政管理部门

根据《档案法》的规定,对全国的档案工作必须设置全国规模的档案行政管理部门进行管理。国家档案行政管理部门是国家档案事务的行政管理机关,我国在中央设立国家档案局,省(自治区、直辖市)、市(州、盟)、县(区、旗)人民政府设立档案局。中央、地方专业主管机关的档案机构(局、处、科、室),既是管理本单位档案的机构,又是监督、指导所属单位档案工作的机构。

依据《档案法实施办法》的规定,我国档案行政管理部门的职责可以分为国家档案局的职责和县级以上地方人民政府档案行政管理部门的职责。国家档案局的主要职责:一是根据有关法律、行政法规和国家有关方针政策,研究、制定档案工作规章制度和具体方针政策;二是组织协调全国档案事业的发展,制定档案事业综合规划和专项计划,并组织实施;三是对有关法律、法规和国家有关方针政策的实施情况进行监督检查,依法查处档案违法行为;四是对中央和国家机关各部门、国务院直属企业事业单位以及依照国家有关规定不属于登记范围的全国性社会团体的档案工作,中央级国家档案馆的工作以及省、自治区、直辖市人民政府档案行政管理部门的工作,实施监督、指导;五是组织、指导档案理论与科学技术研究、档案宣传与档案教育、档案工作人员培训;六是组织、开展档案工作的国际交流活动。

县级以上地方人民政府档案行政管理部门的主要职责:一是贯彻执行有关法律、法规和国家有关方针政策;二是制定本行政区域内的档案事业发展规划和档案工作规章制度,并组织实施。三是监督、指导本行政区域内的档案工作,依法查处档案违法行为;四是组织、指导本行政区域内档案理论与科学技术研究、档案宣传与档案教育、档案工作人员培训。

答一答

1. 如何正确理解与认识档案的概念?文件如何才能转换为档案?
2. 档案可分为文书档案、科技档案和专门档案,请具体论述三者的内容与种类。

3. 论述档案的价值。
4. 说明档案的作用。
5. 什么是档案工作？档案的基础工作包括哪些内容？
6. 我国档案工作的基本原则是什么？
7. 论述档案室和档案馆的区别与联系。

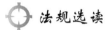

中华人民共和国档案法

(2021年1月1日起施行)(节选)

第二章 档案机构及其职责

第八条 国家档案主管部门主管全国的档案工作,负责全国档案事业的统筹规划和组织协调,建立统一制度,实行监督和指导。

县级以上地方档案主管部门主管本行政区域内的档案工作,对本行政区域内机关、团体、企业事业单位和其他组织的档案工作实行监督和指导。

乡镇人民政府应当指定人员负责管理本机关的档案,并对所属单位、基层群众性自治组织等的档案工作实行监督和指导。

第九条 机关、团体、企业事业单位和其他组织应当确定档案机构或者档案工作人员负责管理本单位的档案,并对所属单位的档案工作实行监督和指导。

中央国家机关根据档案管理需要,在职责范围内指导本系统的档案业务工作。

第十条 中央和县级以上地方各级各类档案馆,是集中管理档案的文化事业机构,负责收集、整理、保管和提供利用各自分管范围内的档案。

第十一条 国家加强档案工作人才培养和队伍建设,提高档案工作人员业务素质。

档案工作人员应当忠于职守,遵纪守法,具备相应的专业知识与技能,其中档案专业人员可以按照国家有关规定评定专业技术职称。

第二章
纸质档案的整理

本章摘要

纸质档案整理,是将已处理完毕的、有保存价值的零散文件进行系统整理并组成文件或案卷的过程,包括对归档文件的整理立卷和对归档档案的编号和排列等,是对纸质档案管理的一项基础性业务工作。档案整理方法分两种,即传统立卷和以件为单位的整理。本章重点介绍全宗内档案分类方案,整理立卷的两种方法,案卷的分类排列、编号与编目等,适用于各类单位。

学习目标

(1) 知识要求:通过本章的学习,掌握纸质档案整理工作的内容、原则和要求;学会全宗内档案的分类方法;初步掌握档案整理的方法和要求。

(2) 能力要求:通过本章学习与任务训练,能够按照纸质档案整理方法和程序进行纸质档案整理工作。

第一节 文件的收集归档

知识目标

（1）掌握档案室档案收集范围、收集方法,归档文件的质量要求,明确归档制度和要求。
（2）明确档案室收集档案的具体流程。

能力目标

能够设计单位档案室收集归档工作方案。

案例导入

> 小王刚被分配到春风公司档案室就承担了收集公司上一年档案资料的工作。几个部门陆陆续续将本部门整理好的文件材料移交到档案室,只有研发处迟迟未送来。业务主管就叫小王去研发处催要,当小王向相关人员说明来意后,相关负责人员说:"还没到时间,我们还未整理好。"小王解释说:"早一点收上来是为了便于档案整理归档,这是制度。"不料该负责人员又说:"便于你们整理了,就不便于我们利用了。"说完就不理小王了。

企业科技档案收集工作是档案管理工作的基础之一,档案收集工作的质量会对企业技术储备能力、市场竞争能力和档案服务于科研生产的能力产生重要的影响。小王就是出于此点考虑,才督促研发处移交档案材料的。但是研发处不同于其他部门,他们产生的档案具有其自身的特点,研发处不愿意移交档案是因为担心不便于自己的利用。档案室在制定归档制度时,应根据各部门特点,有区别地对待。对于研发处,可以根据其研究项目的特点,按项目的时间进度完成归档,可以适当地延迟归档时间,而不是硬搬归档制度,不讲究灵活性,造成不必要的麻烦,进而影响公司整体工作。

档案室的档案收集是按照国家的有关规定,通过归档、接收等办法,把分散在本单位内各部门和个人手中的文书档案集中在档案室,实行集中统一管理的工作,主要包括对归档文件的系统接收和对零散文件的收集等。

通常,文书在办理完毕后,经过初步整理,履行了必要的手续移交到档案室,就成为档案。档案室管理的档案并不是档案室自己产生的,而是通过收集工作将各个部门形成的具有保存价值的文件接收过来,并经过长期积累形成的。对于一个机关单位而言,单位内各文书和业务部门办理完毕的归档文件是档案室档案的主要来源。从全部档案室业务工作程序来看,收集工作是第一个环节,它为档案工作提供了实际管理对象,并为开展其他档案管理工作奠定了基础,档案室接收归档文件是文书材料转化为档案的重要环节。

机关公文工作中的归档工作,也就是档案室的收集工作,对于档案工作具有重要意义。

一、文件的收集归档

文件的归档是机关文书工作的最后一步,也是档案工作的起点,归档是文书工作和档案工作的中间环节,是联系公文工作和档案工作的一个重要纽带,同时它还是一个组织内档案部门和文书部门的相关人员共同完成的一项工作。在这一环节,档案部门和文书部门各自承担相应的职责,并密切配合共同完成任务。我国的归档工作,多年来一直实行的是在档案部门的指导下,由文书处理部门或业务部门对办理完毕的文书材料进行整理后向档案部门移交的组织方式。归档工作由档案室和文书部门共同完成,两者的工作职责各有不同,互相衔接。

档案室是归档工作的主持部门,主要负责的工作有:制定归档制度、建立本机关档案工作网络、对文书部门提供归档工作指示和归档文件整理方法培训、对各部门归档工作进行监督检查并提供指导和帮助、履行手续接收移交来的档案等。

文书处理部门及业务部门则是归档文件材料的整理和移交部门,主要承担的工作包括:正确界定办理完毕的文件、筛选具有查考与保存价值的文件按档案部门的要求进行规范化整理、接受档案部门的监督和指导,保质按期向档案部门移交档案等。

二、归档制度

归档制度是指机关中形成的文件处理完毕后,由文书部门或文书人员整理立卷,定期向档案室移交,由档案室集中保存的工作制度。档案工作是一项日积月累的工作,要使各部门都能按照规定完成档案的移交归档工作,就需要有一整套完善的制度来进行指导和约束。归档制度是档案部门组织归档工作的基础,也是文书部门开展归档文件整理和移交档案的依据和指南。

归档制度是由机关档案室根据国家、地方有关法律法规文件的规定和本单位工作的实际情况制定的。归档制度必须充分考虑文件形成的规律及特点,并同本单位的其他相关制度保持相关内容的统一。归档制度主要包括归档时间、归档范围和归档手续等。

(一)归档时间

归档时间是指文书处理部门或业务部门将需要归档的文件材料向档案室移交的时间。机关单位档案经文书或业务部门整理完毕后,应当在第二年 6 月底前向机关档案部门归档;采用办公自动化或其他业务系统的,应当随办随归。归档时间有特殊规定的,从其规定。

(二)归档文件质量要求

根据《机关档案工作条例》(见附录)、《归档文件整理规则》(见附录)等有关文件的规定,对归档案卷或文件的质量要求是:遵循文件材料的形成规律和特点,保持文件之间的有机联系,区别不同价值,便于保管和利用。

1. 归档文件必须齐全完整

所谓齐全,是指要将属于归档范围的全部文件材料收集整理并移交,否则不利于反映机关行使职能的全貌,看不出事情的来龙去脉,也不能满足今后工作的查找利用需要。所谓完整,是指需要归档的每一件文件都是完整的,不能有头无尾、缺页少件,而且每一件文件的不同稿本都不能缺失,归档整理人员不能任意取舍。

2. 归档文件必须经过规范加工整理

归档文件必须经过规范的分类、整理,并正确划分保管期限,才能达到系统有序,满足今后的保管和利用需要。

为了保证归档文件的整理质量,档案室还应该统一规定本机关归档文件整理方法,并对每个整理环节的工作内容和完成质量做出规定。我国目前对归档文件的整理主要采取以件为单位整理或以卷为单位整理两种方式,本章第二、三节将详细介绍这两种整理方式的操作步骤。档案整理人员应针对不同类型的档案结合各机构的具体要求,选择合适的整理方式。

(三)文件材料归档范围和档案保管期限

1. 归档范围

文件材料归档范围指机关文书处理部门或业务部门办理完毕的文件中应该归档和不必归档的范围。《档案法》第十四条明确规定:"应当归档的材料,按照国家有关规定定期向本单位档案机构或者档案工作人员移交,集中管理,任何个人不得拒绝归档或者据为己有。国家规定不得归档的材料,禁止擅自归档。"由于各个机关单位形成的文件不尽相同,国家提出了确定归档范围的原则,即凡是单位工作活动中形成的、具有保存价值的文件材料均应该归档。

根据《机关档案管理规定》(见附录)规定,文书档案的收集范围按照《机关文件材料归档范围和文书档案保管期限规定》(见附录)制定执行。会计、科研、基建档案收集范围应当分别符合《会计档案管理办法》《科学技术研究课题档案管理规范》《建设项目档案管理规范》及《国家电子政务工程建设项目档案管理暂行办法》规定。照片档案的收集范围应当符合《照片档案管理规范》和《数码照片归档与管理规范》规定。其他门类档案收集范围按照国家相关规定执行。

2. 档案保管期限表

档案保管期限表是用表册的形式列举档案的来源、内容和形式并指明其保管期限的一种指导性文件,是档案价值鉴定中确定档案保管期限的依据和标准。

档案保管期限表一般由顺序号、条款、保管期限、附注、说明五部分组成,其中最基本的部分是顺序号、条款、保管期限三部分。

保管期限是对档案价值所做的一种估计,一般按照国家规定分为永久、定期(30年、

10年)。对档案保管期限的计算从文件处理完毕后的第二年开始。

各机关单位应当编制本单位文件材料归档范围和档案保管期限表,经同级档案行政管理部门审查同意后施行。机关内部机构或工作职能发生变化时应当及时修订,经重新审查同意后施行。文件材料归档范围和档案保管期限表应当全面、系统地反映机关主要职能活动和基本历史面貌。人事、会计文件材料的归档范围和档案保管期限从其专门规定。

(四) 归档手续

文书部门向档案室移交归档文件材料时,档案室要检查归档文件是否属于归档范围的公文,然后对照归档案卷的移交目录或案卷目录进行质量、数量的全面检查。对检查无误的案卷可办理移交手续,交接双方必须在移交凭据上签注姓名、时间。

履行交接手续后,双方可以各执一份移交目录,文书部门的一份可留存备查,档案室的一份则归入全宗卷内。如果档案部门是按组织机构编制目录的,还可以直接将第三份移交目录装订成册,作为平时查找档案的检索工具。

档案移交目录如表 2-1-1 所示。

表 2-1-1 档案移交目录清单

移交单位　　　　　　接收单位　　　　　　年　月　日

序号	档案名称目录	形成时间	数量	移交人	接收人	备注

说明:(1) 形成时间:档案形成的时间;
　　　(2) 数量:文件应填写总页数,装订成册的资料填写总册数,光盘填张数。

档案收集工作是诸多档案工作的起点,档案的整理、鉴定、保管、统计、编研和提供利用等其他工作都是建立在档案实体之上的,是存储档案、进行档案资源建设的主要途径,是实现档案集中统一管理、维护档案的完整与安全、便于各方面利用的基本手段。

第二节　文件级整理流程

 知识目标

(1) 掌握文件级档案整理的各个环节及其具体操作方法。

(2) 明确文件级整理操作八步法的标准要求。

能力目标

能够独立、正确地按照标准完成文件级档案整理。

案例导入

> 小陈进入顺秋街道工作后,发现该街道不太重视档案管理。过去数年内档案负责人更换较频繁,在文书档案管理上存在任意改动档案的排列、排列方法较为混乱的现象,造成前后很难保持一致,不便于管理和查找利用的情况。而且该街道文书档案的数量较多,文件目录混乱,件号也存在重复。

档案整理,是通过一系列手段,对收集来的档案进行科学组织,使之条理化和系统化。一般情况下,收集来的档案处于相对零乱、无组织状态,加上档案数量日益增加,成分越来越复杂,如果不加以整理,就会给日常管理和实际利用带来困难。只有整理好的档案,才能为档案的保管、统计、检索和利用提供基本的单位和完整的体系,为准确地鉴定档案的价值提供全面、系统的依据。

文件级档案整理应当遵循文件材料的形成规律,保持文件材料之间的有机联系,区分不同价值,便于保管和利用,逐步推进卷件融合管理。归档文件的整理分案卷级整理和文件级整理两种方法,其目的是将机关职能活动中形成的、能反映机关基本职能活动的历史记录保存下来,以便今后工作和历史研究的查考利用。

整理,就是对收集的零散文件材料或需要进一步条理化的档案进行分类、排列、编目,使之系统化。简单地说,就是使档案由凌乱到系统、由无序到有序,目的是便于保管和利用。档案整理,上承文件材料的收集工作,下续文书档案的保管和利用,是档案管理最基本的工作,是体现档案管理成就的核心工作,具有很强的技术性、业务性,是档案管理人员必须掌握的基本技能。

无论采取何种方法对归档文件进行整理,都应遵循如下基本原则:

第一,遵循公文形成规律。公文的形成不是任意的,而是伴随着各机关、团体和社会组织的职能活动产生的。各项职能活动总是存在着各方面的联系,所以在各项职能活动中形成的公文之间,必然有一定的规律,而公文整理必须遵循这些规律。

第二,保持公文之间的有机联系。公文形成过程中具有一定的规律性,公文之间的有机联系正是通过这些规律具体体现出来的。公文之间的有机联系主要表现在公文的来源、内容、时间、形式等方面。对公文进行整理时,要注意保持公文之间的有机联系,既要反映出机关职能活动的历史面貌,也要符合人们查找利用档案的心理预期,为检索提供线索。

第三,区分不同价值。机关在工作活动中形成的大量公文材料,并不是办理完毕后都需要归档的。公文内容的重要程度不同,所起的作用不同,保存的价值也不同。进行公文整理时,首先要考虑归档范围。同时应区分归档范围内不同公文的价值,划定不同保管期限。对保存价值大、保管期限长的公文,要重点整理和保管;对保存价值小、保管期限短的公文,要区别对待;对无保存价值、不须归档的公文,要进行销毁。

第四,便于保管和利用。便于保管和利用是公文整理归档的最终目的,也是衡量整理工作质量的重要标准,它不仅关系到机关各项工作的开展,同时也关系到机关档案室、档案馆的工作是否具有可靠的基础和保障。公文整理要选择适当的整理方法,并在整理过程中将"便于保管和利用"作为重要因素考虑。

一般来说,文书档案、照片档案、录音档案、录像档案、实物档案多以件(张)等为单位进行整理,科技档案、人事档案、会计档案以卷为单位进行整理,其他门类档案根据需要以卷或件为单位进行整理。

2000年12月国家档案局发布的国家档案行业标准《归档文件整理规则》,对原来的文书档案立卷整理的方法进行了改革,推广以"件"为单位进行整理归档的方法(图2-2-1)。

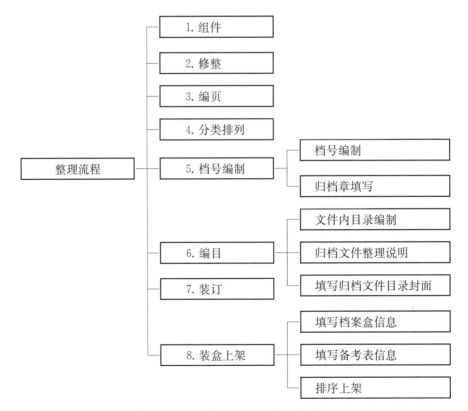

图2-2-1 文件级档案整理"八步法"

一、组件——"件"的确定

所谓"件",就是归档文件的整理单位,一般以每份文件为一件。但是有些文件,如正文与附件、转发文与被转发文等,各部分独立性较强,容易被分散利用,造成归档不全或归档后查找不全;还有一些文件,如正本与其他稿本、原件与复制件等,如果彼此间相互脱离,其中之一在检索利用上往往没有太大价值,反而会增加大量不必要的编目工作,影响整理和利用工作效率,还有一些文件,如请示或批复、报告与批示等,关联性强,利用时往往需要互相查证,实体不易分散。

所以,《归档文件整理规则》要求将两份或多份文件合为一件,作为整理的基本单位,体现出灵活性(图2-2-2)。分类方案与标准一般如表2-2-1所示。

图2-2-2　以"件"为整理的基本单位

表2-2-1　分类方案与标准

序号	件 的 构 成	件内文件排序
1	正文、附件为一件	归档文件排序时,正文在前,附件在后
2	文件正本与定稿(包括法律法规等重要文件的历次修改稿)为一件	正本在前,定稿在后
3	转发文与被转发文为一件	转发文在前,被转发文在后
4	原件与复制件为一件	原件在前,复制件在后
5	正本与翻译本为一件	不同文字的文本,无特殊规定的,汉字文本在前,少数民族文字文本在后
6	中文本与外文本为一件	中文本在前,外文本在后
7	来文①与复文②(请示与批复、报告与批示、函与复函等)一般独立成件,也可为一件。有文件处理单或发文稿纸的,文件处理单或发文稿纸与相关文件为一件	来文与复文作为一件时,复文在前,来文在后。有文件处理单或发文稿纸的,文件处理单在前,收文在后;正本在前,发文稿纸和定稿在后
8	会议纪要、会议记录等一般一次会议为一件;会议记录一年一本的,一本为一件	

---

① 来文是指外来文件的原件。
② 复文是指对来文的回复文件原件。

续 表

序号	件 的 构 成	件内文件排序
9	简报、周报等材料一期为一件	/
10	报表、名册、图册等一册(本)为一件(作为文件附件时除外)	/

同时,在实际操作过程中应注意结合对接单位或机构的具体分类方案与要求,进行适当调整。

➤ **特殊条件与注意事项:**

(1) 定稿不宜装订的也可单独作为一件。

(2) 正文与附件一般为一件,但如果附件数量较多的也可各为一件。

(3) 在原件与复印件为一件的情况中,对制成材料(热敏传真纸)或字迹材料(圆珠笔、铅笔书写等)不利于长期保管的以及破损的文件,要复制后与原件一起归档。

(4) 会议记录中不宜拆开的记录可作为一件;若会议记录不是一本,可分开记录,将每次会议记录分为一件。

(5) 一次会议的材料不能简单作为一件处理,而要分别以件归档。

(6) 不可将一套会议材料简单装订成一件处理。

(7) 用计算机打印的定稿可不归档,将栏目填写齐全、经领导亲笔签发的发文稿纸与正文一起归档。

(8) 文件处理单不可随意处理掉,其是体现文件处理的轨迹,应与文件一起归档。

(9) 未装订的式样相同的表格,以一定的单位组合,可装订在一起作为一件;表格数量多的要编制二级目录。

二、修整

(一) 修整的含义

整理归档文件所使用的书写材料、纸张、装订材料等应符合档案保护要求。对不符合要求的文件材料需要进行修整。文件的修整、复制要在保持原貌的前提下进行。

➤ **注意事项:**

需保管 30 年及以上的文件要进行修整,保管 10 年的文件保持原状即可,以减少不必要的劳动。

(二) 修整的内容

文件修整的内容有修裱、复制、去除易锈金属物、大纸张折叠等。

(1) 修裱[①]:对已破损的文件应按照 DA/T 25—2000 予以修复,进行修补或

---

① 修裱是以浆糊作胶粘剂,运用修补和托裱的方法,把选定的纸张补或托在档案文件上,以恢复或增加强度,提高耐久性的一项档案修复技术。

托裱[①]。

（2）复制：对字迹模糊或易褪变的文件应当进行复制。

（3）去除易锈金属物：最主要的工作是除去普通的订书钉、回形针、大头针等，防止时间长了生锈（图2-2-3）。

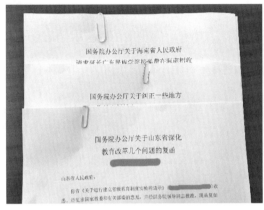

图2-2-3　修整时应去除订书钉、回形针等

（4）大纸张折叠：归档文件盒尺寸是按照A4规格设计的，所以大纸张要进行折叠后才能装入。折叠时应尽量减少折数，文件页数多的要单张折叠。

（5）小纸张规整：如果文件材料的纸张较小或较脆弱，需要用胶水粘贴在一张完整的A4空白纸上（图2-2-4）。

图2-2-4　小纸张规整

三、编页

（一）编页的含义

编页就是给归档文件的每一页编上序号。纸质归档文件一般应以件为单位编制页码。编页主要分为手写编页和自动页码机编页。

（二）编页的方法

页码应逐页编制，宜分别标注在文件正面右上角或背面左上角的空白位置（图2-2-5）。

---

① 托裱是指在破烂文件的背面托上一层新纸，它适用于那些纸张机械强度较低（如焦脆、霉烂）和严重破损（如洞孔过多过大）的档案文件。

图 2-2-5 文件编页位置

(三) 编页的要求

(1) 手写编制页码时为防止涂改,宜用铅笔编写。

(2) 一份文件的页码从1开始连续编写,如果有封面,封面即为第1页。只要是有字的页面,都需要编页,没有内容的空白页面不编页码。

(3) 文件材料已印制成册并编有页码的,拟编制页码与文件原有页码相同的,可以保持原有页码不变。

(4) 编制页码要认真、细心,不能出现漏号、重号。如若编完后发现有重号和漏号,页数较少的应重新编页号,页数多的则应立即补救。发现重号,如第18页重号(有两页),可将18号分甲、乙,写成18甲、18乙,并在卷内备考表中注明"第18页有甲乙两页";发现漏号,如第10页后应是第11页却编成了第12页,可将第10页改为"10~11",并在卷内备考表中注明"10~11合共一页"字样。最后,在案卷封面上的"页数"栏内填写实际总页数。

(四) 编页工具——页码机的使用方法

1. 页码机部件(图 2-2-6)

图 2-2-6 页码机部件

2. 页码机的拨号方法

用拨号棒向前推动号码,注意方向,反向是推不动的(不要过于用力以免造成损坏)。如果只需要部分位数时,如 6 位的页码机打 4 位号码,可以把不需要的部分位数号码先调至"0",然后用拨号棒将号码金属键向下按,使号码下陷,与其他所需要的号码轮不在同一水平面上(图 2-2-7)。

图 2-2-7　只需部分位数时页码机的设置

3. 页码机调联键的使用

根据需要将调联键移动到相应位置,移动调联键时,需要先提起,然后移动至对应位置的缺口处放下(图 2-2-8)。

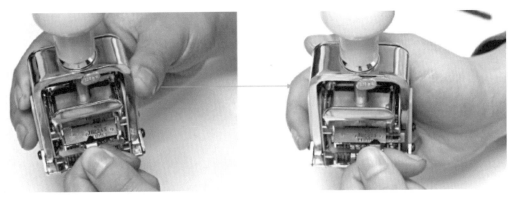

图 2-2-8　页码机调联键的使用

4. 页码机加油墨的方法

第一步,竖放页码机,从正上方按下机柄,并拨动开关将机柄锁定(图 2-2-9)。

第二步,取出固定扣,装入号码垫(图 2-2-10)。

第三步,将专用墨水摇匀后,挤出适量油墨,在号码垫上涂抹均匀。注意使用页码机专用油墨,以免损耗页码机使用寿命(图 2-2-11)。

第四步,把固定扣重新夹到墨盒架上(图 2-2-12)。

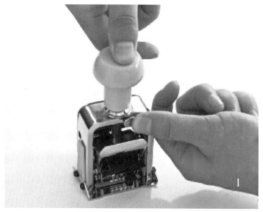

图 2-2-9　页码机加油墨的第一步

图 2-2-10　页码机加油墨的第二步

图 2-2-11　页码机加油墨的第三步

图 2-2-12　页码机加油墨的第四步

四、分类排列

(一) 文件的分类方案

各立档单位档案部门应按照《归档文件整理规则》的规定，对归档文件进行科学分类，同一全宗内应保持分类方案的一致性和稳定性。

1. 分类方案的标准

分类方法主要有年度分类法、机构(问题)分类法、保管期限分类法。

（1）按年度分类：

按年度分类是指根据文件形成和处理的年度，对归档文件进行分类，这是运用最广泛的分类标准。归档文件按年度特征分类，可以反映出一个机关单位每年工作的特点和逐年发展变化的情况。确定文件年度的方法如表 2-2-2 所示。

表 2-2-2　确定文件年度方法

情 况 说 明	分 类 建 议	操 作 实 例
文件内存在多个时间要素	按照成文、签发、落款日期归类	2015 年形成的《2016—2020 年工作规划》,应根据文件落款日期,归入 2015 年度;2019 年形成的《2018 年机关工作总结》,应归入 2019 年
跨年度文件	统一按开始年度或者结束年度归类	跨 2016 年、2017 年两个年度的会议形成的文件,统一归类到 2016 年或者 2017 年;跨 2017 年、2018 年两个年度办结的案件,统一于 2018 年度归档
多份文件合并一件（原件与复制件、正文与附件等）	按照装订时排在前面的文件的日期为准	正文与附件为一件,以正文日期为准;转发文与被转发文为一件,以转发文为准
未标注日期的文件	分析文件信息,推断文件形成日期,若无法考证,则年度为其归档年度,并在附件加以说明	

(2) 按机构(问题)分类：

按机构(问题)分类是指将文件按其形成或承办机构(问题)分类。机构分类法与问题分类法应选择其一适用,不能同时采用。

采用机构分类的,应根据文件形成或承办机构对归档文件进行分类。机构主要指一个机关单位内设的部门,如办公部门、人事部门、财务部门等,每个部门都承担着相应的职责任务,并负责一些文件的承办或主办工作,所以按机构分类即将本机关文书档案按部门分类,有多少部门就设多少类,文件由哪个部门形成、承办或主办,就归入哪个部门的档案中。

采用机构分类,能最好地保持全宗内文件在来源方面的固有联系,客观地反映立档单位的历史面貌;同时,由于每个机构都承担某方面的职能和任务,按机构分类在一定程度上集中反映了某一方面工作的内容,便于按照一定的专题来查找和利用档案。

一般来说,有一个机构就设置一个类,机构名称就是类名。各类的次序可按照本机关机构序列表的规定或习惯上的顺序来排列。一般是领导机构、综合性机构在前,再依次排列各业务部门。原则上哪个机构的发文或承办的文件就归入哪个机构的类目中,涉及多部门形成的归档文件,归入文件主办部门。

按问题分类,就是参照本机关的职权范围和基本工作职能,以档案内容所反映的主要问题(事由)作为分类标准,将全宗内文书档案分为若干类别的方法。如一个全宗内的文书档案可以分为党群、人事、生产、销售、宣传等类别。采用问题分类,可以避免或减少同类问题文件分散的现象。但是这种方法主观随意性较大,不同的人对问题的理解不同,在实际工作中较难把握。因此一般用于不适合按组织机构分类时才采用问题分类法。

(3) 按保管期限分类：

按保管期限分类,即将文件按划定的保管期限分类。国家档案局制定的《机关文件材料归档范围和文书档案保管期限规定》中,将机关文件材料分为永久、定期两种,其中定期一般分为30年、10年。

采用这种方法分类,能够将不同价值的归档文件从实体上区分开来,使档案部门能够有针对性地采取整理和保护措施,同时为库房排架管理、档案移交进馆和到期档案鉴定等管理工作提供便利。

2. 分类方法的组合

在实际工作中,一般不是单纯地选用一种分类方法,而是将几种分类方法结合使用,叫作复式分类法。针对不同规模的单位,可采用如表2-2-3所示的不同的分类方法。

表2-2-3 分类方法的组合

单位情况	分类方案	分类操作
规模较大、文件较多、机构稳定、分工明确且档案不需移交进馆的单位	年度—机构(问题)—保管期限三级分类	首先将归档文件按年度分类,然后各年度下的文件材料按照不同的机构或问题再次分类,最后同一年度内同一机构(问题)的文件再按保管期限分类
规模较大、文件较多、机构稳定、分工明确且档案不需移交进馆的单位	年度—保管期限—机构问题三级分类	首先将归档文件按年度分类,然后各年度下的文件材料按照不同的保管期限再次分类,最后同一年度内相同保管期限的文件再按机构或问题分类
规模较大、文件较多、机构稳定、分工明确且档案需要移交档案馆的单位	保管期限—年度—机构(问题)三级分类	首先将归档文件按保管期限分类,然后各保管期限下的文件材料再按年度分类,最后同一年度内的文件材料再按机构或问题分类
机构简单、规模较小,文件不多的单位	年度—保管期限两级分类	首先将归档文件按年度分类,然后同一年度内的文件按保管期限分类

图2-2-13为"年度—机构—保管期限"三级分类示意图。

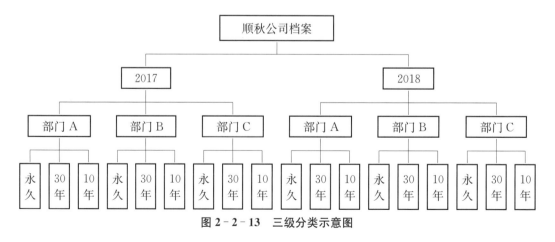

图2-2-13 三级分类示意图

(二) 文件的排列

归档文件的排列是指在单位分类方案的最低一级类目内,根据一定的方法确定归档文件先后次序的过程。通常情况下归档文件应在分类方案的最低一级类目（类别）内，按事由（事情原由）结合时间排列；同一事由中的文件，按文件形成先后顺序排列；不同事由之间，按事由办结时间的先后顺序排列。如一套会议文件、统计报表、材料属同一个事由，其应按时间顺序排列在一起。

以下简单描述基本分类排列方法，步骤如图 2-2-14 所示。

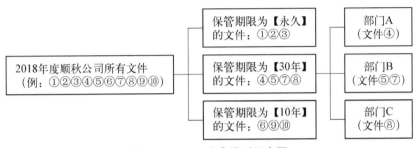

图 2-2-14 分类排列示意图

（1）将同一全宗内须归入文书档案的文件材料，按文件生成年度为单位进行分类整理。

（2）严格对照国家档案局颁发的机关文书档案保管期限表来制定的本单位文书档案保管期限表，按永久、30 年、10 年区分保管期限。

（3）同一期限的文件再分机构或问题。

（4）同一机构（或问题）相同保管期限的文件按事由结合时间排列。

➢ 注意事项：

（1）件的排序主要按事由结合时间排列，这样工作就会简化很多。大部分小单位采用二级分类，在排列时，先将同一科室或同一问题的排列在一起，再将同一事由的排列在一起，这种排序虽无差错，但并不提倡。

（2）因故未及时整理归档的零散文件材料，可排在同一年度、期限、机构（问题）的所有文件的最后，或并入关系密不可分的相关文件中作为一件。上述情况应该在盒内备考表中加以说明，而在实际整理工作中应尽量避免。

五、编号

归档文件编号，就是指将每份归档文件在全宗中的位置标识为符号，并以归档章的形式在归档文件上注明。通过编号，使归档文件在全宗中的位置得以确定，不仅为后续的编目工作提供了条件，也为将来查找利用时的实体存取提供了便利。

（一）档号的编制

档号的结构为：

全宗号-档案门类代码·年度-保管期限-机构（问题）代码-件号

上、下位代码之间用"-"连接,同一级代码之间用"·"隔开。

图2-2-15、表2-2-4为"Z109-WS·2018-Y-BGS-0001"档案编号结构解析。

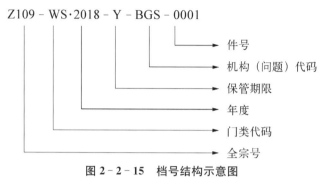

图2-2-15　档号结构示意图

表2-2-4　档号代码及含义示例

代码	含义
Z109	全宗号:即档案馆给立档单位编制的代号,用4位数字或者字母与数字的组合表示,按照《全宗卷规范》(见附录)编制
WS·2018	门类代码·年度:归档文件档案门类代码由"文书"两字的汉语拼音首字母"WS"标识;年度为文件形成年度,以4位阿拉伯数字标注公元纪年
Y	保管期限:分为永久(Y)、定期30年(D30)、定期10年(D10)
BGS	机构(问题)代码:采用3位汉语拼音字母或阿拉伯数字标识,如办公室代码为汉语拼音首字母"BGS"等;归档文件未按照机构(问题)分类的,则可以省略机构(问题)代码
0001	件号:单件归档文件在分类方案最低一级类目内的排列顺序号,用4位阿拉伯数字标识,不足4位的,前面用"0"补足,如0010、0011、0999等

电子文件可以由系统生成归档章样式或条形码等其他形式在归档文件上进行标识。

(二) 归档章的使用

1. 归档章

每份归档文件应在首页上端的空白位置加盖归档章并填写相关内容(图2-2-16)。

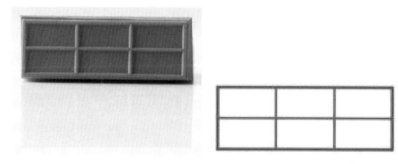

图2-2-16　归档章
注:归档章长45 mm、宽16 mm

2. 归档章加盖位置

在每份文件第一页的正上方居中空白处加盖红色归档章,如居中处有批注等文字,可以选择上方其他空白位置。

3. 归档章填写

在方格内填写对应的档号。归档章用红色印泥加盖,档号可用黑色或蓝色墨水笔直接手写,或者使用对应内容的印章加盖。

通常情况下,档案归档章样式如图 2-2-17、图 2-2-18 所示,样式一常常需将整理好的档案交档案馆藏机构,样式二则无须将其交付档案馆藏机构。

（全宗号）	（年度）	（室编件号）
（机构或问题）	（保管期限）	（馆编件号）

(a) 归档章样式一

Z109	2018	1
BGS	Y	5

(b) 归档章填写示例一

图 2-2-17 归档章样式与填写示例一

（全宗号）	（年度）	（件号）
（机构或问题）	（保管期限）	（页数）

(a) 归档章样式二

Z109	2018	1
办公室	永久	45

(b) 归档章填写示例二

图 2-2-18 归档章样式与填写示例二

(1) 全宗号:

填写档案行政管理部门给立档单位编制的代号。一般企事业单位未列入进馆序列的就没有全宗号,可不填写。

(2) 年度:

指归档文件的形成年度,即形成和处理归档文件的年度。填写此项时,应采用公元纪年,用 4 位阿拉伯数字表示。如 2018 年标识为"2018",不能简化为"18"。

(3) 件号:

即文件的排列顺序号,它是反映归档文件在全宗中的位置和固定归档文件的排列先后顺序的重要标识。件号分为室编件号和馆编件号两种。

归档文件在分类、排列后,其位置得到确定,这时编制的排列顺序号称为室编件号,也可以理解为归档文件在分类方案中最低一级类目内的排列顺序号,一般从"1"开始流水标注。

馆编件号是档案移交进馆时,由于再鉴定、整理,归档文件在全宗中的位置发生变化,档案馆按照新的排列顺序重新编制的件号。一般是移交档案馆时经鉴定后重新编制的流水号,档案室不需要填写。

例:某单位采用"年度—组织机构—保管期限"进行分类,2019年办公室形成的保管期限为永久、30年、10年的归档文件,分别编为3个流水号,即永久的从"1"开始编一个流水件号,30年的从"1"开始编一个流水件号,10年的也从"1"开始编一个流水件号;业务科、后勤科等机构的归档文件按照同样的方法编号。

(4) 机构或问题:

应按照分类方案填写作为分类方案类目名的机构名称。如机构名称太长,可使用机关内部规范简称,如政策法规处可简称"政法处",经济贸易处可简称为"经贸处",但不应使用"一处"、"二处"等难以判定的简称。此外在全宗介绍中,应将机构名称与相应简称加以对照说明。

(5) 保管期限:

只采用全称或简称,如用"永久"或"永",不用代码。

(6) 页数:

页数指文书立件时,文件材料经过系统排列后,对每份文件重新统一编拟的页码顺序号。无论大页、小页、折叠页等均需依次编写张(页)号,页数使用阿拉伯数字进行标识。

➢ **注意事项:**

一个类一个流水号,如采用"保管期限—年度"分类方法,永久、30年、10年分别自1开始编流水号(件号),第二年仍然分别从1开始编号。

六、编目

编目是根据分类方案和室编件号顺序编制归档文件目录,对归档文件以件为单位进行系统分类、排列、编号后,将每一份文件的内容、形式特征及其编号登记下来,以备查找利用和管理统计之需。

(一) 归档文件目录的编制

编目应以"件"为单位进行,在目录中一件也只体现为一个条目。如来文与复文作为一件时,在归档文件目录中只对复文进行编目(表2-2-5)。

表2-2-5 政府归档文件目录

序号	件号	责任者	文 号	文 件 题 名	文件时间	页数	备注
1	781	县政府办	高政办发〔2018〕120号	关于全县征集项目及投资资料办事指南的通知	20181220	28	
2	782	县政府办	高政办发〔2018〕123号	关于静止开荒及加强建设用地管理的通知	20181222	28	

续 表

序号	件号	责任者	文 号	文 件 题 名	文件时间	页数	备注
3	783	县政府办	高政办发〔2018〕124号	关于认真做好元旦春节期间安全生产工作的通知	20181225	16	
4	784	县政府办	高政办发〔2018〕125号	转发县农办教体局关于2019年元旦春节全民健身活动的安排意见的通知	20181225	26	

1. 件号

件号包括室编件号和馆编件号两种,文件的排列先后顺序的序号,用阿拉伯数字直接标注。

2. 责任者

责任者指制发文件的组织或个人,即文件的发文机关或署名者。责任者可以是一个机关或机关内部的一个机构,也可以是几个机关,或者是一个人或若干人。填写责任者项时应注意:

(1) 填写责任者项时一般应使用全称或通用简称,不应使用"本部"、"本局"、"本公司"等含义不明、难以判断的简称。

(2) 联合发文时一般应将所有责任者照实抄录,责任者过多时可适当省略,但立档单位是责任者的必须抄录,以体现"以我为主"的精神。比如,市规划局与市建委、市发改委、市国土房管局、市市政园林局等单位联合发了一份文件,市规划局在整理编目时,责任者项中必须抄录"市规划局",其他单位可以省略;同样,市发改委在整理编目时,责任者项中必须抄录"市发改委",其他单位可以省略。

(3) 机关内部文件等通常称为"白头文件"的归档文件,常会出现未署责任者的情况,编目时应尽量根据文件内容、形式等特征考证出责任者,并填写完整。

3. 文号

即发文的字号,是由发文机关按发文次序编制的顺序号,一般由机关代字、年度、顺序号组成。填写文号项时应照实抄录,代字、年度、顺序号都不能省略,否则将给查找和利用带来困难。没有文号的,不用标识。文号栏内就填文号,不应填写诸如"会议文件之一"等文件顺序号;文号必须填写完整,不得省略。

4. 文件题名

即文件标题,它直接表达文件内容和中心主题的文件特征,是了解归档文件内容的起点。实际工作中,利用者多以此为查找线索,档案工作人员也多从题名入手进行查找,因此题名是最重要的检索途径。完整的题名由责任者、问题、文种三个部分组成,例如《国家档案局关于加强档案安全保管的通知》,也有许多文件将发文机关放在文头中说明,标题直接由问题和文种构成。填写文件题名项时应注意:

(1) 一般情况下,文件只有一个题名(正题名),填写目录中题名项时应照实抄录。

(2) 有的文件还有副题名或并列题名。副题名即文件标题中破折号或冒号后面部分，对正题名进行解释说明，在正题名能够反映文件内容时，副题名一般无须抄录；并列题名即以其他语言文字书写的题名，需要时与正题名一并抄录。

(3) 有的文件没有题名，或题名含义不清，不能揭示或不能全面揭示文件内容，应根据文件内容重新拟写或补充标题，并在新拟或补充标题之外加"〔 〕"号填写在目录中。

(4) 会议记录须重拟题名时，应写明会议的时间和主要内容。

(5) 有些归档文件的附件独立性强，如正文仅有实施意见，附件则是具体的条文规定，或者附件是正文的重要补充和说明。在正文与附件作为一件时，如果目录中只著录正文题名，不能反映出附件的内容，可能造成漏检，这时也可在正文题名后抄录附件题名，外加"〔 〕"号。

例：如果××市有两份文件，第一份文件的标题是："××市档案局关于贯彻落实市府〔2019〕61号文件精神的通知"。虽然标题三部分是完整的，但标题中只出现文号是不符合办文要求的，也不利于计算机查找资料，整理时应该加以补充。第二份文件的标题是："××市档案局通报"。这个标题不完整，缺少了"问题"部分，同样会给今后的查找利用带来困难，整理时应加以补充。第一份文件的标题应补充为："××市档案馆关于贯彻〔××市人民政府关于加强我市机关档案综合管理工作〕的通知"。第二份文件的标题应补充为："××市档案局〔关于市直机关达标升级情况〕的通报"。

5. 密级

文件密级按文件实际标注情况填写。没有密级的，不用标识。

6. 日期

即文件的形成时间，是文件的重要特征之一，反映文件产生的时代背景，是查找档案的常用途径。文件的形成时间及发文时间（文件的落款时间）在具体填写时应以8位阿拉伯数字标注年、月、日。

例：2019年11月14日，标注为20191114。

7. 页数

填写一件文件的总页数，用于统计和核对。计算页数时以文件中有图文（指与文件内容相关的文字、图画等）的页面为一页，空白页不计。大张的文件或图表折叠后，仍按未折叠前有图文的页面数计算页数。来文与复文、正本与定稿等作为一件时，统计页数应将构成该件的各份文件页数相加作为该件的页数，但其内的文件依然按件计页，相对独立，即不用将来文、定稿接上复文、正本重新编制页码。

例：有一份文件的正本是11页，定稿是8页，定稿前还有一张签发单，那么，统计页数时，这份文件的总页数是20页。

8. 备注

备注项用于填写归档文件需要补充和说明的情况，包括密级、缺损、修改、补充、移交、销毁等等(一般情况下空着)。前面在排列、编号部分提到的零散文件排列和档案进馆前再鉴定、整理就属于在这里提到的补充、销毁情况。对备注项目的填写应该加以严格控制,以免目录条目杂乱不堪。另外,如果有些条目需说明的情况较多,备注栏难以填写时,可在备注栏中加注"＊"号,将具体内容填入备考表中。

➢ 注意事项:
(1) 日期的书写不能省略,不能只写月、日,要写全年、月、日。
(2) 责任者名称要统一。
(3) 责任书、合同、协议的责任者一般为两个以上。
(4) 归档文件年度应明确分开,不得将 2018 年度文件归于 2019 年度文件中。

(二) 归档文件目录的装订

归档文件的目录由封皮、归档文件整理说明及归档文件目录表格组成。归档文件目录用纸幅面尺寸采用国际标准 A4 型。在脊背上贴上标签,标明全宗号、年度、目录流水号,放入目录橱柜中。贴标签的高度没有规定,一个档案室内一致就可以。

1. 归档文件整理说明的写法

归档文件整理说明包括四部分的内容：一是立档单位名称和成立时间；二是内设机构及单位党政主要领导人情况；三是本年度立档单位主要工作概况；四是本年度归档文件整理情况,说明归档文件整理工作的组织情况、文件材料完整与否、案卷数量、有何缺陷和问题等。

2. 归档文件目录的装订及格式

应单独装订成册并编制封面,这样既整齐、美观,不易损坏,又便于传递、携带和阅读。目录编制成册的方式要根据需要而定,可以与分类方案一致,也可以有所不同。如按年度—机构—保管期限进行分类、排列的,其归档文件目录可以按照这种方法进行装订,即每个机构每年装订永久、长期、短期三本目录。但这样会导致一个单位一年有很多目录本,为了减少目录本的数量,一个单位也可以每年按不同的保管期限装订三本目录,在目录表的右肩上标注机构名称来区分不同机构。

按年度—保管期限进行分类、排列的,其归档文件目录分永久、长期、短期三个保管期限各装订一本。目录数量少的也可将三个保管期限合订一本,归档文件目录采用竖式,按 A4 规格装订成册,不需放入档案盒内,也不需编制目录号。上级单位一式三份,基层单位一式两份。

3. 归档文件目录封面

归档文件目录封面的格式应与目录的编制方式一致,设置全宗号、全宗名称、年度、保管期限、机构(问题)等项目(图 2-2-19)。其中全宗名称栏应使用全宗单位的全称或规范化简称来填写立档单位的名称,其他栏目根据目录编制成册的具体方式选择设置并填写。如同一年的归档文件目录按照不同机构分别装订成册,则目录封面应设置全宗名称、年度及机构项。

```
┌─────────────────────────────────┐
│                                 │
│         归档文件目录              │
│                                 │
│                                 │
│        全 宗 号 _____        │
│        全宗名称 _____        │
│        年   度 _____        │
│        保管期限 _____        │
│        机构(问题) _____      │
│                                 │
└─────────────────────────────────┘
```

图 2‑2‑19　归档文件目录封面式样

➤ **注意事项：**

（1）年度是指文件形成年度，不是档案的整理年度。

（2）归档文件目录装订成册，外封面可用硬封面。

（3）没有全宗号的档案可以直接写上"文书档案"。

七、装订

(一) 装订的含义

归档文件经修整后要按件装订，进行固定。"件"是归档文件整理的基本单位，一般以每份文件为一件。

(二) 装订的原则

1. 稳定性原则

应对归档文件进行仔细检查和评估，制定适宜的装订方案。方案应考虑文件的保管期限、文件纸张质量、文件厚度、纵横向、订口空白尺寸、原装订方式等因素。装订方案确定后,应保持相对稳定。

2. 最小影响原则

装订应尽量减少对归档文件本身的影响,避免多次装订,原装订方式符合文件保管期限等相关要求的,应维持不变。归档文件装订应牢固、安全、简便,做到文件不损页、不倒页、不压字,装订后文件平整,有利于归档文件的保护和管理。

3. 一致性原则

装订应有利于归档文件的保护和管理。相同期限的归档文件装订方式应尽量保持一致,不同期限的装订方式应相对统一。

4. 安全简便原则

装订应牢固安全、简便实用、整洁美观。装订材料不能包含或产生可能损害归档文件的物质。

(三) 装订的方法

装订的方法有线装法、变形材料装订法、粘接法与封套法(图2-2-20)。

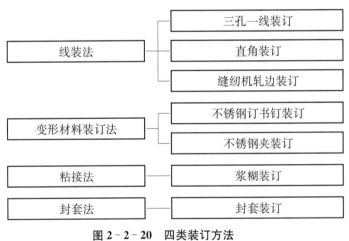

图 2-2-20　四类装订方法

(四) 装订的材料

用于装订的材料,无论是其自身还是通过与其他材料及环境之间的接触反应,不应包含或产生任何可能损害归档文件的物质。主要涉及如表2-2-6所示的五种材料。

表 2-2-6　五种装订材料

装订材料	材　料　要　求
1. 棉纱线	线装法中的直角装订、缝纫机轧边装订、三孔一线装订应采用棉纱线,棉纱线规格、质量、检测应按 GB/T 398 执行
	直角装订、缝纫机轧边装订、三孔一线装订所用棉纱线的粗细应与 R72texf4 规格的棉纱线相当,线的断裂强度应不低于 15 N,棉线规格检测应按 GB/T 3916 和 GB/T 8693 的规定执行

续　表

装订材料	材料要求
2. 不锈钢订书钉	不锈钢订书钉产品质量要求(外形尺寸,钉面,钉脚斜度,B、C、E种缺陷,粘牢度,外观,外观,订纸性能,钉条枚数)、试验方法、检测规则应按照 QB/T 1151 执行
	不锈钢订书钉材质应选用 S30408 不锈钢,沿海地区应选用耐腐蚀性能更优的不锈钢,不锈钢规格、质量、检测应按照 GB/T 20878 执行
3. 不锈钢夹	不锈钢夹仅适用于需要临时固定的归档文件,符合行业产品质量要求即可
4. 浆糊	浆糊质量要求(游离甲醛限量、外观、pH、粘结性、防霉力、耐寒性)、试验方法、检测应按照 QB/T 1962 执行
	浆糊在满足上述质量要求的基础上,还应符合 DA/T 25 要求
5. 封套	封套用纸应轻薄、结实,应选择对归档文件不会产生负面影响或潜在负面影响的材质
	纸张定量应在 110 g/m² ～160 g/m² 之间,检测应按 GB/T 451.2 的规定执行
	纸张的 pH 应大于或等于 6,检测应按 GB/T 1545 规定的冷抽提法进行
	纸张撕裂度应大于 850 mN,检测应按 GB/T 455 的规定进行
	纸张单层紧度应在 0.6 g/cm³—1.0 g/cm³ 之间,检测应按 GB/T 451.3 的规定进行

(五) 装订的类型

根据归档文件保管期限和整理要求,归档文件装订按需求分成如表 2-2-7 所示的五类。

表 2-2-7　五种装订需求对应类型

装订需求	宜	可	不可	不得
类型 A:永久保管	直角装订 缝纫机轧边装订 三孔一线装订	不锈钢订书钉装订 浆糊装订	不锈钢夹装订 封套装订	回形针、大头针、燕尾夹、热熔胶、办公胶水、装订夹条、塑料封
类型 B:定期 30 年,需要向档案馆进行移交	直角装订 缝纫机轧边装订 三孔一线装订	不锈钢订书钉装订 浆糊装订	不锈钢夹装订 封套装订	
类型 C:定期 30 年,不需要向档案馆进行移交	直角装订 缝纫机轧边装订 三孔一线装订 不锈钢订书钉装订 浆糊装订	不锈钢夹装订 封套装订		

续 表

装订需求	宜	可	不可	不得
类型 D：定期 10 年保管	直角装订 缝纫机轧边装订 三孔一线装订 不锈钢订书钉装订 不锈钢夹装订 浆糊装订 封套装订			回形针、大头针、燕尾夹、热熔胶、办公胶水、装订夹条、塑料封
类型 E：需永久或定期保管，需要临时固定	不锈钢夹装订 封套装订			

（六）常用的装订方法

目前档案实践中常用的装订方法有三孔一线装订及不锈钢订书钉装订两种方法。

1. 三孔一线装订

三孔一线装订是用锥子或三孔一线打孔机在文件左侧打孔后再穿线、打结的装订方式。使用的主要材料与工具有燕尾夹、棉纱线、锥子、剪刀（图 2-2-21）。

（1）三孔之间的距离，竖版文件以 8 cm～10 cm 为宜，横版文件以 6 cm～8 cm为宜。三孔与文件左侧距离不少于 1.5 cm。确定孔距后用锥子或三孔一线打孔机打孔。打孔前为了固定文件位置，可以先用夹子固定文件右侧（图 2-2-22）。

图 2-2-21 三孔一线装订使用的主要材料与工具

图 2-2-22 用打孔机打孔

（2）穿线时，先将棉纱线对折（图2-2-23）。

图2-2-23　将棉纱线对折　　　　图2-2-24　将棉纱线穿入中间孔

（3）将棉纱线的两头并齐后从文件背面穿入中间孔（图2-2-24）。

（4）再将线头分别向下穿入两边的孔中（图2-2-25）。

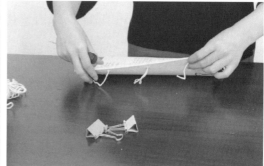

图2-2-25　将棉纱线穿入两边的孔

（5）从由棉纱线对折形成的圈中交叉穿过（图2-2-26）。

图2-2-26　棉纱线交叉对穿　　　　图2-2-27　将棉纱线拉紧固定

（6）用力拉紧两个绳头，并在打结处用力压实使线绳紧缚文件（图2-2-27）。

（7）在打结后保留1.5 cm左右的绳头，并剪去多余的棉纱线（图2-2-28）。

（8）三孔一线装订效果（图2-2-29）。

图 2-2-28 三孔一线装订绳头的处理

图 2-2-29 装订效果

2. 不锈钢订书钉装订(图 2-2-30)

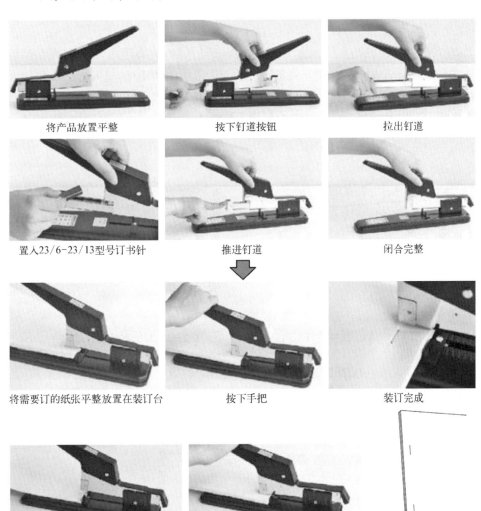

装订纸张值：70 g 15~80张

图 2-2-30 不锈钢订书钉装订步骤及效果

(1) 不锈钢订书钉装订应在归档文件左侧两钉装订，订位以两钉外订眼距版面上下边缘各 7 cm 为宜。

(2) 不锈钢订书钉装订应无坏钉、漏钉、重钉，钉脚平伏牢固，归档文件不掉页。

(3) 需要拆除不符合要求的订书钉后再用不锈钢订书钉装订的，拆除时应尽量减轻对归档文件的损害，不锈钢订书钉的装订位置尽量与原订书钉保持一致。原装订位置不适宜继续装订的，不锈钢订书钉的装订位置可稍偏移。

(4) 不锈钢订书钉装订在符合以上(1)(2)(3)要求的前提下，应尽量减少重复装订次数。

(七) 其他装订法

根据《纸质归档文件装订规范》(见附录)的规定，档案实践中还涉及其他几种装订方法，具体如下：

1. 直角装订

(1) 直角装订应距归档文件上边、侧边各 2 cm 处入针，先在上方环绕后再在侧面环绕(或先在侧方环绕再在上方环绕)，最后在上方(或侧方)绕半圈后与入针线头打结。打结可以选择在上方(侧方)，也可以选择在入针处。缝线与归档文件结合紧密的，也可以不打结，但入针、出针处应保留 1.5 cm 左右的线头(图 2-2-31)。

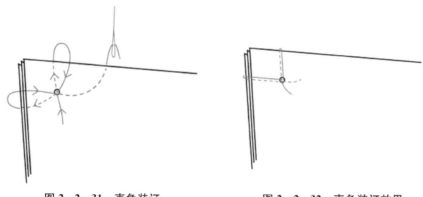

图 2-2-31　直角装订　　　　图 2-2-32　直角装订效果

(2) 直角装订应选取较细的缝线针，以双线为宜。拉紧打结后的缝线形成直角，与上方、侧方边缘形成正方形(图 2-2-32)。

2. 缝纫机轧边装订(图 2-2-33)

(1) 缝纫机轧边装订是用缝纫机在文件左上角进行斜角装订，入针、出针位置以距版面左上角顶端 2 cm～3 cm 为宜。

(2) 缝纫机轧边装订应选用锁式缝合缝纫机，不得使用链式缝合缝纫机。

(3) 缝纫机轧边装订针脚距离应尽量加大，入针、出针处应保留 1.5 cm 左右的线头。

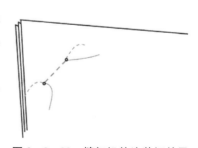

图 2-2-33　缝纫机轧边装订效果

(4)缝纫机轧边装订应避免文件缝合处形成断裂。

3. 不锈钢夹装订(图 2-2-34)

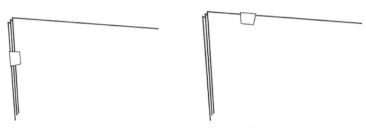

图 2-2-34　不锈钢夹左侧、顶端装订效果

(1)不锈钢夹应在归档文件上方或左侧装订,订位为不锈钢夹外缘距版面左上角顶端 2 cm～3 cm 为宜。

(2)不锈钢夹装订时,不同文件的装订位置应错开,以方便装盒,节省保存空间。

4. 浆糊装订

(1)浆糊装订采取左上角粘贴法,即在文件左上角涂抹浆糊进行装订。浆糊装订前应将浆糊调匀。

(2)涂抹浆糊宜在离上方、侧方边缘 2 cm～2.5 cm 处为圆心,1 cm 为半径,涂抹的浆糊与上方、侧方应留有空白。浆糊涂抹时应注意用量适宜、分布均匀。

(3)浆糊装订在粘贴后应压实、晾干,待完全干燥后再装盒。

5. 封套装订

封套装订是指将待装订的归档文件放入封套。文件放入后应保证文件平整,不应出现折、皱情况。

八、装盒上架

归档文件的装盒,即将归档文件按室编件号顺序放置,并填写档案盒封面、盒脊及备考表。将备考表置于盒内文件之后,再一起装入档案盒中,可以防止散乱丢失,便于取放,是对档案的一种保护方式(图 2-2-35)。需要注意的是档案盒仅是装具,不是"一卷"的概念。

(a)将备考表置于盒内文件之后　　(b)将归档文件与备考表一起装入档案盒中

图 2-2-35　归档文件装入档案盒

文件按归档的件号顺序装盒,二级分类时,可装满一盒后再装下一盒,三级分类时,视一个机构(问题)文件的多少确定。不要求将同一事由的归档文件装入一盒,同一盒内的归档文件仅是按件号顺序装在一起。

不同年度、机构(问题)、保管期限的归档文件不能装入同一个档案盒。

(一) 档案装盒

1. 档案盒

档案盒外形尺寸统一,正面长宽不变,根据盒脊分为 20 mm、30 mm、40 mm 和 50 mm 四种厚度,可以根据归档文件的数量选用适合的尺寸(图 2-2-36)。纸张中的酸性对档案有很大危害,酸会使纸张变硬发脆,严重的会导致纸张成粉末。为了确保档案的安全,长期保存的档案必须采用无酸纸书写,装具也要用无酸档案盒,要求使用档案局监制的无酸纸盒。

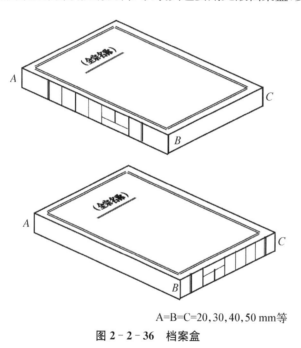

图 2-2-36 档案盒　　　　图 2-2-37 盒脊样式

2. 档案盒信息填写

档案盒在封面有全宗名称栏,根据摆放方式的不同,在盒脊或底边有全宗号、年度、保管期限、机构(问题)、起止件号、盒号等信息栏需要填写(图 2-2-37)。

(1) 封面应标明全宗名称,统一采用黑色字体。

(2) 全宗号、年度、保管期限、机构(问题)等信息在装盒时,用黑色或蓝黑墨水加盖或书写完毕。

(3) 盒号即档案盒的排列序号,起止件号填写盒内第一件文件和最后一件文件的件号,中间用"—"连接。对于需要移交进馆的档案,盒号、起止件号可暂时用铅笔填写,防止增加归档文件以及调整盒号;档案不进馆单位可用耐久字迹直接填写(图 2-2-38)。

图 2-2-38　档案盒信息填写

3. 填写备考表

每个档案盒内应放置一张备考表,置于盒内文件之后,备考表上的项目包括盒内文件情况说明、整理人、整理日期、检查人、检查日期等,《归档文件整理规则》中提供了备考表样式参考(图 2-2-39)。

图 2-2-39　备考表样式

（1）盒内文件情况说明：一般情况下不作填写，出现以下情况需要在此栏内进行说明：

一是盒内文件出现文件收集不完整、破损，文件签署不完整；二是归档文件是复制件，说明原件保存位置；三是档案保管过程中，出现移出、增补、修改、销毁等情况。

（2）整理人：由负责整理归档文件的人员签名或签章。

（3）整理日期：归档文件整理完成日期。

（4）检查人：负责检查归档文件整理质量的人员签名或签章（一般由档案室负责人、办公室负责人、业务部门负责人或项目负责人审核后填写）。

（5）检查日期：归档文件检查完毕的日期。

（二）档案入库上架

归档文件整理完毕装盒后，上架排列方法应与本单位分类方案一致，即分别采用"年度—机构（问题）—保管期限""年度—保管期限—机构（问题）""年度—保管期限"等不同分类方案的，应按照相应的分类次序上架排列。

排架遵循从上到下，从左到右的顺序。

如：采用"年度—保管期限—机构（问题）"三级档案分类方案的档案，每年形成的档案按照保管期限永久、长期（30年）、短期（10年）序列依次上架，相同保管期限的档案，按分类方案中设定的机构（问题）顺序排列。

第三节　案卷级整理流程

知识目标

（1）掌握案卷级整理各个环节的具体操作方法。
（2）明确案卷级整理操作四步法的标准要求。

能力目标

能够独立、正确按照标准完成案卷级档案整理。

案例导入

小张入职的长夏集团是一家成员企业数量众多的控股公司，集团对档案工作采取了"统一领导、分级管理"的原则，制定了统一的分类方案，设置文书档案、科技档案、会计档案等几大类，在各类下设多个小类。同时，公司有以下规定：

（1）坚持"谁经手谁立卷"，凡红头文件及集团本部产生的重要资料，由收发人员

> 和具体经办人员做好文件(资料)的整理、立卷、编目,填写好移交清单,于次年第一季度前移交档案室归档。
>
> (2) 集团每年年初与各企业经营者签订年度目标管理责任书,将文件资料的档案整理标准、归档范围、归属流向及奖惩考核事项列入协议条款中;集团档案室年终对各成员企业的档案工作业绩进行考核。
>
> (3) 对于生产型企业的参股公司所产生的文书档案、产品研发鉴定、设备技术资料及资质认证、签订的商务合同与协议等由各参股公司制定部门的相关人员担任兼职档案员,负责收集整理并立卷,然后移交本企业档案室,集团档案室不直接参与日常管理,而是对相关企业进行业务指导和监督。

案卷级档案整理是运用文件的六个特征(即问题、时间、责任者、文种、地区、收发文机关),把本单位形成的全部文件进行区分和初步组合,然后检查、调整卷内文件,拟写案卷题名,排列卷内文件和编号,填写卷内文件目录、备考表和案卷封面,编制档号,装订案卷。全部案卷整理完毕后,再按相应方法进行案卷排列并编制案卷目录。案卷级档案整理便于管理,不易散失。将文件材料装订起来,不易被利用者拆卷或随意抽取,即使反复使用,也不会散失,安全性较好。

除了以件为单位,档案的整理还可采用以卷为单位的方式。对于如科技档案、人事档案、会计档案等类型的档案,其单份文件较为零散,一般不宜作为独立的保管单位,且这类档案内的文件之间常有密切的联系,若将有联系的文件随意分开,将会失去其原有价值。所以,在整理这一类档案时,往往将若干互有联系的文件组合成有机整体,称为"案卷"。以卷为单位的档案整理一般采用如图 2-3-1 所示的四步法。

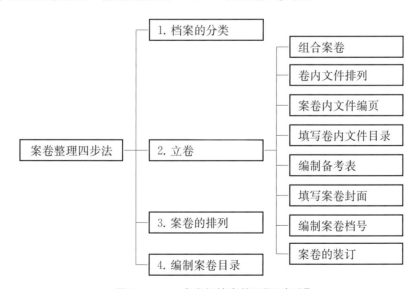

图 2-3-1 案卷级档案整理"四步法"

一、档案的分类

全宗内档案的分类就是将一个立档单位形成的档案,按照其时间、来源、内容、形式等特征划分为若干类别,使之系统化、条理化。档案分类方案是一种简要叙述档案分类原则、层次和纲目条款的文字材料,又称为分类大纲。档案分类方案是一个单位档案整理的行动指南,其科学性、合理性决定了档案整理的质量。

比较常用的档案分类方法有如表2-3-1所示的三种:年度分类法、组织机构分类法和问题分类法。

表2-3-1 常用档案分类方法

分类方法	说　　　明
年度分类法	运用最广泛的档案实体分类法,能够较好地维护和再现立档单位活动和档案形成的历史过程。
组织机构分类法	一个单位的档案是由各个组织机构在其业务活动中形成的,每个组织机构都承担着一定的职能和任务,所形成的档案一般都具有同类性质和关联性。按组织机构进行分类,能概要地反映立档单位内部各个组织机构工作活动的面貌。
问题分类法	又称事由分类法,是一种逻辑分类方法,能够保持档案在内容方面的联系,便于按专题查找和利用档案。

在档案实践中,一般是两种分类方法结合使用,有四种复式分类法,实行二级分类,分别是:年度—组织机构分类法、组织机构—年度分类法、年度—问题分类法、问题—年度分类法(图2-3-2)。

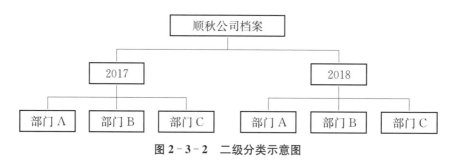

图2-3-2 二级分类示意图

为了方便对全宗内档案具体分类,选定分类方法后应编制分类方案,其中包括各类名称及其排列顺序。一般来说,一个立档单位编制一份分类方案,分类方案一旦编订,不可轻易改动。

二、立卷

立卷又称为组卷,是把经过分类后的档案组合成案卷的工作。案卷是按照某种联系组成的文件组合体,它是基本的档案保管单位。一个全宗内的档案经过分类后,每个类内都有相当数量的档案,为了便于保管和利用,需要对它们再次整理,使之进一步系统化,将类内的许多文件按照它们之间的某种联系组成相应的保管单位,称为案卷或卷、盒、袋等。它是档案的基本保管单位,也是统计档案数量和日后编制某些检索工具的基本单位之一。

立卷工作的内容包括:组合案卷、卷内文件排列、编页、填写卷内文件目录、编制备考表、填写案卷封面和案卷的装订。

(一) 组合案卷

立卷的基本要求是:按照档案形成的特点和规律,保持文件之间的历史联系,通常考虑和区分文件的不同保存价值,使组成的案卷便于管理和查找利用。

立卷的具体办法很多,如可按文件构成特点立卷,即将具有某方面共同特点和密切联系的文书综合在一起组成案卷。文件的特点一般体现在文件的内容和形式上,一份文件主要由责任者(即制发者)、文件名称、文件内容、收文机关和成文日期等基本部分构成,根据文件的特征进行立卷,就是在文件之间归纳相同的特征、区分不同的特征来进行组合,以适应不同检索途径和日常管理的需要,形成各种立卷方法。

1. 按问题(题名)立卷

"问题"是指文件内容所反映的问题。按问题特征进行立卷,就是将反映同一事件、人物、事物、问题、工作性质的文件组合在一起立卷,不同内容的文件分别组卷。如"关于购买××设备"的文件材料、"关于宣传工作"的文件材料、"××厂关于企业改革的计划、报告、总结"等等,都是按问题特征进行立卷的。

在实际立卷工作中,问题特征的应用比较广泛,成为一种常用的主要的立卷特征。因为机关单位的主要职能活动,都是围绕贯彻执行有关的方针政策、解决一定的问题而进行的,它所形成的文件也是围绕某一问题产生的。因此,按问题特征立卷,既保持了文件之间的联系,反映出某一问题的全貌,又便于今后查找利用。一个机关的案卷中,按问题特征或按问题结合其他特征组成的案卷占多数。所以,按问题特征立卷,是一种常用的主要的立卷方法。

按问题特征立卷,在实际的运用中有很大的灵活性,一般来说,反映同一具体事物、事件或具体问题的文件,它们之间有着密切的联系,应组合在一起。特别是同一具体问题的问文和复文、请示、报告与批复、批示,应当集中立卷。但是反映同一性质问题或某方面工作的文件,它们之间的联系有时不一定很紧密,组卷时应视文件的具体情况全面考虑。因为问题的概括可大可小、可粗可细,具体组卷应必须考虑文件数量的多少和管理利用的方便。一般来说,在领导机关和综合部门,宜把问题概括得粗一些、笼统些,而在具体的业务部门,则要把问题概括得小一些、具体一些。例如,在省人民政府中,有关教育问题的文件不太多,可以组成一卷。而在省教育厅,一年中形成的关于教育问题的文件很多,就应该进一步细分,可分为教育制度、教育改革、教学成果与经验等小问题分别立卷。

按问题特征进行立卷是主要的、常用的方法，但是不能将它理解为唯一的、最好的方法，是否按问题组卷，应视具体情况而定，有些时候，就不宜采用问题特征组卷。例如一次会议形成的关于多个问题的文件，就不能将文件拆开按问题分别组卷。又例如综合计划、报告、总结、统计报表，也不能按问题分开组卷。再如，文件虽属于同一问题，由于保存期限相差悬殊，也应适当分开立卷。

2. 按时间立卷

"时间"是指文件形成的时间或文件内容针对的时间。按时间特征进行立卷，就是将属于同一时期（如同一年度或同一季度、同一月份或上半年、下半年等）的文件组合为案卷，如××市防汛指挥部1982年关于防汛问题的计划、通知、报告、总结。按时间特征立卷，有利于反映一个立档单位在不同时期的工作特点，便于查考机关在不同发展阶段的工作面貌。对于按年归档的现行机关的文件以及按年分类的历史档案，不宜采用时间特征组卷，否则无法反映案卷的特点。按时间特征组卷，适合于下列几种情况：

（1）适用于文件内容针对时间性较强，时间界限分明的文件。如年度、半年、季度、月份的工作计划、总结、会议记录、统计报表等。

（2）适用于同一问题数量多的文件，可按时间将问题分得更细一些。

（3）适用于不按年度分类整理的历史档案。由于若干年度的文件集中在一个类里，可按年度、阶段或其他期限特征将档案进一步细分。

按时间特征立卷，应注意处理好文件的形成年度与文件内容针对年度不同的情况，合理地组合案卷。

3. 按责任者（作者）立卷

"责任者（作者）"是指制发文件的机关、单位或个人。按责任者（作者）立卷，就是把形成于同一责任者（作者）的文件组合在一起，如"××厂会议文件""××大学关于助学金的评定标准、评定办法、实施办法"。按责任者（作者）特征立卷，便于反映本机关的职能活动及其他机关与本机关的联系。由于制定文件的机关、单位或个人的地位和职能不同，按责任者（作者）立卷在某种程度上区分了文件的重要程度和保存价值。按责任者（作者）特征立卷，也是运用较多的一种立卷方法。

在实际工作中，有时将文件按隶属的上级机关、下属机关、平级的有关机关分别立卷，这实质上也是按责任者（作者）类型区分，属于责任者（作者）特征的灵活运用。

4. 按文种（名称）立卷

"文种（名称）"是指文件标明的文种。按文种（名称）立卷，就是把文件种类名称相同的文件组合在一起，如"××机关2017年各项工作计划""××市直属企业2017年第三季度统计报表"。文件的种类反映了文件的性质和作用，按文种（名称）立卷，能较好地反映文件的重要程度和保存价值，这也是立卷中常用的一种立卷方法。

文种（名称）特征的运用，通常是将命令、指示、决议、会议记录、计划、合同、统计报表等文件,按文种(名称)特征立卷。在文件数量不多时,也可以将文种相近、保存价值相近的文件按文种特征组卷,如决议与决定、条例、办法与规章、计划、安排与工作要点等,可在文种特征的基础上,采用灵活方法组卷。由于有些文种运用较广泛,所以有时即使是同一文种名称,但却不可将其放在一起组卷。例如,通知事项的通知、批转下级相关公文的通知、发布规章的通知、任免和聘用干部的通知,就不能按文种特征将它们组成一卷。所以,按文种特征立卷,还要具体分析文件的内容、性质和保存价值,而不能单纯地根据文件的种类名称而立卷。

5. 按地区立卷

"地区"是指文件内容涉及的地区。按地区特征立卷,就是将内容涉及同一地区(如同一省、市、县、乡、镇等)的文件组合在一起立卷,如"××省政府关于××县粮食问题的通知、办法"就是按地区特征立卷。按地区特征立卷,便于反映该地区的工作情况。这种立卷方法,多用于下属机关的来文、调查统计资料和某些专门文件,本机关的发文和上级机关的来文很少使用这一特征立卷。

6. 按收发文机关立卷

按收发文机关立卷,就是将本机关与某一机关之间,双方就某一问题或几个问题进行工作联系而形成的来往文件组合在一起进行立卷,如"××局与部属单位关于技术引进问题的来往文书""北京市劳动局与上海市劳动局关于××、××等同志调到上海工作的来往文书",就是按照收发文机关特征所立的案卷。按收发文机关特征立卷与按责任者特征立卷不同。按责任者特征立卷时,卷内文件都是发送到本机关的,都是本机关的收文。例如上级机关发来的通知、指示等,下级机关发来的报告、请示、总结等。而按收发文机关特征立成的案卷,卷内文件是两个机关相互往来的文件,不包括各单位的单独行文。按收发文机关特征立卷,又称为按通信者特征立卷。不能将通信者特征立卷与作者特征立卷混合使用,两者也不能同时并用。

上述六种立卷方法是立卷过程中常用的方法。在实际工作中,单独使用一种方法立成的案卷比较少,往往是几种特征结合使用。但也并不是立卷特征越多越好,六个特征同时具备的案卷也是几乎不存在的。立卷时,一般多选用两三个特征结合起来立卷。

(二) 卷内文件排列

卷内文件排列是对卷内文件进行系统化的工作,卷内文件经过系统排列后保持了文件之间的紧密联系,每份文件都有了自己固定的位置,便于今后的查找和利用。

卷内文件排列的方法有多种,如按时间、地区、问题、责任者、通信者、文件重要程度、人名的姓氏笔画或拼音首字母的顺序排列等。通常多按时间的先后次序及责任者、问题、文件的重要程度排列。例如,按问题特征组成的卷,可以按时间的先后顺序排列,也可以按文件的重要程度排列。按责任者或通信者特征组成的卷,其中又包括多个问题的,可以先按问题的重要程度排列,然后在每个问题的文件中,再按时间的先后顺序或问题之间的联系排列。无论采用何种方式排列,都必须保证来往文书的问文和复文、正文和附件、同一份文件的印制件与定稿、同一文件不同种文字的文本,均应分别集中在一起连续排列。排列的正确顺序是:问文在前,复文在后;正件在前,附件在后;印制件在前,定稿在后;重要法规性文件的历次修改稿依次排列在现行正本之后。

(三) 卷内文件编页

卷内文件排好之后,应使用阿拉伯数字编写页号,固定次序,便于统计卷内文件页数,也便于查找利用和保护文件。页号从第一页文件开始依次编号,编号时,每页有字迹的纸张均应编号。左侧装订的案卷,正面在右上角编页号,背面在左上角编页号,折叠页只在正面右或左上角编页号。一张纸上贴了几小张文件,每小张编一个页号。图表和声像材料在装具上或在声像材料的背面逐件编号。卷内有书刊小册子,能利用原页号的利用原页号,不能利用的每页编一个号。编号时要耐心细致,务求准确,以防重编、漏编。如果发现有编错、编漏、编重页时,可采用补救的方法。如第9页编重,可改为第9(1)页、第9(2)页,并在备考表中注明:第9页共两页。如果编漏,如第11页后漏下一页直接跳到第13页,可将第11页改成第11~12页,并在备考表中注明:第11~12页,共一页。补救措施是不得已而为之的办法,编号时应认真细致,尽量避免这种现象的发生。

(四) 填写卷内文件目录

卷内文件目录是揭示卷内文件的内容和成分的目录表,放在卷首。卷内文件目录的填写项目有:顺序号、文号、责任者、题名、日期、页号、备注。卷内文件目录的格式按国家标准《文书档案案卷格式》(见附录)的规定,样式如图2-3-3所示。

卷内文件目录						
顺序号	文号	责任者	题　名	日期	页号	备注

图2-3-3　卷内文件目录格式

卷内文件目录各项内容的填写方法如下:

(1) 顺序号：即件号，按卷内文件排列次序依次填写。
(2) 文号：原文件的发文字号。
(3) 责任者：对档案内容进行创造或负有责任的团体和个人，亦即文件的署名者。
(4) 题名：填写原文件的标题，对于原标题不能确切地反映原文件内容或原文件无标题的文件，在填写时应根据文件内容补拟后填写，并外加"[ ]"号以示后拟。
(5) 日期：填文件的成文日期，以 8 位数字组成的具体的年、月、日。
(6) 页号：填每份文件的起始页号，最后一份文件填写起止两个页号。
(7) 备注：作必要说明之用。

一份文件的不同稿本，只填一个顺序号，重要的草稿、修改稿可以分别各占一行登记。全部案卷均应逐卷填写卷内文件目录。

卷内文件目录除一份放在案卷卷首之外，还可以将每卷的卷内文件目录复印后装订成册，作为一种检索工具来使用。

卷内文件目录填写如表 2-3-2 所示。

表 2-3-2 卷内文件目录填写示例

顺序号	文件编号	责任者	题　　名	日　　期	页号	备注
1	顺秋大学党发〔2018〕1 号	党　委	顺秋大学辅导员队伍建设实施细则（试行）	20180116	1	
2	顺秋大学党发〔2018〕2 号	党　委	顺秋大学领导干部和正高职称人员出国（境）管理暂行规定	20180120	9	
3	顺秋大学党发〔2018〕3 号	党　委	顺秋大学 2018 年校园治安综合治理工作方案	20180129	11	
4	顺秋大学办〔2018〕4 号	办公室	关于李华等同志任职的通知	20180428	32	
5	顺秋大学办〔2018〕5 号	办公室	关于肖风等同志职务任免的通知	20180503	34	

(五) 编制备考表

卷内备考表放在案卷末尾，所以又称为卷末备考表，用来保护文件，说明卷内文件缺损、修改、补充、移出、销毁等情况，便于管理人员和利用者了解案卷的有关情况，其样式如图 2-3-4 所示。

卷内备考表各项内容的填写方法如下：

(1) 本卷情况说明：主要由立卷人填写必要的情况说明。如卷内文件的缺损情况和原因，有关卷内文件的佐证或其他说明材料的卷号、照片、录音的保管单位号以及其他有必要说明的情况。日后卷内文件有所变动或其他新的需要说明的事项，如卷内某些文件的损坏、移出、补充、销毁等，则由档案管理人员随时在备考表中说明，同时档案管理人员要签名并标注日期。

```
┌─────────────────────────────────────────┐
│              卷内备考表                  │
│  ┌───────────────────────────────────┐  │
│  │ 本卷情况说明：                     │  │
│  │                                   │  │
│  │                                   │  │
│  │                                   │  │
│  │                                   │  │
│  │                                   │  │
│  │                                   │  │
│  │                                   │  │
│  │                                   │  │
│  │              立卷人_____        │  │
│  │              检查人_____        │  │
│  │              立卷时间_____      │  │
│  └───────────────────────────────────┘  │
└─────────────────────────────────────────┘
```

图 2-3-4 卷内备考表样式

(2) 立卷人：由责任立卷者签名。
(3) 检查人：由案卷质量审核者签名。
(4) 立卷时间：填写完成立卷的年、月、日。

(六) 填写案卷封面

案卷封面的样式如图 2-3-5 所示，案卷封面应用毛笔或书法钢笔书写，字迹要清晰、工整。

案卷封面一般包括以下各项内容：全宗名称、类目名称、案卷题名、卷内文件起止日期、保管期限、总件数、总页数、归档号、全宗号、目录号、案卷号。

案卷封面各项内容的填写方法如下：

（全宗名称）	
（类目名称）	
（案卷题名）	

自　　年　月至　　年　月		保管期限	
本卷共　　　件　　　页		归档号	
全宗号	目录号		案卷号

图 2-3-5　案卷封面样式

（1）全宗名称：全宗名称是指立档单位的名称，全宗名称必须用全称或者通用的简称，如"中共中央""上海市财政厅"等，不得以"本部""本局""本厂"等为全宗名称。

（2）类目名称：类目名称是指全宗内文件分类方案的第一级类目的名称。全宗内的文件按问题进行分类的，就填写问题类别的名称，如"党群工作类""行政管理类"等；按组织机构进行分类的，就填写组织机构的名称，如"办公厅""组织部""宣传部"等。

（3）案卷题名：案卷题名又称为案卷标题。案卷题名一般应标出卷内文件的责任者、问题、名称(文种)三个基本部分,必要时还应加上地区、时间或通信者,排列的顺序通常是:(地区)责任者(通信者)—(时间)—(地区)问题—名称(文种)。拟写案卷题名时,必须首先熟悉立档单位的职能和任务,详细了解卷内文件的成分和内容,抓住立卷特征,用简练的文字加以概括。具体应注意以下三个方面:一是政治上正确。符合有关的政策,准确反映党和国家有关方针政策的精神。许多历史档案都具有鲜明的政治意义,对案卷题名的拟写必须注意政治上的严肃性,要求档案工作人员实事求是地填写,如实地揭示档案的内容和实质。二是文字表达准确、简练。要用简练的文字全面、准确、具体地揭示卷内文件的内容和成分,既要避免过于抽象笼统,又要防止具体罗列文件标题。一卷之内文件份数很多,要把每份文件的标题全部列举在案卷标题中显然是不可能的,采用堆砌标题的方法必然会使案卷标题冗长烦琐,难以让人一目了然,影响利用。同时,在概括案卷题名时注意表达准确,不使用模糊词语和易生歧义的词语,不能使人读后难以捉摸卷内到底是什么文件。表达时可以典型列举,但忌以偏概全。三是题名基本结构力求完整,并使排列顺序统一。案卷题名既要反映出立卷特征,又不能仅仅标出立卷特征。如写成"上海市委文件"(只标出责任者特征)、"人员培训问题"(只标出问题特征)、"会议记录"(只标出名称特征)等,都是不完整的标题。

(4) 起止年月:卷内文件中最早一份文件的年月和最晚一份文件的年月。

(5) 保管期限:立卷时对卷内文件所划定的保管期限。

(6) 总件、页数:卷内最后一个文件的顺序号和文件最后一页的页号。

(7) 归档号:文书部门按照归档类目和条目设置的条款号,也就是文书处理号。

(8) 全宗号:档案馆指定给立档单位的编号。

(9) 目录号:全宗内案卷所属目录的编号。

(10) 案卷号:目录内该案卷排列顺序的编号。

➤ **注意事项:**

(1) 全宗号、目录号一般由机关档案室编写,案卷号在案卷排列后填写。

(2) 案卷卷脊的各项内容也应填写清楚,卷脊格式图2-3-6所示。

(七) 编制案卷档号

1. 档号的含义

档号是档案的编号,它是表示类别及其相互系统的一组符号,通常包括全宗号、目录号、案卷号。其中全宗号是档案馆指定给立档单位的编号。目录号是全宗内每一本案卷目录的编号。案卷号是目录内案卷顺序的编号。档号在档案管理中具有重要作用,它对档案实体具有指代功能,在档案保管和利用中,经常需要借助和运用。合理、清楚的档号,是档案实体管理有效性的重要标志。

2. 档号的结构

档号:全宗号-目录号-案卷号(图2-3-7)。

图 2-3-6 案卷卷脊格式

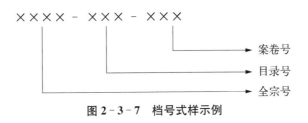

图 2-3-7 档号式样示例

档号左边均为上位代码,右边为下位代码,上下位代码是从属关系,连号时中间用"-"(短横)相隔。每一层代码结构清晰、容量大,并且代码的长度较短,便于填写和记忆。

3. 档号的编制方法

档号采用数字型和数字与字母混合型两种代码形式,各种代码的编制方法如下:

(1) 全宗号:由四位代码组成。第一位是用汉语拼音字母标识的全宗类别,如"G"代表革命历史档案全宗,"J"代表旧政权档案全宗,"A"代表新中国成立后档案全宗。后三位是用阿拉伯数字标识的某一类别全宗的顺序号。如"G018"为革命历史档案18号全宗。全宗类别单一的档案馆可不编全宗类别代码,直接确定全宗顺序号即可。立档单位一般以全宗号为自己的全宗代号,由机关档案室在应进馆档案的案卷封皮及目录上填写该全宗号。

(2) 目录号:采用流水顺序号在每本案卷目录上编号。有时可在顺序号前加上表示档案保管期限、载体形态等特征的代字或代号。如"永025",表示永久卷中的第25号案卷目录。

(3) 案卷号:用阿拉伯数字标识,采用流水编号法排列,其间不留空号。

总之,档号编制应遵循唯一性、合理性、稳定性、扩充性、简单性原则,各单位在编制档案号时根据具体档案情况适当选择。

不装订的案卷要逐件编件号。件号按卷内文件的先后次序编流水顺序号,用4位阿拉伯数字标识,不足4位的,前面加"0"补足,如"0026"。有文字、印章等标记的页面均应编号,其间不留空格。单份装订的案卷应逐件加盖档号章,以明确每份文件的隶属,便于查找和利用。档号章的位置在每份文件首页的右上角,其格式如图2-3-8所示。

全宗号	目录号	案卷号	件号

图2-3-8 档号章格式

装订与不装订的案卷,均须在案卷封面中注明该案卷所含档案的总件数和总页数。

(八) 案卷的装订

案卷的装订是为了固定和保护卷内文件,避免散失和损坏而采取的做法。经过装订的案卷,便于保管。长期和永久保存的案卷,一般均应装订成册,对于某些特别珍贵的手稿、照片、图样等,不便于装订时,可采用卷盒、卷袋等保管,在卷盒、卷袋上填写同于案卷封面的各项。对于不装订的案卷,按照规定,卷内文件应逐件用细线装订。装订时不要有倒置、脱漏的张页,不要压住字迹,不损坏文件,不妨碍阅读。案卷装订时要按照案卷封面、案卷内容(卷内文件)、卷内备考表的顺序依次排放并进行组合。

具体装订操作及注意事项见第二章。

三、案卷的排列

案卷的系统排列就是根据一定的方法,确定全宗内各个案卷的先后次序和安放位置,保持案卷与案卷之间一定联系,系统地反映出立档单位的活动。常用的排列方法有:

(1) 按案卷所反映的工作上的联系排列。即将有密切工作联系的案卷排放在一起,一般先排综合性案卷,后排各职能部门案卷;先排本机关案卷,后排外机关案卷;先排上级机关来文案卷,后排下级机关来文案卷。

（2）按案卷所反映的一定问题排列。即把有关同一问题的案卷排在一起，反映同一问题的案卷，可按案卷内容的重要性质或形成文件的时间先后排列，保持案卷之间问题方面的联系。

（3）按案卷所属的起止日期（时间）排列。即按照案卷起止时间的先后排列案卷。开始日期在前的案卷排在前边，开始日期在后的案卷排在后边。如果开始日期相同，以终止日期在前的案卷排在前边。

（4）按案卷的作者排列。即把同一作者形成的文件案卷排放在一起。如按照上级机关的来文案卷，本机关形成的案卷，平级机关来文案卷以及下级机关来文案卷的顺序。

（5）按卷内文件来源和内容涉及的地区进行排列。

（6）按名称排列。即把同一名称的文件组成的案卷集中排在一起，以便人们从文件名称的角度查找档案。

除上述几种排列方法外，还可以按照姓氏笔画、汉语拼音首字母顺序或四角号码、档案文件外形特点等排列案卷。在具体的排列案卷工作中，往往是几种排列方法结合使用。但不管采用何种方法排列，都必须注意前后衔接、左右协调、有规律性。将案卷系统排列后，应给每一案卷逐卷编号，以固定案卷的位置，便于统计报关和查找利用。

四、编制案卷目录

(一) 案卷目录的类型与选择

案卷目录必须以全宗为单位按一定的系统进行编制。一个全宗可以编制一本目录，即综合目录。也可以各种门类为单位，编制多个目录，即分册目录。分册目录可按其门类特征分为以下几种：

1. 以全宗内档案的分类类别为单位编制的案卷目录

即以分类方案为基础，每个类别编制一本案卷目录，有如下几种形式：

（1）以年度为单位，即一年内所有的组织机构编一本案卷目录。

（2）以组织机构为单位，即每个组织机构所有年度的案卷编一本案卷目录。

（3）以年度—组织机构为单位，即每年每个组织机构的案卷编一本目录。

（4）以组织机构—年度为单位，即每个组织机构每年的案卷编一本目录（与上一种形式基本相同，只是标号名称时不同）。

（5）以问题为单位，即一年内所有问题编一本目录。

2. 以全宗内档案的保管期限为单位编制的案卷目录

即将全宗内的案卷按其保管期限不同编为永久卷案卷目录、长期卷案卷目录和短期卷案卷目录三种。

3. 以保管期限结合分类方案编制的案卷目录

可分为以保管期限为主和以分类方案为主的目录形式：

(1) 以保管期限为主,结合分类方案编制的目录。即先将全宗内的案卷分成不同的保管期限后,再结合分类类别编制基本目录。

例如：×××全宗

  永久卷： 办公室案卷目录
      组织处案卷目录
      宣传处案卷目录
      ……

  长期卷： 办公室案卷目录
      ……

  或长久卷：综合类案卷目录
      组织工作类案卷目录
      宣传工作类案卷目录
      ……

  长期卷： 综合类案卷目录
      ……

  或长久卷：2016 年案卷目录
      2017 年案卷目录
      ……

  长期卷： 2016 年案卷目录
      ……

(2) 以组织机构为单位,即每个组织机构所有年度的案卷编一本案卷目录。即先将全宗内案卷按分类方案分类后,再按保管期限分别编制基本案卷目录。

例如：×××全宗

  办公室： 永久卷案卷目录
      长期卷案卷目录
      短期卷案卷目录

  生产科： 永久卷案卷目录
      ……

  或 2016 年：永久卷案卷目录
      长期卷案卷目录
      短期卷案卷目录

  2017 年： 永久卷案卷目录
      ……

  或综合类：永久卷案卷目录
      长期卷案卷目录
      短期卷案卷目录

生产销售类：永久卷案卷目录

……

4. 以机密程度的不同编制的案卷目录

如绝密档案案卷目录、开放档案案卷目录。绝密档案案卷目录，按规定应单独编制，以控制其使用范围，保证其机密性。此外，如果有些全宗划分了不同门类的档案，这些不同门类的案卷，也应分别编制单独的案卷目录或根据实际情况编制综合目录。

案卷目录类型的选择和目录数量的设置，应以便于管理和使用，有利于著录、检索和日常管理为准则，在适当考虑全宗的大小、全宗内案卷数量的多少、分类方案的结构、立档单位的组织状况及立卷和档案移交制度等情况的基础上编制案卷目录。

（二）案卷目录的编制

案卷目录的内容包括：封面、序言（或称立卷说明）、案卷目录表和备考表。

1. 封面

案卷目录封面包括以下项目：目录名称、全宗号、保管期限、档案室编目录号、档案馆编目录号。案卷目录封面格式如图2-3-9所示。

案卷目录封面

目　录　名　称
（××××年或组织机构）

全宗号：　　　　　　　　　　　档案室编目录号：
保管期限：　　　　　　　　　　档案馆编目录号：

图 2-3-9　案卷目录封面示例

2. 序言（或称立卷说明）

序言置于案卷目录的首页，是全面说明目录的编制情况、立档单位及全宗内档案的数量及完整程度等基本情况的书面文字材料。如案卷目录内容和结构，案卷目录的编制人及编制方法，立档单位及全宗简史，案卷的总数量及永久、长期、短期各案卷数目，全宗内档案的完整程度等。并非每本案卷目录都需编写序言，应视案卷目录的内容和使用情况决定。

3. 案卷目录表

案卷目录表是案卷目录的主体，其格式如图2-3-10所示。

案卷号		题　　名	年度	页　数	期限	备注
档案室编	档案馆编					
100		顺秋公司财务部关于某问题的文件	2018	100(1～100)	永久	
101		顺秋公司业务部关于某问题的报告	2018	98(101～198)	D30	

图 2-3-10　案卷目录表填写示例

（1）案卷号：即每个案卷的编号。

（2）题名：即案卷题名。填写时必须与案卷封面上的题名完全一致，不能随意更改。

（3）年度：为卷内文件的年度应，与案卷封面一致。

（4）页数：即卷内文件实有页数，通常填文件最后一页的编号年度，如有必要，可在后面加括号并写明起止页码。

（5）期限：即案卷封面注明的保管期限，即"永久""长期"或"短期"。

（6）备注：用来说明案卷的某些特殊情况（如卷内文件字迹模糊、残破等）以及案卷的变化情况（如案卷移出、销毁和卷内文件数量的增减等）。

4. 备考表

附在全部案卷目录之后，对案卷目录的基本情况进行总结，包括本目录所登记的案卷数量的案卷排列的长度、案卷目录的页数、编制日期等内容，最后编制者要签名和盖章。

通常情况下案卷目录都是一式数份，其中的一份作为日常使用，其余的备用。现行机关按照《机关档案工作条例》的规定，向档案馆移交一式三份案卷目录。

一个全宗编有多本案卷目录时，应编写各案卷目录的顺序号，称为"案卷目录号"，它是"档号"中的重要组成部分。案卷目录号为案卷目录发挥作用提供了保证，避免了案卷号重复而不易查找等现象的发生。

试一试

实验一　文件级档案整理流程

学习任务	掌握文件级档案整理流程		指导老师	
学生姓名		实训场地	课时	日期
实验材料	归档文件、A4 空白纸、档案盒			
实验设备	签字笔、起钉器、胶水、页码机、归档章、棉纱线、不锈钢订书钉、不锈钢夹、浆糊、封套、打孔器、剪刀、燕尾夹、锥子			
实验任务	（1）对文件按要求组件 （2）去除文件中的易锈金属物 （3）使用页码机给文件编页 （4）将文件合理分类 （5）将文件按顺序排列			

续　表

实验任务	(6) 正确加盖填写归档章 (7) 编制归档文件目录 (8) 选择适合的装订方法进行文件装订 (9) 文件装盒与上架
一、知识准备 　　文件分类组件的方法；文件修整工作要求；页码机使用要求；分类排列要求；档号编写方法；编目内容及要求；归档文件装订方法；装盒信息填写要求	
二、实验步骤及注意事项 (1) 交接清点归档文件 (2) 按照文件分类方案与标准，将文件以"件"单位，进行组件 (3) 对文件进行修整，去除易锈金属物，折叠大纸张文件，规整小纸张文件 (4) 以件为单位，使用页码机给归档文件编页 (5) 按照档案分类方法对归档文件进行科学分类 (6) 在分类方案最低一级中，根据一定方法确定归档文件先后次序，排列文件 (7) 编写每份归档文件在全宗中的档号，并以归档章的形式在归档文件上注明 (8) 填写、装订归档文件目录，填写每份文件的内容、形式特征及编号 (9) 对修整后的归档文件，采用合适的方法，按件装订 (10) 填写档案盒信息，将归档文件按照顺序装入档案盒，按分类次序入库上架	

三、实验评分 （总分100分）	文件组件（10分）	
	去除易锈金属物（5分）	
	文件编页（10分）	
	文件分类排序（15分）	
	编制档号（20分）	
	编制归档文件目录并装订（20分）	
	文件装订（10分）	
	文件装盒与上架（10分）	
	实验总得分	

实验二　案卷级档案整理流程

学习任务	掌握案卷级档案整理流程			指导老师	
学生姓名		实训场地		课时		日期	
实验材料	归档文件、A4空白纸、档案盒					
实验设备	签字笔、起钉器、胶水、页码机、归档章、棉纱线、不锈钢订书钉、不锈钢夹、浆糊、封套、打孔器、剪刀、燕尾夹、锥子					
实验任务	(1) 对全宗内档案具体分类 (2) 将分类后的档案组合成案卷 (3) 卷内文件排列 (4) 卷内文件编页 (5) 填写卷内文件目录					

	续 表
实验任务	（6）编制备考表 （7）填写案卷封面 （8）对案卷装订，对于暂不装订的案卷加盖归档章 （9）案卷排列 （10）编制案卷目录 （11）编制案卷档号

一、知识准备

　　档案分类方案；组合案卷的分类方法；卷内文件排列方法；卷内文件页数编写方法；档号编写方法；编目内容及要求；案卷装订方法；案卷排列方法；装盒信息填写内容及要求

二、实验步骤及注意事项
(1) 交接清点档案，填写档案移交登记表
(2) 按照组卷分类方案与标准，将档案划分为若干类别
(3) 把经过分类的档案按特征组合成案卷
(4) 以卷为单位，按照一定原则将卷内文件进行排列
(5) 以卷为单位，使用页码机，对卷内文件进行编页
(6) 填写卷内文件目录，包括顺序号、文号、责任者、题名、日期、页号、备注
(7) 填写卷内备考表，说明卷内文件缺损、修改、补充、移出、销毁等情况
(8) 填写案卷封面
(9) 案卷装订前应对卷内文件进行修整，去除易锈金属物，修补破损文件等
(10) 按照案卷封面、卷内文件、卷内备考表的顺序依次排列，并进行装订。暂不装订的案卷，按卷内文件系统排列的顺序逐件加盖归档章、填写件号
(11) 根据一定排列原则，对案卷进行排列
(12) 根据要求填写案卷目录
(13) 根据要求正确编制案卷档号

三、实验评分 （总分 100 分）	档案的分类(15 分)	
	分类后的档案进行组卷(15 分)	
	卷内文件排列(5 分)	
	卷内文件编页(5 分)	
	填写卷内文件目录、备考表、案卷封面(20 分)	
	案卷的装订(10 分)	
	案卷的排列(10 分)	
	编制案卷目录及案卷档号(20 分)	
	实验总得分	

答一答

1. 列出档案管理工作的主要内容。
2. 档案整理的方法分哪两种？
3. 页码应标注在文件的什么位置？
4. 若文件的第 22 页发现重号，应该怎么补救？

5. 若文件的第 12 页后面发现漏号，直接跳到第 14 页，应该怎么补救？

6. 题名即标题，完整的标题由哪三部分组成？

7. 下面是小王需要处理的××市妇联的几份文件，请帮忙鉴别一下哪些需要立卷归档，哪些不需要立卷归档？理由是什么？

　　① ××市妇联××主席在全国妇女工作会议上的典型发言

　　② 中共××市委关于市委组织部×××、×××等同志的任职通知

　　③ 中共××市委关于××市纪律检查委员会刘××贪污腐化的处理决定

　　④ ××市妇联关于全市妇女教育发展规划

8. ××建筑公司，有 2018 年度和 2019 年度的销售部、财务部、办公室档案，按"年度—组织机构—保管期限"分类法立卷，请设计分层结构图。

9. 下面是××公司的几份待归档文件，请判断一下应该放在哪一年度立卷并说明理由。

　　① ××公司 2018 年工作计划（2017 年 12 月 30 日成文）

　　② ××公司 2018 年工作总结和 2019 年工作重点（2019 年 1 月 10 日成文）

　　③ ××公司 2016—2018 年三年发展规划（2017 年 1 月 15 日成文）

　　④ ××公司 2016—2018 年三年工作总结（2019 年 1 月 10 日成文）

　　⑤ ××公司第三届科研成果交流会材料（该次会议于 2018 年 12 月 25 日召开，2019 年 1 月 5 日闭幕，材料包括会议议程、开幕词、参加交流的科研论文、获奖者名单、闭幕词等）

10. 下面选取的是××市卫生局某年度形成的 10 份文件材料，请按已学过的立卷方法，将其进行分类并组成案卷，拟写出案卷标题。

　　① ××市卫生局关于干部职工中级培训的几点意见

　　② ××市卫生局关于全市卫生系统干部职工免费脱产学习几个问题的通知

　　③ ××市卫生局关于 2020 年卫生护士学校招生的通知

　　④ ××市中心医院关于对余××所犯错误的处分决定

　　⑤ ××市卫生局转发市中心医院《关于对余××所犯错误的处分决定》的通知

　　⑥ ××市卫生局关于举办中等技术培训班的通知

　　⑦ 中共××市委关于任命刘×为卫生局党组副书记的决定

　　⑧ ××市卫生局关于王×等同志的职务任命的通知

　　⑨ ××市人民政府关于卫生局李×等同志的任职通知

　　⑩ ××市卫生局关于钟×等同志的任职通知

11. ××单位实习秘书肖××在整理公司文件准备归档，她把文件按照不同文种加以分类，在每类中按时间排列，还把文件后的附件一一分离出来，单独装订。装订时，在每份文件上标上页号，文件左侧统一用订书机装订。最后把这些文件按照时间顺序一次装入档案盒中，填好档案案卷封面，然后移交给档案室。档案室管理员陆××看了后直摇头。

根据上述案例，请判断实习秘书肖××在文件归档整理过程中有哪些不妥之处？

附录一：档案整理装订用品清单

顺序	用品名称	实物照片	用途
1	页码机、黑墨水		页码机敲页码章（保留3位数，用透明胶带贴掉后面位数）
2	归档章、姓名章、红色印泥、黑色印泥		归档章尽量在"以件归档"情况下使用，内格式内容用敲章或用笔写
3	铅笔		
4	水笔		
5	橡皮		
6	浆糊、浆糊刷		档案盒裱背脊

续 表

顺序	用品名称	实物照片	用途
7	固体胶水		档案材料破损或尺寸偏小时，使用固体胶水将其贴在 A4 纸上
8	美工刀		
9	剪刀		
10	尺		
11	透明胶		贴页码机后三位
12	手指套		整理文件，数页数或敲页码章和扫描时使用

续 表

顺序	用品名称	实物照片	用途
13	燕尾夹(各种规格)		临时固定案卷或准备装订的档案材料
14	修正带		敲错页码时修改用
15	装订(线、针、锥子)打穿线孔电钻,配2.5mm钻头		档案装订用具
16	回形针		临时固定用
17	便利贴(纸)		临时标记用

续表

顺序	用品名称	实物照片	用途
18	案卷封面、封底		仅在"以卷归档"时组卷使用,封面可由系统套用格式自动打印
19	档案盒		根据档案数量选用不同厚度,通常必备 3 cm、5 cm,其他尺寸按需采购
20	不锈钢订书钉		"以件归档"档案页数20页以下时装订使用
21	封签		用于装盒完毕后封存档案使用

附录二：法规选读

机关文件材料归档范围和文书档案保管期限规定

（国家档案局第 8 号令 2006 年 12 月 18 日公布施行）

第一条 为便于各级党政机关和人民团体（以下统称机关）正确界定文件材料归档范围，准确划分档案保管期限，使所保存的档案既能反映机关主要职能活动情况，维护其历史面貌,又便于保管和利用,根据《中华人民共和国档案法》、《中华人民共和国档案法实施办法》,制定本规定。

第二条　本规定中的机关文件材料是指机关在其工作活动过程中形成的各种门类和载体的历史记录。

第三条　机关文件材料归档范围是:

(一)反映本机关主要职能活动和基本历史面貌的,对本机关工作、国家建设和历史研究具有利用价值的文件材料;

(二)机关工作活动中形成的在维护国家、集体和公民权益等方面具有凭证价值的文件材料;

(三)本机关需要贯彻执行的上级机关、同级机关的文件材料;下级机关报送的重要文件材料;

(四)其他对本机关工作具有查考价值的文件材料。

第四条　机关文件材料不归档范围是:

(一)上级机关的文件材料中,普发性不需本机关办理的文件材料,任免、奖惩非本机关工作人员的文件材料,供工作参考的抄送件等;

(二)本机关文件材料中的重复文件,无查考利用价值的事务性、临时性文件,一般性文件的历次修改稿、各次校对稿,无特殊保存价值的信封,不需办理的一般性人民来信、电话记录,机关内部互相抄送的文件材料,本机关负责人兼任外单位职务形成的与本机关无关的文件材料,有关工作参考的文件材料;

(三)同级机关的文件材料中,不需贯彻执行的文件材料,不需办理的抄送文件材料;

(四)下级机关的文件材料中,供参阅的简报、情况反映、抄报或越级抄报的文件材料。

第五条　凡属机关归档范围的文件材料,必须按有关规定向本机关负责档案工作的部门移交,实行集中统一管理,任何个人不得据为已有或拒绝归档。

第六条　机关文书档案的保管期限定为永久、定期两种。定期一般分为 30 年、10 年。

第七条　永久保管的文书档案主要包括:

(一)本机关制定的法规政策性文件材料;

(二)本机关召开重要会议、举办重大活动等形成的主要文件材料;

(三)本机关主要职能活动中形成的重要业务文件材料;

(四)本机关关于重要问题的请示与上级机关的批复、批示,重要的报告、总结、综合统计报表等;

(五)本机关机构演变、人事任免等文件材料;

(六)本机关房屋买卖、土地征用,重要的合同协议、资产登记等凭证性文件材料;

(七)上级机关制发的属于本机关主管业务的重要文件材料;

(八)同级机关、下级机关关于重要业务问题的来函、请示与本机关的复函、批复等文件材料。

第八条 定期保管的文书档案主要包括：

（一）本机关职能活动中形成的一般性业务文件材料；

（二）本机关召开会议、举办活动等形成的一般性文件材料；

（三）本机关人事管理工作形成的一般性文件材料；

（四）本机关一般性事务管理文件材料；

（五）本机关关于一般性问题的请示与上级机关的批复、批示，一般性工作报告、总结、统计报表等；

（六）上级机关制发的属于本机关主管业务的一般性文件材料；

（七）上级机关和同级机关制发的非本机关主管业务但要贯彻执行的文件材料；

（八）同级机关、下级机关关于一般性业务问题的来函、请示与本机关的复函、批复等文件材料；

（九）下级机关报送的年度或年度以上计划、总结、统计、重要专题报告等文件材料。

第九条 机关形成的人事、基建、会计及其他专门文件材料的归档范围和档案管理期限，按国家有关规定执行。

第十条 机关对应归档电子文件的元数据、背景信息等要进行相应归档。

机关应归档纸质文件材料中，有文件发文稿纸、文件处理单的，应与文件正本、定稿一并归档。

第十一条 机关联合召开会议、联合行文所形成的文件材料原件由主办机关归档，其他机关将相应的复制件或其他形式的副本归档。

第十二条 各机关应根据本规定，结合本机关职能和各部门工作实际，编制本机关的文件材料归档范围和文书档案保管期限表，经同级档案行政管理部门审查同意后执行。

有垂直领导关系的中央、国家机关应依据本规定，结合本系统工作实际，编制本系统的文件材料归档范围和文书档案保管期限表，并经国家档案局审查同意后执行。

第十三条 在编制本机关或本系统文件材料归档范围和文书档案保管期限表时，应全面分析和鉴别本机关或本系统文件材料的现实作用和历史作用，准确界定文件材料的归档范围和划分档案保管期限。

第十四条 本规定适用于各级党政机关和人民团体。军队系统、民主党派、企业事业单位可参照执行。

第十五条 本规定自颁发之日起施行，1987年颁发的《国家档案局关于机关档案保管期限的规定》和《机关文件材料归档和不归档的范围》同时废止。

第三章
专门档案的整理

本章摘要

专门档案是人们通过创造性劳动选取并保存下来以备查考的各种专门文件有机体系的总称。专门文件是指机关、企事业单位及其他社会组织,在从事专业性活动时,为了实现相关的职能目标而制作和使用的,具有比较稳定的文种和记录目的的各种载体类型的数据、信息记录。

专门档案的整理要遵循专门档案具备的专业性、独立性、规范性、准确性特点,档案管理人员必须了解并根据专门档案的专业属性,并严格执行相应的管理制度、管理方式方法、管理环节和程序操作。

学习目标

(1)知识要求:本章节主要介绍人事档案、会计档案、声像档案及保险业务档案这四类专门档案的概念及整理流程。

(2)能力要求:通过本章学习与任务训练,能够按照专门档案整理方法和程序,针对不同标准和要求展开档案整理工作。

第一节 人事档案整理

知识目标

(1) 掌握人事档案的内涵。
(2) 明确人事档案管理的任务及要求。

能力目标

(1) 能够掌握人事档案收集、整理的管理方法。
(2) 能够根据人事档案管理要求规范地管理人事档案。

案例导入

> 刘先生原来是××纺织集团公司(前身××厂)的职工,于1987年10月10日调往××经贸有限公司(前身××街道生产服务管理处)。2013年,刘先生为办理社会保险多次到××纺织集团公司查找自己的人事档案,但该公司称刘先生在1987年10月10日调往××街道生产服务管理处时,其人事档案就已经转出。后刘先生又到××经贸有限公司查找,该公司称自己于1999年根据政企分开的政策接收了××街道生产服务管理处的相关档案,但从未接收过刘先生的人事档案材料。为了查找自己的档案,刘先生无数次往返于××纺织集团公司与××经贸有限公司之间,但两个公司均称没有刘先生的人事档案。找不到档案,刘先生无法办理社会保险,甚至将来退休时都无法办理退休手续。于是刘先生起诉××纺织集团公司与××经贸有限公司,要求这两家公司赔偿其档案丢失所造成的损失。经过开庭审理,该区人民法院依法做出判决,判决××纺织集团公司和××经贸有限公司共同赔偿刘先生人事档案丢失损失费6万元人民币。

公民人事档案是取得就业资格、缴纳社会保险、享受相关待遇的重要凭证,人事档案的存在以及其记载的内容对公民的生活有重大影响。《档案法》第五条规定:"一切国家机关、武装力量、政党、社会团体、企业事业单位和公民都有保护档案的义务,享有依法利用档案的权利。"因此,本案例中的两家公司对刘先生的人事档案丢失都负有不可推卸责任。

人在成长和从事社会活动的过程中,会形成记录其历史足迹的文件——人事档案,在单位,人事档案既是员工业绩的客观记录,又是单位合理使用、开发人力资源的依据和工具,所以人事档案的管理工作直接关系到个人和单位的切身利益,在人事档案的管理中,机关单位的干部人事档案管理还具有一定的特殊性。

一、人事档案的定义

人事档案,产生于人事管理系统。自从建立国家政权后,就有了对人的管理,也就有了对人进行记录和管理的人事档案。西周时期产生了记录王室、官员世袭的家谱,这成为我国人事档案的雏形。隋唐时期确立了三省六部制度,建立了官员的任命、考核和管理的相关制度,并进而形成了专门记录官员姓名、职务、履历、业绩的文件——"甲历",还设有专门保管"甲历"的管理机构——"甲库"。对官员人事档案管理的这种方式为后世所继承,并在明清时期有了进一步的发展。

中国现代人事档案工作起步于中国共产党成立之后开展的革命战争时期,建立于新中国成立之后。目前,人事档案制度不断完善,人事档案管理工作逐步规范化、标准化、科学化,全国规模的人事档案工作体系基本建立。与此同时,我国也开展了人事档案工作的理论研究,尤其是20世纪80年代以后,档案界对人事档案进行了持续的理论研究,出版了一系列有关人事档案工作的论文专著。此外,我国有关部门发布了一批有关人事档案管理的行政规章,在对人事档案工作做出具体规定的同时,也对人事档案的一些理论问题做出了具体规定。这些理论著作和规章制度对人事档案概念进行研究和规定的要点如下:

(1) 人事档案是专门档案的一种;
(2) 人事档案是干部档案、工人档案和学生档案的总称;
(3) 人事档案产生于人事管理活动,由组织、人事或劳动部门形成;
(4) 人事档案反映的是一个人的经历和德才表现。

将上述要点综合起来,人事档案可以定义为:人事档案就是组织、人事管理部门或其他有关部门在人事管理活动中形成的,关于个人经历和德才表现并以个人为单位的长期保存备查的各种方式和载体的历史记录。

根据这样的定义,个人履历、自传、学历、参与学习和工作等活动的鉴定、考核材料,政治历史、社会关系情况的审查材料,加入党派的材料,任免、录用、聘用、奖惩材料,工资级别等其他对组织有参考保存价值的材料都可以是人事档案的一部分。

二、人事档案的形成条件

组织、人事、劳动(或其他人力资源管理)部门在人事管理活动中形成的反映个人情况的文件材料,由于用人的需要而有意识地保存下来,就可逐渐形成档案。但并非一切有关人事的文件材料都能成为人事档案。形成人事档案一般需要具备以下条件:

(一) 办理完毕的文件材料才能归入档案

例如:某职工因为贪污渎职问题进行审查,只有检举揭发材料、调查材料、审查报告,而没有上级的批复和处理结论。这样的文件材料还不能归入人事档案,因为上级还没形成处理决定,仓促归档会成为一个未知数,误人误事。

(二) 手续完备的文件材料才能归入人事档案

凡归入人事档案的文件材料,必须是组织形成的,或经组织上审查或认可的个人写的材料,体例格式符合要求,手续齐备,才能成为人事档案。未经组织统一、私人搞的材料,以及没有签字盖章等手续不全的材料,均不能归入人事档案。

(三) 内容真实的文件材料才能归入人事档案

归档的每份文件材料,必须来源可靠,内容准确,能够实事求是地反映人员的历史和现实面貌,不能有任何赝品以及内容不实、污蔑陷害等材料。

(四) 对日后有查考价值的文件材料才有必要作为人事档案保存

人事档案是经过鉴别挑选而留存备查的文件材料。一个人一生中参加社会实践,组织上与个人都会形成大量的记载有关此人情况的材料,无必要"全部保存",只保存供日后查考此人概貌的资料。例如:身体健康情况,只保存是否健康、有什么疾病、能否胜任工作等材料,而无须保存全部病例材料和历次体检表。

三、人事档案的种类

人事档案是档案的一大门类,是国家全部档案的重要组成部分。就人事档案的种类划分而言,它可以用不同的标准,从不同的角度,划分为各种类型、各种层次和类别。

(一) 学生、工人、干部、军人的人事档案

根据人事档案关系人的不同,一般将人事档案进一步划分为学生档案、工人档案、干部档案和军人档案,这是一种最基本、最常见的划分方法。

学生是一个人进行有组织生活的第一个阶段,其档案是人事档案的最初阶段,内容相对简单。学生档案是学生在校学习过程中形成的、能反映学生成长情况的材料,是对学生进行了解、培养、管理的记录和数据,为学生升学或参加工作提供情况。

工人档案是反映工人个人经历、劳动态度、思想品德、业务技能与奖惩等情况的档案材料。这种档案主要产生于企业、事业单位中,内容比学生档案稍多,比干部档案少。

干部档案是干部个人经历、思想品德、业务能力、工作表现和工作业绩的反映。较之学生档案和工人档案,干部档案的内容最为复杂,干部档案的范围也比较广泛。需要说明的是,在过去几十年的时间里,"干部"一词的含义宽泛,只要是大专以上学历的毕业生,不管其从事什么样的工作,都称为"干部",都要纳入国家财政供养的范围。在我国进行人事管理制度改革和推行国家公务员制度后,以"干部"和"非干部"对大专以上学历的毕业人

员进行划分已经无法适应现代人事管理工作的需要。"干部"一词的内涵发生了很大的改变,"干部"这一称谓或将成为历史现象。相应的,"干部档案"的内涵也将发生相应的变化,"干部档案"这一称谓也或将成为一种历史现象,人事档案会以一种新的标准来进行划分。

军人档案是中国人民解放军和武装警察部队人员经历及其德能勤绩等方面情况的档案。

(二) 机关人员、企事业单位人员、流动人员、军事单位人员的人事档案

根据社会上不同人员的从业职业特征,目前我国在人事档案管理实践中,也将人事档案的种类划分为机关人员人事档案、企事业单位人员人事档案、流动人员人事档案、军事单位(部队)人员人事档案四种类型。

机关人员人事档案是指在各级党委、人大、政府、政协、纪委、人民法院、人民检察院和各民主党派、人民团体等机关工作的干部人员的人事档案。其中包括国家公务员人事档案、普通工作人员人事档案等。

企事业单位人员人事档案是指在国有企业和事业单位供职人员的人事档案。包括企业干部人事档案、职工(员工)人事档案、事业单位干部人事档案。

流动人员人事档案是人事档案的重要组成部分。根据中共中央组织部、人力资源和社会保障部、国家发展和改革委员会、财政部、国家档案局联合发布的《关于进一步加强流动人员人事档案管理服务工作的通知》(人社部发〔2014〕90号)的规定,流动人员人事档案的范围包括:① 非公有制企业和社会组织聘用人员档案;② 辞职辞退、取消录(聘)用或开除的机关事业单位工作人员档案;③ 与企事业单位解除或终止劳动(聘用)关系人员的档案;④ 未就业的高校毕业生及中专毕业生档案;⑤ 自费出国留学及其他因私出国(境)人员的档案;⑥ 外国企业常驻代表机构的中方雇员的档案;⑦ 自由职业或灵活就业人员的档案;⑧ 其他实行社会管理人员的档案。

军事单位(部队)人员人事档案是指中国人民解放军、武装警察部队等军事机关、部队的现役人员的人事档案。

(三) 在(现)职人员、离退人员、已故人员、失联人员的人事档案

根据人事档案关系人的职业状态及生命状态等特征,可以把人事档案区分为在(现)职人员档案、离退人员档案、已故人员档案和失联人员档案四种。

在(现)职人员的人事档案是指在机关、企事业单位及其他社会组织中从事在职(现役)工作的各种人员的人事档案。其中包括干部档案、企事业单位人员档案、职工档案、军人档案等。

离退人员的人事档案是指依据办理完离退、退休、退役等相关手续的非在职(现役)人员的人事档案。

已故人员的人事档案是指已经被证实死亡人员的人事档案。

失联人员的人事档案,习惯上又称"无头档案",是指长期失去联系人下落或难以找到关系人下落的相关人员的人事档案。

四、人事档案材料收集的范围

人事档案材料的收集要有明确的范围。反映一个人在社会实践活动的材料是很多的,有的属于文书档案或其他专业档案的范畴,只有其中一部分属于人事档案。收集工作必须根据各自的属性明确加以区分,划清各自的范畴,避免错收与漏收。因此,人事档案部门应按照人事档案材料的价值,结合所管人员的具体情况,确定人事档案材料的收集范围。在此列举基本情况如下:

(一)履历材料

(1) 各类人员的履历表、简历表、登记表、简历材料等;

(2) 更改姓名、民族、年龄、国籍、入党入团时间、参加革命工作时间的个人申请、组织认定意见等。

(二)自传材料

自传及属于自传性质的材料。

(三)鉴定、考察、考核材料

(1) 组织审定的各类鉴定材料:学生的表现鉴定、干部调动鉴定、挂职鉴定、转业鉴定、学习鉴定等;

(2) 考察、考核工作中形成的有关材料:组织审定的考察材料、表现材料、定期考核材料、民主评议干部的综合材料、年度考核登记表、已提拔利用的后备干部登记表等材料;

(3) 审计工作中形成的有关材料:干部个人的任期经济责任审计结果报告或审计意见等材料;

(4) 完成专项工作、重大任务的表现材料等。

(四)学历、学位、培训、专业技术职务材料

(1) 国民教育、成人教育(大中专)、党校、军队院校、培训留学等学习过程中形成的有关材料:① 高中、中专学籍材料;② 全日制大学本(专)科形成的学习成绩表、毕业生登记表、保送生登记表、授予学位的材料;③ 硕士、博士生形成的攻读硕士、博士学位研究生登记表、学习成绩表、研究生毕业论文答辩情况表、毕业研究生登记表、授予学位的材料等;④ 博士后申请表、博士后研究人员工作期满登记表;⑤ 同等学历申请硕士、博士学位形成的学位课程进修成绩表、国家统考科目统考成绩表、授予学位的材料;⑥ 在职学历教育形

成的学习成绩表、毕业论文评审答辩情况表、毕业生登记表、党校学历证明材料；⑦ 出国留学或参加中外合作办学形成的选拔留学生审查登记表、报考登记表、学习成绩表、授予学位的材料；⑧ 各级教育部门出具的学历学位认证材料,教育部留学服务中心出具的国外学历学位认证材料；⑨ 干部参加培训形成的学习(培训)考核登记表、干部进修登记表、学员学习成绩登记表、培训证明材料。

（2）评聘专业技术职称(职务)或职(执)业资格统考中形成专业技术职称(职务)任职资格申请表、评审表、审批表、考绩材料；职(执)业资格统考的有关材料；教师资格过渡登记表、审批表；评选各级专业技术拔尖人才的材料。

（3）反映创造发明、科研学术水平、科研成果的鉴定材料；著作、译著和在重要刊物上发表的论文目录；当选中国科学院、中国工程院院士的通知。

（五）政治历史审查工作中形成的材料

（1）审查工作中形成的调查报告、结论、上级批复、本人对结论的意见、检查交代或说明的材料,以及作为依据的调查证明材料；甄别、复查结论(意见、决定)、调查报告、批复及有关的主要依据材料。

（1）入党、入团、参军、入学、出国或从事特殊职业等的政审材料。

（2）公开选拔和竞争上岗任职人员的报名登记(资格审查)表等相关审查材料。

（六）党团组织建设中新增的材料

（1）已批准转正的中国共产党入党志愿书、入党申请书、预备党员转正申请书、取消预备党员资格的组织意见、党员登记表、民主评议党员中形成的组织意见、民主评议党员定级表、民主评议党员中认定不合格党员被劝退或除名的组织审批意见及主要事实的依据材料,整党工作中不予登记的决定、组织意见、退党、自动脱党的有关材料。

（2）中国共青团入团志愿书、申请表、团员登记表、退团材料。

（3）加入民主党派的申请表(书)、登记表等有关材料。

（七）表彰奖励材料

授予各类荣誉称号的审批(呈报)表,获得各级各类奖励的有关证明、先进事迹材料。

（八）处分材料

纪检、监察和行政管理工作中新增的处分规定、上级批复、核实(调查)报告、本人的检查交代及对处分决定的意见、复查报告、决定、结论、上级批复、免予、解除、撤销处分的决定、意见、通知、通报批评材料,公安机关对个人的治安管理处罚决定书、检察院不起诉决定书、法院刑事处决书、涉及本人的处罚性民事判决书。

(九) 录(聘)用、调动、任免、转业、退(离)休、辞(退)职材料

(1) 录(聘)用审批表、聘用合同书、续聘审批材料。
(2) 干部任免呈报表、公务员过渡登记(审批)表。
(3) 应征入伍登记表、军队转业干部(复员退伍军人)审批表。
(4) 授予(评定)、变动军(警)衔、海关关衔、法官和检察官等级审批表。
(5) 辞职申请,辞职、退职、解职通知,组织决定,申诉、复议决定材料。
(6) 退(离)休审批表、个人提前退休申请及审批材料。

(十) 工资、待遇材料

(1) 转正定级审批表、各种工资变动审批(登记)表、提职晋级和奖励工资审批表。
(2) 享受政府特殊津贴的呈报表。
(3) 解决各种待遇问题的审批表、批复材料。

(十一) 出国(境)材料

办理出国(境)审批工作中形成的因公出国(境)审查表、备案表。

(十二) 各种代表会议代表登记表等材料

参加党代会、人代会、政协会议和工、青、妇等群众团体代表会,以及民主党派代表会议形成的代表登记表和委员的简历。

(十三) 其他材料

(1) 毕业生体检表、新录用人员体检表、有严重慢性疾病或身体残疾的体检表、工伤致残诊断书、确定致残等级的有关材料。
(2) 办理丧事活动中形成的悼词、生平、报纸报道消息、讣告、死亡通知单、非正常死亡的调查报告及有保存价值的遗书等材料。

上述收集范围是在总结收集工作实践经验的基础上而形成的。但是,随着形势的发展,还可能会产生以前没有的新材料。在反映人员的德、能、勤、绩、廉方面全面收集有关材料,同时也有可能增加"诚信"方面的材料。若对人事档案实行分类管理,不同类别人员材料收集的侧重点也会有差异。因此,对新形成或未列入以上范围的材料,应该进行认真分析,若属于记载人员情况且对考察了解人员有一定参考价值的,应积极向上级组织部门反映,以便对收集归档规定进行修改和补充。

五、人事档案材料收集的渠道

人事档案材料产生于不同的部门,渠道繁多,涉及面广。档案工作人员只有摸清人事

档案材料形成的源流与规律，知道从什么地方去获取，才能在收集工作中争取主动。一般说来，人事档案材料主要通过以下渠道去收集。

（1）通过组织、人事、劳动部门收集应归档的人事档案材料：① 通过考试、录（聘）用、调配、任免、军队干部转业安置、晋级、授衔、退职、离退休、考察、考核活动中形成的履历表（书）、简历表、各类人员登记表、自传材料；考察、考核材料；审批表、合同书、政审材料、续聘、解聘、辞退材料；鉴定材料。② 办理出国（境）人员审批工作中形成的材料。③ 办理工资、待遇工作中形成的转正定级审批表、各种工资变动登记表、审批表、解决待遇问题的批复材料；④ 政审工作中形成的调查报告、结论、上级批复、本人检查、交代或说明情况的材料；更改姓名、籍贯、出生时间、民族、国籍、入党入团与参加工作时间的材料。

（2）通过召开党代会、人代会、政协会、工会、共青团、妇女联合会、民主党派等代表会议的筹备部门或临时工作机构，收集代表登记表、委员登记表等材料。

（3）通过国民教育、成人教育（大中专以上）的有关院校、党校、军校、培训部门收集学生（学员）登记表、考生登记表、毕业生登记表、授予学位的材料、培训结业登记表、培训证明等。

（4）通过科技、业务部门收集评聘专业技术职务（职称）的评审表、审批表、申报表等材料。

（5）通过党团组织收集入党入团材料。

（6）通过有关部门收集表彰奖励活动中形成的立功受勋、评定劳动模范和先进工作者登记表和先进事迹材料、嘉奖通报表扬材料。

（7）通过纪检、监察、公安、检察院、法院和行政管理部门收集有关人员违反党纪、政纪、国法案件中的处罚材料。

（8）通过审计部门（或行政管理部门）收集干部个人任期经济责任审计报告或审计意见等材料。

（9）通过统战部门收集干部参加民主党派的有关材料。

（10）通过本人或报纸杂志及有关部门收集对干部考察了解有价值的材料；人创造发明、科研成果、科学技术水平鉴定材料、各种著作、译著、论文目录等。

（11）通过卫生部门收集健康检查和处理工伤事故中形成的有关材料。

（12）通过老干部管理部门或有关部门收集干部逝世后的悼词、生平、讣告、报纸报道消息、死亡通知单、非正常死亡的调查报告和有保存价值的遗书等材料。

（13）通过原工作单位收集过去形成的档案材料。

人事档案部门要对所管人事档案材料做到心中有数，应确定每季度或半年、一年检查核对一次。在检查核对过程中，对于同名同姓或张冠李戴的错装错收材料应及时加以纠正；因人员工作调动或管理权限变动，应予以转出的材料，及时转至有关部门；不符合归档要求的材料，退回形成单位重新制作或补办手续；不属于人事档案范围的材料，退回原单位处理；发现缺少的材料，及时登记在补充资料登记表上（表3-1-1），以便继续收集和补充。

表 3-1-1　人事档案所需材料补充登记表

单位：			
姓　名	工作单位及职务	补充材料名称	份数 页数

注：(1)该表按职工所在单位填写。(2)该表可发往有关单位催要材料。(3)该表也可存人事档案部门，按表中登记的项目找有关单位并联系。

同时为了便于了解收集工作情况，避免人事档案材料的重复收集和盲目收集，防止材料的遗失、散落，应做好档案材料的收集登记制度。现行的收集登记有两种：一是收文登记，将收到的材料在收文登记簿上逐份登记；二是送交单位填写移交清单，作为转出或接收的底账，档案部门要留下一份保存起来，年终装订成册，以便检查核对。

六、人事档案整理的内容

(一) 人事档案的分类

人事档案的分类就是根据人事档案材料的性质、内容和名称等属性，把性质相同、内容上相互联系的集中在一起，不同的区别开来，使每一个人的档案都成为一个条理清晰、内容系统的有机体系。

在人事档案的各大类别中，无论是干部档案、军人档案、工人档案还是学生档案，其内容都不是单一的。在对一个人的档案进行整理时，必须根据档案的内容、数量等划分为不同类别。档案内容复杂、数量较多时，可以多设立一些类别；档案内容简单、数量较少时，可以少设立一些类别。

以干部档案为例，按照中共中央组织部发布的《干部人事档案工作条例》《干部档案整理工作细则》和《干部人事档案材料收集归档规定》的规定，干部档案的内容可以分为如表3-1-2所示的十类。

表 3-1-2　干部人事档案分类表

大　类		属　类		类目范围说明
类号	类名	类号	类名	
一	履历材料			包括以反映干部本人自然情况、经历、家庭和社会关系等为主要内容的材料，中央和地方各级党委委员(候补委员)、人大常委会、政协委员简历

续 表

大类		属类		类目范围说明
类号	类名	类号	类名	
二	自传材料			包括自传和属于自传性质的材料，自传是个人撰写的关于自己家世、身世和主要社会关系的自述
三	考察、考核、鉴定材料；审计材料			包括干部人事管理工作中，组织人事部门通过各种途径，对干部德、能、勤、绩、廉进行调查、评价的材料。归入本类的材料，必须是经过组织研究认可正式形成的，手续完备，能正确、历史地反映干部实际情况，具有查考价值和鉴定、考察、考核材料
四	学历学位材料；职业（任职）资格材料；评（聘）套改和晋升专业技术职务（职称）材料；反映个人科研学术水平的材料；培训材料	（一）	学历学位材料	主要包括记载和反映干部学习、技能、科研水平的各种材料
		（二）	职业（任职）资格和评（聘）专业技术职务（职称）材料	
		（三）	反映个人科研学术水平的材料	
		（四）	培训材料	
五	政审材料；更改或认定姓名、民族、籍贯、国籍、出生日期、入党入团时间、参加工作时间等的材料			干部审查或干部基本情况更改形成的材料
六	党、团组织建设工作中形成的材料			主要包括干部参加党、团组织的有关材料；加入民主党派的材料
七	表彰奖励材料			主要包括对干部给予奖励或表彰的材料
八	涉法违纪材料；党纪、政纪处分材料			
九	工资材料、任免材料、出国（境）材料、参加会议的代表登记表材料	（一）	工资材料	工资、待遇材料
		（二）	任免材料	招录、聘用材料；任免、调动、授衔，军人转业（复员）安置，军（警）衔审批，检察官、法官、海关关衔等登记审批，退（离）休材料；辞职、辞退、罢免材料；公务员登记表、参照公务员法管理机关（单位）工作人员登记表
		（三）	出国（境）材料	出国（境）材料
		（四）	参加会议的代表登记表等其他材料	党代会、人代会、政协会议、人民团体和群众团体代表会议、民主党派代表会议形成的材料

续 表

大类		属类		类目范围说明
类号	类名	类号	类名	
十	健康检查和处理工伤事故材料；治丧材料；干部人事档案报送、审核工作材料；学生报到证等其他材料			录用体检表；反映严重慢性病、身体疾病的体检表；工伤致残诊断书；确定致残等级的有关材料；生平、非正常死亡调查报告等；干部档案报送单、干部档案有关情况说明、交费年限登记表等材料

（二）人事档案的排列

人事档案中各类文件材料的排序方法，主要包括以下几种类型。

1. 按时间顺序排列

在表3-1-2所示人事文件材料中，可按形成时间顺序排列的有：第一类，履历材料；第二类，自传材料；第三类，考察、考核、鉴定材料；第四类，学历和评聘专业技术职务材料；第七类，表彰奖励材料；第九类，工资、任免、出国、会议等材料；第十类，其他材料。

现以第四类材料的排列为例，其排列顺序如表3-1-3所示。

表3-1-3 人事档案目录

分类号	题 名	形成时间			份数	页数	备注
		年	月	日			
41	高中毕业生登记表	1978	6	20	1	7	
41	报考高等院校学生登记表	1978	6	24	1	4	
43	本科毕业生登记表	1982	7	16	1	7	
44	报考攻读硕士研究生登记表	1982	7	20	1	6	
45	硕士研究生登记表	1985	7	15	1	8	
46	授予硕士毕业生的材料	1985	7	15	1	6	
47	套改或晋升工程师审批表	1987	9	15	1	4	
…	……						

2. 按内容（问题）主次（重要程度）排列

在十大类人事文件材料分类中，也可按人事档案材料的内容结合重要程度以及材料之间的联系进行排列。这种方法一般适用于：第五类，政审材料；第六类，参加党、团组织的材料；第八类，处分材料。这种排列方法是：一类中有几个问题的材料，先按问题分开，同一问题的多份材料，按主次（重要程度）进行排列，其特点是脉络清楚、主次分明。

上述三类材料中，第五类、第八类的排列方法基本相同，排列顺序依次为：上级批复、结论（处分决定）、本人对结论（处分决定）的意见、调查报告、证明材料、本人检讨或交代等。第六类材料排列顺序为：先将加入共青团的材料、加入中国共产党的材料、加入民主党派的材料分开，在具体排列时，再把入团志愿书或入党志愿书分别排在申请书的前面。

第五类，政审材料的排列：分一次审查和多次审查。多次审查中，又分同一问题和非同一问题的审查，还有新问题和原审查过的问题混合审查。如果档案已整理过，就按每次审查的每套材料顺延排列，假如重新整理时，就把新审查的材料放在前面。

现以第五类材料的排列为例，其排列顺序如表 3-1-4、表 3-1-5、表 3-1-6 所示。

表 3-1-4　一次性审查材料的排列顺序

分类号	人事文件材料题名	备注
51	上级批复	
52	审查结论	
53	本人对结论的意见	
54	调查报告	
55	调查证明材料及检举材料	
56	本人检查交代或情况说明材料	
57	其他文件材料	
…	……	

注：此表为干部档案第五类中一次性审查材料排列顺序。

表 3-1-5　同一问题多次性审查材料的排列顺序

分类号	人事文件材料题名	备注
51	第一次审查中形成的文件材料	
511	上级批复	
512	审查结论	
513	本人对结论的意见	
514	调查报告	
515	调查证明材料及检举材料	
516	本人检查交代或情况说明材料	
517	其他文件材料	
52	第二次审查中形成的文件材料	
521	上级批复	
522	审查结论	
523	本人对结论的意见	
…	……	

注：同一问题多次审查材料，若重新整理时，则将最后一次审查（复查）材料排列在前面。

表 3-1-6　非同一问题多次性审查材料的排列顺序

分类号	人事文件材料题名	备注
51	第一次审查甲问题	
511	上级批复	
512	审查结论	
513	本人对结论的意见	
514	调查报告	
515	调查证明材料及检举材料	
516	本人检查交代或情况说明材料	
517	其他文件材料	
52	第二次审查乙问题	
521	上级批复	
522	审查结论	
523	本人对结论的意见	
524	调查报告	
525	调查证明材料及检举材料	
526	本人检查交代或情况说明材料	
527	其他文件材料	
53	第三次审查丙问题	
…	……	

(三) 人事档案的编目和装订

人事档案整理的主要流程与案卷级档案整理基本无异,案卷封面填写、案卷目录编制、案卷页号编制等可参考第二章内容操作。

1. 编码、贴类角号

档案材料经过分类、排序后,用铅笔在材料右上角编写"类号-序号",如 1-1、1-2；2-1、2-2 等。第九类材料按分小类的方法编写类号-小类号-小类序号,如 9-1-1、9-1-2、9-2-2 等,在右下角给每一份档案材料编写页码。凡与页码无关的铅笔字都要擦掉。类角号贴在每一类的第一份材料的右上角(图 3-1-1)。

2. 档案目录的填写

每类干部档案卷内材料经过排列之后,都必须填写详细的干部档案目录,对档案材料所在的位置起固定和指引作用(表 3-1-7)。登记目录按照类别排列顺序及档案材料目录格式,逐份逐项地进行填写,不能用省略号或者"同上"。

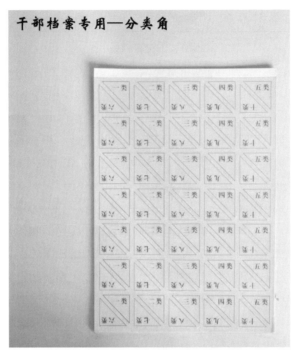

图 3-1-1 类角号

表 3-1-7 干部档案目录

序号	材料名称	材料形成时间			份数页数	备注
		年	月	日		

(1) 序号：直接填写人事档案材料各类首页右上角编写的分类号和排列顺序号，如1-1、1-2；9-1-1，9-1-2。

(2) 材料名称：根据材料题目填写，无题目的材料，应根据内容拟定题目，并将拟定的标题用铅笔写在材料首页的正上方。材料题目过长，可适当简化。材料名称要确切简要，标题字句既要简短又要能反映材料内容。下面按照十个类别举例说明：

第一类：×××（学校名称）学生登记表；×××（单位名称）职工登记表；干部履历表。

第二类：按原标题填写。没有标题的，要拟写标题。如是各类人员登记表或其他材料作自传用的，先书写原标题，而后在括号内注明"作自传用"，如×××登记表（作自传用）。这类材料很多没有标题，碰到这种情况，都应拟定标题。

第三类：属提拔任职的考核材料，查看材料的末尾，并与干部职务变动登记表和干部任免表对照，一般写成"任×××（职务名称）的考核材料"。与任职没有明显联系的考察、鉴定,要写明考察、鉴定单位,如"市委组织部对其的鉴定(考察)"。

后备干部的考察考核材料,一般写成"地厅级(后备干部级别和类型)后备干部记表"。

年度考核登记表统一写成"××××年年度考核登记表(称职)"。年份要写全,不能省略。在标题后面括号注明评定等次。

下派干部考核鉴定材料写成"下派任×××(职务名称)的考核材料"。

第四类:这类材料一般要求写明学校名称、学历层次和具体单位,如"×××(学校名称)学生成绩登记表""×××(学校名称)在职研究生报名登记表""×××大学授予史学硕士的决定"等。

属专业技术职务评审材料,应写明评定的职称,如"助理工程师资格审批表""经济师任职资格审批表"等。

属聘任、续聘职务的,写成"聘任(续聘)×××职务的通知"。

属干部培训材料的,应注明培训学校的名称,如"省委党校干部培训登记表""华师培训部培训登记表"等。

第五类:属结论性的材料,一般要写明对什么问题的审查结论。

关于家庭主要成员和主要社会关系的证明材料应在标题中注明与干部本人的关系,如"其家庭经济情况的证明""其父亲的证明材料""其母亲的证明材料"等。

第六类:一般按材料原有名称书写,如"入团志愿书""入团申请书""入党志愿书""入党申请书""入党转正申请书"等,不能略写为"申请书"或"志愿书"。

第七类:表彰奖励材料一般要注明获奖层次和获奖名称,写成"×××(获奖层次)先进工作者(荣誉称号)审批表",如"全省优秀共产党员审批表""全县十佳公务员登记表"。

第八类:受党纪政纪处分的决定、批复应写明给予处分的单位,受什么处分,写成"×××(单位)给予党内警告(处分类型)的决定"等。

第九类:工资材料中,除1985年套改工资的呈报表写成"1985年套改工资呈报表",1993年套改工资的审批表写成"1993年套改工资审批表"以外,其余的工资材料一般都可以根据原名称填写,也可以写明晋升工资的级别和档次。

任免材料一般根据原材料的名称填写,写成"干部任免呈报表""干部任免审批表",也可写明任免职务名称,如"任省×××局副局长审批表"等。

第十类:参照上述各类拟题方法进行拟题。

(3)材料形成时间:一般采用材料落款标明的最后时间。复制的档案材料,采用原材料形成时间,在登记材料名称的后面用括号注明是复制件。有的材料归档后若干年组织上又加了批注字样,批注时间与材料形成落款时间不一致,以原材料形成时间为准。没有制成时间的,可以根据内容里面的时间进行推算,推算的时间用铅笔写在材料末页的右下方,实在推算不出来的,可以空出不写。

(4)份数、页数:每份材料"份数"填"1",每份材料"页数"的计算采用图书编页法,每面 1 页,空白页不计数,以此来填写每件材料的总页数。原件和复制件一并归档的,目录登记时,"份数"为"1","页数"为材料的合计总页数。

(5) 备注:注明干部档案内材料的变化状况,如果从中取出了材料要注明材料取出的时间及原因等。

3. 人事档案的装订

(1) 分本:根据人事档案管理和利用需要,一个人的全部人事档案材料可分别建立正本和副本。正本是由全面反映一个人的历史和现实情况的材料构成的;副本是正本的浓缩,由正本中的部分材料构成,为重份材料或复印件。正本中有的材料,副本不一定有,但是副本中有的材料,正本中一定要有。正本由主管部门保管,副本由协管部门保管。人事档案分建正本和副本,可以方便利用,提高人事管理工作的效率。此外,由于正本副本分别保存在不同地方,有利于人事档案的保护。中央管理的干部、中央各部委和省、市、自治区党委管理的干部,都分别建立了正本和副本,而一般干部和工人档案则只建正本。因此就涉及分本的内容,分本的步骤和方法是:首先分出正本材料,满足正本需要。因为正本应是最完整的一套原件材料。其次清出副本材料。副本材料来源于正本中的重分部分,如果副本材料中所必须具备的内容短缺的话,要列出材料名称,并予以复制补充。

(2) 纸张:根据中共中央组织部《关于做好文件改版及干部人事档案有关工作的通知》(组通字〔2012〕28 号)的规定:"干部人事档案材料和目录采用国际标准 A4 型(297 mm×210 mm)。材料左边应当留有 25 mm 装订边。A4 纸型的干部人事档案材料和目录按照靠左下对齐的方式打 3 孔装订,中间孔距上、下孔(从孔中心算起)83 mm,下孔距材料底边 54 mm,孔中心距左边沿 12 mm,孔直径为 5 mm。档案中原有小于 A4 纸型且已经按照要求装订的档案材料,不需要重新打孔和裱糊。干部人事档案材料转递单统一采用国际标准 A4 纸型。"

(3) 分册:分册的标准页数在 200 页左右,厚度在 5 cm 左右的,可分为两册;页数在 350 页左右,厚度在 7.5 cm 左右的,可分为三册;依此类推。分册的形式有腰斩式、分类式和专题式几种。腰斩式是一本档案材料从中分为两册或若干册,这种形式适用于各类材料的多少大体差不多,没有某类材料特别多的情况。专类式即从一本档案中抽出一个专类,另装一册,这种形式适用于某一材料特别多的情况。专题式即将某一类中的某一问题的材料集中订为一册,如证明材料、交待材料等。

➤ 注意事项:

(1) 人事档案整理的其他流程与案卷级档案整理基本无异,案卷封面填写、案卷目录编制、案卷页号编制等可参考本书第二章内容操作。

(2) 整理时应该按照人事档案的实有材料或问题根据实际情况进行整理,有什么整理什么(材料收集不齐不在此列),不应生搬硬套。

(3) 整理时如果缺某类材料,要在登记目录时适当留出相应的空格;各类材料登记完毕也要留出空格,便于今后补充材料时填写。第一、三、四、七、九类应多留出空格,第二、

五、六、八、十类则可少留些空格。

(4) 当材料内容交叉归类困难时可适当灵活处理,按材料的主要内容和主要用途归入相应类别。

第二节　会计档案整理

知识目标

(1) 掌握会计档案的内涵。
(2) 明确会计档案管理的任务及要求。

能力目标

(1) 能够掌握会计档案收集、整理等管理方法。
(2) 能够根据会计档案管理要求规范地管理会计档案。

案例导入

> 2018年,××市档案局接到有关人员的举报,反映顺秋公司会计档案2015—2017年度的现金日记账、银行存款账丢失。经调查情况属实,除此以外,该单位2014年度现金日记账为后补。最终该单位的行为被认定为违法,档案局给予警告,并处罚款1万元;玩忽职守的会计人员被处警告,并处罚款1 000元。

会计档案是反映和记录一个单位经济业务的重要资料,无论是对企业还是事业单位来说,会计档案管理工作都是会计工作中的重要组成部分。《中华人民共和国会计法》要求各单位对会计凭证、会计账簿、财务会计报告和其他会计资料应当建立档案,妥善保管。顺秋公司的会计人员未能将形成的会计档案及时归档导致会计档案丢失,最终被处以警告和罚款。

一、会计档案的概念和种类

(一) 会计档案的概念

会计档案是指单位在进行会计核算等过程中接收或形成的,记录和反映单位经济业务事项的,具有保存价值的文字、图表等各种形式的会计资料,是记录和反映单位经济业务的重要史料和证据。

会计档案的归档范围是会计核算文件材料,即会计凭证、会计账簿、财务报告及银行存款余额调节表、银行对账单及其他各类材料。本单位的经费预算、财务收支计划、调资定级、财务制度、财务政策等管理性文件材料,应纳入文书档案归档范围,不纳入会计档案归档范围。

(二) 会计档案的种类

根据《会计档案管理办法》(见附录),会计档案的种类主要有会计凭证、会计账簿、会计报表和其他会计资料等专业材料。

1. 会计凭证

会计凭证是记录经济业务、明确经济责任的书面证明。由于各单位职能不同,形成的会计凭证种类很多,主要可分为原始凭证和记账凭证两类。原始凭证是在经纪业务发生时取得或填制的凭证,如企业购买材料时从供应单位开来的购货发票等。记账凭证是会计人员根据原始凭证编制,用以在账簿上进行记录的会计凭证,主要分为收款凭证、付款凭证和转账凭证。

2. 会计账簿

会计账簿由一定格式的账页组成,以会计凭证为依据,全面、连续、系统地记录和反映各项经济业务的簿籍。会计账簿的种类很多,见表3-2-1。

表3-2-1 会计账簿种类表

划分标准	会计账簿种类	说明
用途	序时账簿	包括现金日记账和银行存款日记账
	分类账簿	包括总账、明细账,分类账簿是账簿体系中的主体
	备查账簿	补充记载序时账簿和分类账簿中未记载的事项
外在形式	订本账簿	启用前把许多账页装订成册
	活页账簿	账页置放在账夹内,随时取放
	卡片账簿	账页卡片放在卡片箱中

3. 会计报表

会计报表是根据会计账簿,按照规定的格式、内容和编制方法,总括反映机关、团体、企业事业单位经济活动和财务收支的报告文件,是会计核算工作的最终产物。主要包括月度、季度、半年度、年度财务会计报告。

4. 其他会计资料

其他会计资料包括银行存款余额调节表、银行对账单、纳税申报表、会计档案移交清册、会计档案保管清册、会计档案销毁清册、会计档案鉴定意见书及其他具有保存价值的会计档案。

二、会计档案整理流程

单位的会计机构或会计人员所属机构(以下统称单位会计管理机构)按照归档范围和归档要求,负责定期将应当归档的会计资料整理立卷,编制会计档案保管清册。当年形成的会计档案,在会计年度终了后,可由单位会计管理机构临时保管一年,再移交单位档案管理机构保管。因工作需要确需推迟移交的,应当经单位档案管理机构同意。会计档案的保管期限,从会计年度终了后的第一天算起。会计档案的保管期限分为永久、定期两类。定期保管期限一般分为10年和30年。

(一) 会计档案的立卷

会计档案的立卷,是指各单位每年形成的会计凭证、会计账簿、会计报表等会计核算材料,由财务会计部门按照归档的要求,负责整理装订成册。会计材料立卷既是会计核算工作的终点,也是档案工作的起点。

会计人员要按照国家和上级关于会计档案管理办法的规定和要求,对本单位的各种跨级凭证、账簿、报表等材料,定期收集,审查核对,整理立卷,编制目录,装订成册。财会部门对会计材料立卷,一般在会计年度终了以后进行。单位会计机构负责会计文件的立卷编目,在会计机构保存一年后,向本单位档案机构移交,档案机构要对接受的会计档案进行管理。

1. 会计凭证的立卷整理

会计凭证是各单位经费收支的原始记录,是会计记账的依据,这种类型的会计记录具有严格的时间特征和时序性,它们是按照时间顺序逐日产生并按月结算的。会计部门在记账后,先按照记账凭证固有的顺序号排列保存,待到月底时,再进行整理装订。装订凭证时,可根据凭证的多少,装订为一册或数册。装订凭证的厚度以 1.5~2.0 cm 为宜,一般为 30 张记账凭证装订一册。

(1) 会计凭证的整理步骤:

第一步,检查凭证编号和记账凭证上有关人员,如会计主管、审核、出纳等签字盖章是否齐全。将多种记账凭证按照编号顺序进行排列,一般以每月为一个编号单位,即每月从1日起,编至月末止,编号位置在右上角。确定装订册数,按照当月形成凭证数量的多少,将凭证按照编号顺序分成一册或者数册。

第二步,对会计凭证进行修整,如剔除金属物,如大头针、回形针等。

第三步,对会计凭证装订。会计凭证的装订一般有铆管装订法和三孔一线装订法两种方法。

第一种,铆管装订法:

① 在整理好的凭证最前页和最后页添加会计凭证档案的封面和封底(图 3-2-1)。

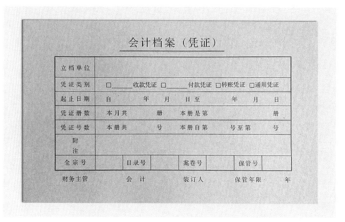

图 3-2-1　会计凭证档案的封面

② 组成一套的凭证本并对整齐(图 3-2-2)。

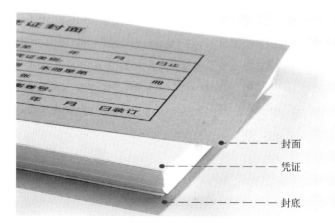

图 3-2-2　将会计凭证档案及封面、封底对整齐

③ 取出包角,沿虚线裁剪撕开(图 3-2-3)。

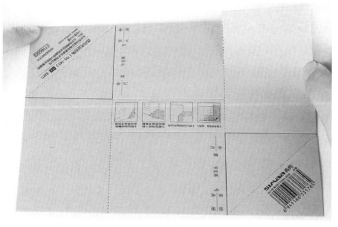

图 3-2-3　裁开包角

④ 将边角沿虚线向内翻折(图3-2-4)。

图3-2-4　翻折包角

⑤ 将包角边缘与凭证封面对齐,使用财务凭证装订机,打入铆管,将封皮、包角连同凭证材料装订成册(图3-2-5)。

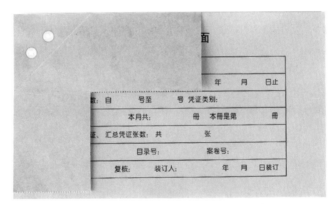

图3-2-5　装订成册的会计凭证档案

⑥ 将图3-2-6中的①②两个部分向下翻折。

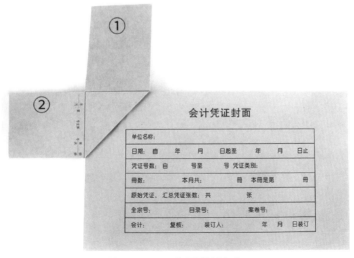

图3-2-6　向下翻折包角

⑦ 折叠后粘贴在凭证背面即可(图3-2-7)。

图3-2-7 粘贴包角

⑧ 装订完成如图3-2-8所示。

图3-2-8 会计凭证档案成品

财务凭证装订机使用方法如图3-2-9所示。

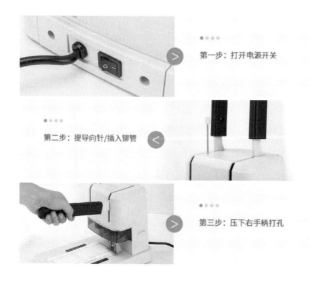

图 3-2-9　财务凭证装订机使用方法

如果单位采用成套的会计档案封皮和档案盒,也可以直接采用铆管装订侧边的方法(图 3-2-10)。

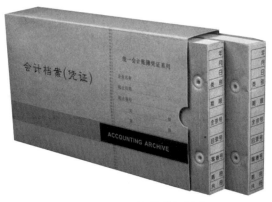

图 3-2-10　铆管装订侧边

第二种,三孔一线装订法:

① 将各种大小不等的原始凭证,按记账凭证的大小,折叠整齐,在凭证的最后,加上一张与记账凭证大小一致的空白纸。

② 装订前,要考虑到凭证的整齐均匀,装订线的位置如果太薄,可以将薄纸板裁成宽度 2 cm 左右的纸条,均匀地订在装订线的位置,以保证它的厚度与凭证中间的厚度一致(图 3-2-11)。

图 3-2-11　加入薄纸板纸条

图 3-2-12　加放封皮

③ 将会计凭证封皮平放在凭证上面(图 3-2-12)。

④ 按照记账凭证的大小,将记账凭证封底从左向右折叠(图 3-2-13)。

图 3-2-13　折叠封底

图 3-2-14　打装订孔

⑤ 在装订线的位置打装订孔(图 3-2-14)。

⑥ 采用三孔一线的装订方法,将凭证用线绳装订牢固(三孔一线装订法见第二章第一节)(图 3-2-15)。

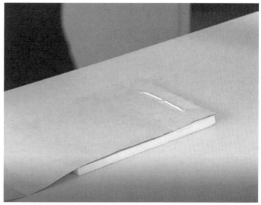

图 3-2-15　用三孔一线法装订

⑦ 在凭证封底涂抹固体胶(图 3-2-16)。

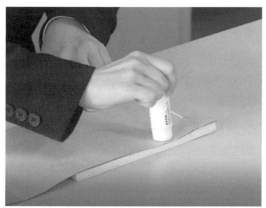

图 3-2-16　封底涂胶　　　　　图 3-2-17　从右向左折叠封底

⑧ 在装订位置将封底从右向左折叠(图 3-2-17)。
⑨ 包住凭证左侧脊背(图 3-2-18)。

图 3-2-18　包住左侧脊背

⑩ 用手按压,使其牢固的粘在空白纸上,将超出部分的封底向内折叠(图3-2-19)。

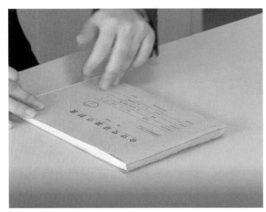

图3-2-19 按压及整理

图3-2-20 装订完成

⑪ 完成装订(图3-2-20)。

⑫ 粘贴包角(包角粘贴方法同铆管装订法中的操作)

如果单位财务部门使用提前装订成册并附有封皮的会计凭证,则不需要再次装订,直接将包角粘贴在凭证左上角即可。

第四步,填写会计凭证档案的封面(图3-2-21):

会计档案(凭证)				
立档单位				
凭证类别	□＿＿＿收款凭证 □＿＿＿付款凭证 □转账凭证 □通用凭证			
记账凭证	本册自第　　号至第　　号　共　　张			
起止日期	自　　年　　月　　日起至　　年　　月　　日止			
凭证册数	本月共　　册　　本册是第　　　　册			
凭证号数	本册共　　号　　本册是第　　号至第　　号			
附注				
全宗号	目录号	案卷号	保管号	
财务主管	会计	装订人	保管期限　　年	

图3-2-21 会计凭证封面

① 立档单位：填写形成会计档案的立档单位名称，使用全称或通用简称。如"云南省人民政府财政厅"简称为"云南省财政厅"，不得简称"本省财政厅"。
② 凭证类别：选择能够反映会计用途或内容的名称。
③ 起止日期：填写本册会计凭证的起止年、月、日。
④ 凭证册数：填写本盒内会计凭证册数。
⑤ 凭证号数：填写本册记账凭证的起号和止号。
⑥ 附注：填写本册会计凭证需要说明的事项。
⑦ 财务主管：填写单位内部具体负责会计工作的中层领导人员姓名。
⑧ 会计：填写单位内部具体负责会计工作的人员姓名。
⑨ 装订人：填写负责本册会计凭证装订的人员姓名。
⑩ 保管期限：填写本册会计凭证保管的时间。

第五步，填写包角栏目的信息（与封面信息一致）。

第六步，装盒。

装盒应选用档案行政部门监制的凭证盒，每盒装一卷，包角签应露在盒口，包角签正面与凭证封面的方向相反，即将装订好的会计凭证正反面倒置插入档案盒。凭证盒的外形尺寸采用 275 mm×155 mm（长×宽），盒脊厚度可根据需要购置 30 mm、40 mm、60 mm 等。

会计凭证盒正面项目包括单位名称、凭证名称、册数、册次、记账凭证起止号、附件数、会计凭证总数、起止时间、归档时间、立卷人、保管期限、全宗号、目录号、案卷号（图 3-2-22）。

全宗号	目录号	案卷号

会计档案凭证盒

单位名称		凭证名称	
时　间	年　　月共　　册	本盒装第　　册	
记账凭证	自第　　号至第　　号	附件　　张	本盒内共　　张
起止日期	自　　年　月　日起至　　年　月　日止		
归档时间		立卷人	保管期限

图 3-2-22　会计档案凭证盒

会计档案凭证盒正面上的单位名称、凭证名称、时间、册数、册次、记账凭证起止号、附件数、会计凭证总数、起止时间根据会计凭证封面的有关项目对应填写，填写方法与记账凭证封面一致。

① 时间：填写单位内财务部门向档案部门移交会计档案的年、月、日。

② 立卷人：填写整理本盒会计凭证的人员姓名。

③ 保管期限：根据财政部和国家档案局2015年颁布的《会计档案保管期限表》(见附录《会计档案管理办法》)确定填写该案卷的保管期限。

④ 全宗号：填写档案馆给立档单位的代号。企业可填写规范表达单位的汉语拼音首字母代字。

⑤ 目录号：填写全宗内案卷所属目录的编号，在同一个全宗内不允许出现重复的案卷目录号。

⑥ 案卷号：目录内案卷的顺序编号，在同一个案卷目录内不允许出现重复的案卷号。

会计凭证盒盒脊项目包括全宗号、目录号、案卷号、年度、月份、册数、册次、保管期限(图3-2-23)，其填写内容和方法与凭证盒正面项目对应一致。

图3-2-23 会计凭证盒盒脊

单位如果形成的凭证数量过多，可以把不同类型的会计凭证，如收款凭证、付款凭证、转账凭证等，区别开来，分别装订。对于一些不便随同记账凭证一同装订或保管期限明显不同的原始凭证，如涉外凭证、工资名册凭证等，应当抽出单独装订，但是要在原来的记账单上注明所抽出的凭证的名目、数量和去向，并注意要由立卷人签名。其他种类的会计凭证，如送款单、付款委托书、缴款书、医疗报销单等，应当根据会计制度的有关要求，按照时间顺序编写页号,并装订成册。

2. 会计账簿的立卷整理

会计账簿包括总账、明细账、日记账和其他辅助性账簿。

会计账簿要区分年度,按照其形成特点,将不同种类的账簿分别立卷。立卷前,要检查核对账簿页数是否齐全,序号排列是否连续等。

(1) 会计账簿的立卷装订。会计账簿的立卷分为如下几种:

一是订本式账簿立卷。订本式账簿,简称订本账,是在启用前将编有顺序页码的一定数量账页,装订成册的账簿,整理立卷时,应保持账簿本身的完整,不要拆除空白页,账内要有连续页码。

二是活页式账簿的立卷。活页式账簿,简称活页账,是将一定数量的账页,置于活页夹内,可根据记账内容的变化,而随时增加或减少部分账页的账簿(图 3-2-24)。活页账一般适用于明细分类账。在会计年度结束后,要将空白页撤除,编制页码,页号编写的方法是在账页的右上角编写页号,背面有字的在左上角编号。左侧装订成册,账页较少的,可将科目内容相近的账页按类别排列编号,合并装订成册。

图 3-2-24　活页式账簿

三是卡片式账簿立卷。卡片式账簿,简称卡片账,是将一定数量的卡片式账页,存放于专设的卡片箱中,账页也是可以根据需要随时增添的一种账簿。卡片式账簿的立卷方法与活页式账簿一致。

(2) 填写会计账簿启用接交表。各类账簿扉页,反映了账簿的应用交接的使用状况,归档前应按要求将账簿启用及接交表项目填写清楚。此项内容一般由单位会计人员填写。

(3) 填写会计账簿封面。《会计档案案卷格式》中并未对会计账簿封面格式提出具体要求,为了便于对会计账簿管理,可在会计账簿封面粘贴"会计档案封面",以便更直观反映会计账簿的内容。图 3-2-25 为会计档案封面的参考样式。

单位名称:上海市林业局				
案卷题名:上海市林业局 2016 年度总账				
起止时间		自 2016 年 01 月起至 2016 年 12 月止		
卷内页数	50 页	保管期限		30 年
全宗号	E66	目录号	KJ2016	案卷号	018

图 3-2-25　会计档案封面示例

① 单位名称：填写单位全称或规范简称，如"上海市林业局"。

② 案卷题名：填写案卷题名，分别填写单位名称、年度、核算单位名称、账簿名称（现金日记账、银行日记账、总账、明细账），如"上海市林业局2016年度总账"。

③ 起止时间：账簿内实际年月。

④ 卷内页数：账簿内有内容的页数。

⑤ 保管期限：填写该账簿的保管期限。

⑥ 全宗号：填写立档单位的全宗编号，没有全宗号的可不填写。

⑦ 目录号：为档案室统一编制的目录号，未编号的可不填。

⑧ 案卷号：为该卷所在的顺序号。

会计档案封面格式并没有统一规定，各单位可根据需要自行设置，单位名称、案卷题名、保管期限、全宗号、目录号和案卷号一般为常设内容。

3. 财务会计报告的立卷整理

财务会计报告主要包括月度、季度、年度财务会计报告及其审计报告，其主体部分是各种会计报表、会计报表附注和财务情况说明书。

（1）分类。同一会计年度，同一保管期限下，一般可以按照月报、季报、年报的种类分别立卷。决算审核意见书、审计报告等应分别附在该期财务报告后一起立卷。各级财政机关的报表可以按照报表的名称，以及报表所反映的地区、行业等进行立卷。

（2）编制页码。按照财务报告排列的先后顺序，依次给每页文件编制顺序号，卷内文件，凡载有信息的正反面，都应该一页编一个页号。

（3）编制卷内目录。会计报告和其他类会计档案应编制卷内文件目录，卷内文件目录包括顺序号、责任者、文号、题名、日期、页号、备注（图3-2-26）。

卷　内　目　录						
顺序号	责任者	文号	题　　名	日期	页号	备注

图3-2-26　财务会计报告卷内目录

① 顺序号：以卷内文件材料排列先后顺序填写序号，也就是件号。

② 责任者：填写对于档案内容负有责任的团体和个人，即文件材料的署名者。

③ 文号：填写文件制发机关的发文字号。
④ 题名：即文件材料标题，一般照实抄录。没有标题或标题不规范的，可自拟标题，外加"[ ]"。
⑤ 日期：填写文件材料的形成时间，以8位阿拉伯数字标注年、月、日，如20150619。
⑥ 页号：填写卷内文件材料所在起始页的编号。
⑦ 备注：在需要说明情况的文件材料栏内打"＊"号，并将需说明的情况填写在备考表中。

（4）编制备考表。会计报告及其他类会计档案需要编制卷内备考表。备考表包括本卷情况说明、立卷人、立卷时间，检查人、检查时间等，如图3-2-27所示。

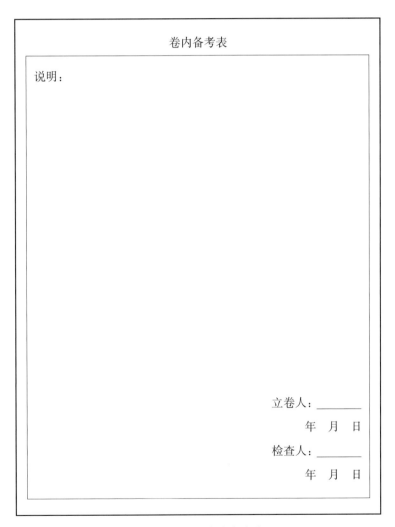

图3-2-27 卷内备考表

① 说明：填写卷内文件材料（财务报告类和其他类）缺损、修改、补充、移出、销毁等情况，案卷立好后发生或发现的问题由有关的管理人员填写并签名，标注时间。

② 立卷人：由负责立卷人员签名。

③ 检查人：由案卷质量审查人员签名。

④ 立卷时间：填写完成立卷工作的年、月、日。

⑤ 检查时间：填写审查案卷质量的年、月、日。

(5) 填写案卷封面。《会计档案案卷格式》对财务报告封面格式没有提出具体要求。为了便于对财务报告的管理，有些单位在财务报告前面加上案卷封面。在实际工作中，各单位可以根据本单位具体情况选择使用这种方法。

财务报告案卷封面应写明案卷题名、全宗名称、所属年度、卷内张数、保管期限、档号，并由单位负责人和主管会计工作负责人、会计主管人员签名或盖章，设置总会计师的单位还需由总会计师签名并盖章。

① 案卷题名：准确概括本盒会计档案的形成单位、时间内容、类别。

② 全宗名称：填写立档单位名称。

③ 所属年度：填写形成本册会计档案的年度。

④ 卷内张数：填写本卷内会计档案的张数。

⑤ 保管期限：按照《会计档案保管期限表》填写见附件。

⑥ 档号：填写全宗号-目录号-案卷号，如 E66-KJ2017-001。

(6) 案卷的排列与装订。组合好的案卷，按照案卷封面、文件目录、财会报告（含附注及说明部分）、备考表的顺序进行排列装订。

整理注意事项：财务报告中的财务情况说明书、上级主管部门审核批复意见等，都与报告有密切关系，是财务报告的重要组成部分，不能与财务报告分开立卷，以保持其内容之间的联系与完整。

(二) 编制会计档案案卷目录

会计档案案卷目录也称会计档案保管清册，是基本检索工具。其编制方法有三种，可根据本单位会计档案分类排列方法选择其中的一种。

1. 统编法

将一个单位形成的所有会计档案，一年或数年，统一编制会计档案案卷目录。

2. 分类编制法

将一个单位形成的会计档案，按会计档案的不同形式、不同机构或不同类型，分别编制会计档案案卷目录。

3. 保管期限编制法

将一个单位形成的所有会计档案，按不同保管期限，分别编制案卷目录。

案卷目录采用统一的会计档案目录进行著录。会计档案案卷目录的用纸尺寸采用国际标准 A4 型（长宽为 297 mm×210 mm），纸张质量宜采用 70 克以上白色书写纸制作。会计档案案卷目录项目有：案卷号、类别、题名、起止时间、保管期限、卷内张数、备注（图 3-2-38）。

会计档案目录

案卷号	类别	题名	起止时间	保管期限	卷内张数	备注
KJ-1.2-2	会计账簿类	××单位2015年1—4季度资金平衡表	自2015年01月起 至2015年03月止	30	50	
			自　　年　　月起 至　　年　　月止			
			自　　年　　月起 至　　年　　月止			

图3-2-28　会计档案目录示例

会计档案案卷目录填写说明：

① 案卷号：即案卷的排列号，填写本盒内会计档案的案卷号或案卷起止号，在案件起号和止号之间用"-"隔开。为了便于管理和检索，案卷号也可以填写会计档案案卷的档案号，如："KJ2·2-3""KJ-3·1-8"等。会计档案号一般由档案管理人员根据单位会计档案分类排列方法编制，具体的编制方法将在后文进行详细介绍。

② 类别：填写该卷会计档案所属的类别，如会计凭证类、会计账簿类、财务报告类等。

③ 题名：即案卷题名，填写要求与会计档案盒上的案卷题名相同，应准确概括本盒会计档案的形成单位、时间、内容、类别等，如：××局财务部2003年现金日记账。

④ 起止时间：填写该卷档案启用和终止的年、月，年、月用六位阿拉伯数字分两行填写，月不足两位的在前面补零，比如201601、201603。

⑤ 保管期限：根据整理会计档案时确定的会计凭证盒或会计档案盒上的保管期限填写。

⑥ 卷内张数：指会计凭证总数、账页总数或财务报告的总张数，根据该卷会计档案的具体张数填写。

⑦ 备注：填写记账凭证起止号或其他需要说明的事项。

(三) 会计档案的移交

会计档案装订成册后，在会计机构保管一年后就应移交给单位档案室。

1. 移交清单

移交前由会计机构编制移交清单，会计档案移交清单项目包括年度、种类及数量、移交部门及移交人、接收部门及接收人、监交人、移交时间和备注(图3-2-29)。

① 年度：填写需要移交的会计档案所属年度，用四位阿拉伯数字填写。

② 移交部门及移交人：由单位内财务部门及其管理人员填写并盖章签字。

会计档案移交清单

年度	会计凭证类（盒、袋）	会计账簿类（卷）	财务报告类（卷）	其它类（卷）	光盘（盘）	备注
2018	100	50	20	10	15	

移交部门：　　　　　　接收部门：　　　　　　监交人：
移交人：　　　　　　　接收人：　　　　　　　移交时间：

图 3-2-29　会计档案移交清单填写示例

③ 接收部门及接收人：由单位内档案部门或接收会计档案的有关部门及其管理人员填写并盖章签字。

④ 监交人：由监督办理接交档案手续的人员签名。

⑤ 移交时间：填写办理会计档案移交手续的年、月、日。

⑥ 备注：填写移交范围的会计档案中需标明的情况。

2. 移交流程

会计人员应将已在本部门保存一年的会计档案移交档案室。档案人员根据会计档案移交清单详细清点案卷。经认真核对无误后，交接双方在会计档案移交清单上履行签字手续。移交清单交接双方各存一份。

（四）会计档案的分类与排序

会计档案的整理是对财会部门移交的会计材料进行分类排列，使之达到有序管理的目的。因为会计档案在移交之前，立卷整理工作已经由财会部门完成，所以档案部门对接受的会计档案，在具体整理方法方面，原则上应保持原卷册的封装，一般不需要拆封打乱重新整理，个别需要拆封重新整理的，要同财会部门和经办人员共同拆封整理。因此，档案部门对会计档案的整理，主要内容是对移交到档案室的会计档案，由档案人员进行分类、排列和编号。

常用的会计档案分类排列方法如表 3-2-2 所示。

表 3-2-2　会计档案分类排列方法

分类排列方法	特　点	不　足	适　用
会计文件形式—年度—保管期限分类排列法	保持了会计档案类别的连续性，便于按类别查找和鉴定销毁会计档案，排列整齐美观	同一年度会计档案分散排列在各个类别中，不便于按年度查找	适用于每年形成会计档案数量较多的大中型企事业单位

分类排列方法	特 点	不 足	适 用
会计年度—会计文件形式—保管期限分类排列法	分类方法简便、容易掌握，便于按年度查找和利用会计档案，可以充分利用档案库房和装具	由于每年度的档案有四类，而档案的外形又不尽一致，所以案卷上架排列后会高低错落、大小不一，不够美观	适用于只有一种会计类型的单位，如单位预算会计、企业会计
会计年度—组织机构—会计文件形式—保管期限分类排列法	清楚地反映会计档案形成的部门，体现一个单位会计档案的完整性，查找利用方便		适用于各级总预算会计单位，如财政部门
会计年度—会计类型—会计文件形式—保管期限分类排列法	反映不同性质会计活动的内在联系，各种形式会计材料统一分类，分别组卷，体现了全宗内会计档案的系统性，既方便平时查阅，也便于今后利用		适用于专业性强的各级税收机关

目前较为常用的分类方法是会计文件形式—年度—保管期限分类排列法。各单位可结合工作实际选择一种排列方法。

1. 会计文件形式—年度—保管期限分类排列法

这种分类方法先将会计文件，按照会计档案四大类别分开，以财务报告、会计账簿、会计凭证和其他会计档案的顺序排列，在每一类下按年度分开，再在年度下，按照该类别会计文件保管期限从高到低降级排列（图3-2-30）。

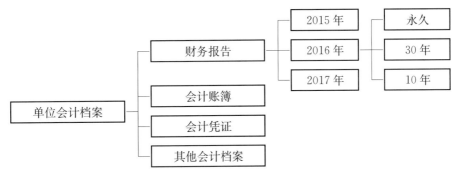

图3-2-30 会计文件形式—年度—保管期限分类排列法

会计档案号的编制方法是按照会计档案的四大分类方案进行的。会计档案案卷的档案号的一般模式为：

全宗号-会计档案代字(代号或代码)-大类号和属类号-案卷号

其编号方法为：在会计文件形式(财务报告、会计账簿、会计凭证和其他)下按年度进行分类排号。一个类别编一个流水号。

例如2016年明细账的编号为：

E66-KJ-2·2016·4-20

其中：E66，表示该单位全宗号；KJ，表示会计档案种类代码；2，表示会计账簿类别；2016，表示 2016 年的会计账簿;4,表示明细分类账属类;20,表示案卷流水号。

2. 会计年度—会计文件形式—保管期限分类排列法

这种分类方法是先分开会计年度,再把一个会计年度的会计档案按照财务报告、会计账簿、会计凭证和其他会计档案四种形式,分为四大类,然后在四大类内按永久、30 年、10 年的顺序排列,一年编一个案卷流水号(图 3-2-31)。

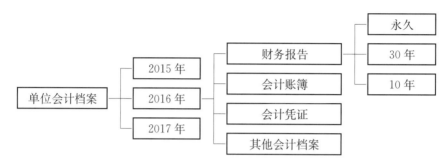

图 3-2-31 会计年度—会计文件形式—保管期限分类排列法

一个年度形成的会计档案编一个流水号,即 2016 年形成的财务报告、会计账簿、会计凭证、其他会计档案编一个流水号;其他年份的以此类推。

例如 2016 年总账的编号为:

E66 - KJ2016 - 2 · 3 - 20

其中:E66,表示该单位全宗号;KJ2016,表示 2016 年会计档案种类代码;2,表示会计账簿类分类号;3,表示总账属类号;20,表示案卷流水号。

3. 会计年度—组织机构—会计文件形式—保管期限分类排列法

这种分类方法首先按会计年度分开,然后把一个年度的会计档案按单位的组织机构分开,再将每个机构内形成的会计文件按类别分开,最后按不同的保管期限分开,一年编一个案卷流水号(图 3-2-32)。

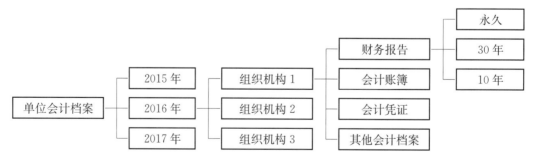

图 3-2-32 会计年度—组织机构—会计文件形式—保管期限分类排列法

其编号方法按照分类排列顺序逐级进行。例如 2016 年组织机构 2 的财务报告编号为:

E66 - 2016 - 2 · 1 - 30 - 20

其中:E66,表示该单位全宗号;2016,表示 2016 年;2,表示组织机构 2;1,表示财务报告类;30,表示30年保管期限;20,表示案卷流水号。

4. 会计年度—会计类型—会计文件形式—保管期限分类排列法

这种分类方法首先按会计年度分开,然后把一个年度的会计档案按税务部门的税收计划、税收会计、经费会计分设属类,再按同一属类内的财务报告、会计账簿、会计凭证、其他会计档案顺序,结合保管期限进行排列(图3-2-33)。

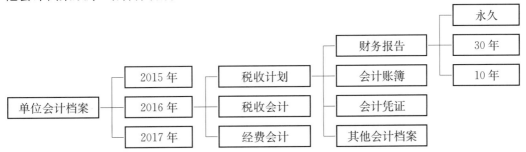

图3-2-33 会计年度—会计类型—会计文件形式—保管期限分类排列法

其编号方法按照分类排列顺序逐级进行。例如2016年经费会计财务报告的编号为:

$$E66-2016\cdot 3\cdot 1-20$$

其中:E66,表示该单位全宗号;2016,表示2016年;3,表示经费会计;1,表示财务报告;20,表示案卷流水号。

由于各个单位的经费来源不同,财会机构设置有所区别,它们所形成的会计档案数量有多有少,所以每个单位的会计档案排列方法也不尽相同。

(五)会计档案号编制参考方案

会计档案分四大类,即会计报表、会计账簿、会计凭证和其他会计档案,根据保管期限不一、载体大小不一的具体情况,加设属类给予区别,分别从1号开始逐年流水编号。

在整理会计档案的实际工作中,会计档案的分类、排列、编号要结合单位实际情况制定。一般来说,会计年度—会计文件形式—保管期限分类法是较为常用的排列方法。以下给出此排列方法下的会计档案号编制方案以供参考。

1. 针对不需要移交档案馆的会计档案号

会计档案号=会计档案代字(代号或代码)-大类号和属类号-案卷号

(1)会计报表类案卷。

① 第一种编号为:

$$KJ-1\cdot 1-31$$

其中:KJ,表示会计档案的代码;1,表示会计报表分类号;1,表示年终决算报表;31,表示案卷的顺序号。

② 第二种编号为:

$$KJ-1\cdot 2-16$$

其中：KJ，表示会计档案的代码；1，表示会计报表分类号；2，表示季、月报表分类号；16，表示案卷的顺序号。

（2）会计账簿类案卷。

① 第一种编号为：

$$KJ-2\cdot1-11$$

其中：KJ，表示会计档案的代码；2，表示会计账簿分类号；1，表示现金日记账和银行存款日记账分类号；11，表示案卷的顺序号。

② 第二种编号为：

$$KJ-2\cdot2-18$$

其中：KJ，表示会计档案的代码；2，表示会计账簿分类号；2，表示总账分类号；18，表示案卷的顺序号。

③ 第三种编号为：

$$KJ-2\cdot3-11$$

其中：KJ，表示会计档案的代码；2，表示会计账簿分类号；3，表示明显账分类号；11，表示案卷的顺序号。

（3）会计凭证类案卷。

① 第一种编号为：

$$KJ-3\cdot1-29$$

其中：KJ，表示会计档案的代码；3，表示会计凭证分类号；1，表示记账凭证分类号；29，表示案卷的顺序号。

② 第二种编号为：

$$KJ-3\cdot2-5$$

其中：KJ，表示会计档案的代码；3，表示会计凭证分类号；2，表示转账凭证分类号；5，表示案卷的顺序号。

（4）其他会计档案卷。

编号为：

$$KJ-4\cdot1\cdot1-5$$

其中：KJ，表示会计档案的代码；4·1·1，从左至右依次表示会计核算文档类号、会计报表类号和年度决算报表类号；5，表示案卷的顺序号。

为了减少会计档案号的编号位数，我们也可以将上述三段式的会计档案号缩写为两段式，如 KJ-2·2-23，可以缩写成 KJ2·2-23。

2. 针对需要移交档案馆的会计档案号

$$会计档案号＝全宗号-案卷目录号或类别号-案卷号$$

(1) 第一种编号为：

$$E66-5-7$$

其中：E66，表示全宗号，是根据各立档单位全宗档案首次入馆的时间先后顺序，依次在"全宗名册"上获得的序时流水编号；5，表示案卷目录号，简称"目录号"，是对登记会计档案案卷的每一本案卷目录，依形成时间先后顺序所编制的代号；7，表示案卷号，是会计档案案卷在每一本案卷目录中进行登记时所获得的顺序流水登记号。

(2) 第二种编号为：

$$E66-KJ1 \cdot 2-35$$

其中：E66，表示全宗号；KJ1·2，表示会计档案分类号（包括会计档案代码KJ、会计报表分类号1、季度会计报表分类号2）；35，表示案卷号，是各终端类内案卷的顺序编号。

会计档案数量庞大，保管期限多样，利用频繁。为了最后固定会计档案案卷分类排列的物理顺序和空间位置，并为会计档案的统计、保管和查找利用创造条件，在案卷的排列编号上要尽量适应本单位会计档案的特点。无论采用何种方法排列编号，只要其类属界限清楚，方便适用即可，应该保持相对稳定，不可随意改动。

第三节　声像档案整理

◎ 知识目标

(1) 掌握声像档案的内涵。
(2) 明确三种载体的声像档案整理要求及内容。

◎ 能力目标

(1) 能够掌握照片档案、录音录像档案、光盘档案的收集、整理等方法。
(2) 能够根据声像档案管理要求规范地管理声像档案。

◎ 案例导入

近日，××市档案局领导来到××公司检查指导声像档案管理工作，检查发现该公司档案管理情况不容乐观，有许多积存照片没归档，且多数照片、底片早已分家或丢失，文字说明描述不清。本来是很珍贵的照片，却由于没有及时归档而失去了其应有的保存价值和利用价值。从录音、录像带的归档情况来看，更令人担忧，存在"一盘带子反复用"，原始录音（像）没有保存下来的情况。究其原因，主要是对声像档案管理缺乏重视，且对声像档案整理流程不熟悉。

随着经济社会的发展,各单位在生产经营活动中形成了大量的声像档案。然而声像档案普遍存在着归档不完整、管理混乱等问题,直接影响了档案的完整保管及利用。声像档案管理严重滞后于档案工作的整体发展水平,因此,采取有效措施,加强声像档案管理工作刻不容缓。如本案例中在进行照片档案归档时,底片需同时归档,影像需辅以文字说明,如果不及时归档,日后即使是摄影人员自己也难以追忆齐全和准确。

声像档案的运用特别广泛,可用于政治、经济、军事和科技文化领域及一般社会活动。声像档案材料常被运用于如医疗行业、电力行业、交通行业、新闻媒体、城建、高校甚至公证和刑侦等活动,涉猎广泛。声像档案的运用范围和重要性可见一斑。

一、声像档案的含义

声像档案一般是指以磁性材料、感光材料为主要载体并以影像、声音、电子文件为主要反映方式的历史记录,包括照片、录音带、录像带、影视片、光盘、计算机磁带等。

二、声像档案的整理

声像档案应按不同载体形式进行单独分类、整理和组成保管单位。分类时要根据各单位声像档案的有无、多少来定。如本单位没有录音带、录像带,就不存在这两个类的设置,有其他数据存储器的可增设一类。进行分类时,需要在档案分类方案中标明类别代号,如照片为"1",录音带为"2",录像带为"3",光盘为"4"等。声像档案一般在归档过程中容易受污和破损,因此要先对归档的声像档案进行检验、清洁、修整。

根据目前常见的声像档案载体,本节就"照片档案""录音录像档案""光盘档案"三种载体形式的整理方式进行介绍。

(一)照片档案

照片档案是指国家机构、社会组织或个人在社会活动中直接形成的以静止摄影影像为主要反映方式的有保存价值的历史记录,包含传统照片档案和数码照片档案。

1. 传统照片档案

传统照片档案一般包括底片、照片和说明三部分,底片应单独整理和存放,照片和说明一同整理和存放。照片档案的整理应遵循有利于保持照片档案的有机联系、有利于保管、有利于提供利用的原则。传统照片档案收集范围包括以下内容:记录本单位主要职能活动和重要工作成果的照片;领导人和著名人物参加与本单位、本地区有关的重大公务活动的照片;本单位组织或参加的重要外事活动的照片;记录本单位、本地区重大事件、重大事故、重大自然灾害及其他异常情况和现象的照片;记录本地区地理概貌、城乡建设、重点工程、名胜古迹、自然风光以及民间风俗和著名人物的照片;其他具有保存价值的照片。

(1) 底片的整理。

第一步,底片的分类。

① 按底片尺寸大小分类,如二寸的分为一类、四寸的分为一类。这种分类方法适用于收藏底片多,尺寸也多的情况。

② 按底片的片基材料分类,如软质底片(胶片)分为一类、硬质底片(玻璃片底片)分为一类。这种分类方法适于在收藏两种底片较多的部门使用。

③ 按底片种类分类,即将负片与反转片分开、将黑白片与彩色底片分开。这种分类方法有利于保护底片和便于复制照片。

④ 按年代分类,即将不同历史时期产生的底片进行分类。这种分类方法适用于查找照片数量多、照片年代跨度大的情况,一般在博物馆、纪念馆使用。

⑤ 按拍摄者分类,即按照照片作者分类。这种分类方法便于查找拍摄个人的摄影作品。

⑥ 按内容分类,即按问题、工程、科技项目、产品类型、剧目等进行分类。这种分类方法对于人们按问题查找利用底片较为有效。

以上分类方法,应视各单位照片档案的实际情况灵活应用。对于常规照片档案,建议按底片种类分。对于一般底片收集不多的单位,底片可以不分类。

第二步,底片的编号。

底片号是固定和反映底片在全宗内排列顺序的一组字符代码,由全宗号、保管期限代码、张号组成。底片号格式为:全宗号-保管期限代码-张号。

① 全宗号:档案馆给立档单位编制的代号。

② 保管期限代码:分别用"1、2、3"或"Y、C、D"对应代表永久、长期(30年)、短期(10年)。

③ 张号:在某一全宗某一保管期限内底片的排列从"1"开始的顺序编号。

例:某单位的底片分类方案及底片号的编制

永久:2017年:31-Y-1　31-Y-2　……

长期:2017年:31-C-1　31-C-2　……

短期:2017年:31-D-1　31-D-2　……

第三步,底片号的登录。

底片号宜使用铁笔横排刻写在胶片乳剂面片边处(刻写不下时,前段可不写),不得影响画面;也可采用其他方式将底片号附着在胶片乳剂面片边处,不得污染胶片。底片号登录顺序应与照片号登录顺序保持一致。

第四步,底片的装袋与标注。

底片编号后应放入底片袋内保管,一张一袋。在底片袋的右上方标明底片号。对翻拍底片,应在底片袋的左上方标明"F"字样。对拷贝底片,应在底片袋的左上方标明"K"字样。

第五步,底片的入册。

底片装入底片袋后可用底片册保存。底片册一般由 297 mm×210 mm 大小的若干芯页(用以固定照片或底片,并标注说明的中性偏碱性纸质载体,是照片册、底片册的组成单元)和封面、封底组成。应按底片号顺序将底片袋依次插入底片册。芯页的插袋上应标明相同的底片号。

对幅面超过底片册芯页尺寸的大幅底片,应在乳剂面垫衬柔软的中性偏碱性纸张后,放入专用的档案袋或档案盒中,按底片号顺序排列。

第六步,填写入册信息。

一是填写册内备考表。包括本册情况说明、立册人、检查人、立册时间。册内备考表应放在册内最后位置(图 3-3-1)。

图 3-3-1 册内备考表样式

① 本册情况说明:主要由立册人填写必要的情况说明。如册内底片缺损,补充、移出、销毁等情况。对底片立册以后发生或发现的问题,应由有关的档案管理人员填写说

明,并签名、标注时间。

② 立册人:由负责立册人员签名。

③ 检查人:由卷册质量审核人员签名。

④ 立册时间:填写完成立册的年、月、日。

二是填写底片册册脊的项目。包括全宗号、保管期限、起止张号、册号(图 3-3-2)。

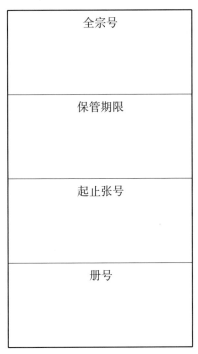

图 3-3-2　底片册册脊样式

① 全宗号:档案馆给立档单位编制的代号。

② 保管期限:分别用"1、2、3"或"Y、C、D"对应代表永久、长期(30 年)、短期(10 年)。

③ 起止张号:册内底片号的起止号。

④ 册号:在某一全宗某一保管期限内底片册的排列从"1"开始的顺序编号。

(2) 照片的整理。

第一步,照片的分类。

① 按全宗内按保管期限—年度—问题进行分类。

例:永久—2017 年—党群　长期—2018 年—业务……

② 跨年度且不可分的照片,也可按保管期限—问题—年度进行分类。

例:永久—党群—2017 年　长期—综合—2018 年……

每个年度形成照片数量少的单位,可以将这种分类方法简化成:保管期限—年度。

例:永久—2017 年　长期—2017 年……

➤ **注意事项**:分类方案应保持前后一致,不应随意变动。问题类目的设置各单位应视情况而定,建议不要分得过细。

第二步,照片的组卷。

照片的组卷应根据每年形成照片的数量多少,结合照片反映的不同问题,区别进行。

① 一年度内的某一问题或某项工作、活动形成的照片数量多的,可单独组成一卷或数卷。

② 一个年度内形成的照片数量少的,可将几个年度的照片,按形成的年代顺序合并组成一卷。

③ 同一年度内多项内容的照片合并组成一卷的,按先将同一问题或内容的照片分别集中、组合成若干单元(组),再将零散单张照片,依重要程度顺序排列的方法进行组卷。

④ 几个年度的照片合并组成一卷的,按先区分年度、年度内再区分问题的方法进行组卷。

⑤ 同一年度、同一问题的照片不分开组卷。

⑥ 大张照片与其他照片一同组卷,缠在卷筒纸芯上,外面用衬纸包装,注明档号,单独存放,并在卷内目录的备考栏内注明"大张"字样。

⑦ 征集的历史照片要按年代顺序单独组卷。

第三步,卷内照片的排列。

照片的排列应在分类方案的最低一级类目内,按问题结合时间、重要程度等进行排列。为便于提供利用,照片排列及入册时应同时考虑不同保密等级照片的定位。案卷内照片的排列,以保持照片有机联系为原则。

① 同一年度以某一问题、专项工作、专题活动分成的案卷,照片按发生的时间顺序排列。

② 同一年度内多项内容的照片合并组成的案卷,按重要程度先排同一问题或内容组成的一组照片,后排零散单张照片。

③ 几个年度照片合并组成的案卷,按年度先后顺序排列,年度内按②中的方法排列。

第四步,编写照片号。

照片号是固定和反映每张照片在全宗内分类与排列顺序的一组字符代码,有两种格式。

格式一:全宗号-保管期限代码-册号-张号。

例:46－1－1－3

格式二:全宗号-保管期限代码-张号。

例:46－1－5

若采用第二种格式,可选用照片、底片分别编号法或合一编号法(影像相符的照片、底片编号相同)。选用合一编号法宜以照片、底片齐全为基础。

① 全宗号:档案馆给立档单位编制的代号。

② 保管期限代码:分别用"1、2、3"或"Y、C、D"对应代表永久、长期(30年)、短期(10年)。

③ 册号:在某一全宗某一保管期限内照片册的排列从"1"开始的顺序编号。

④ 张号:格式一中的张号是指照片在册内的排列从"1"开始的顺序编号。格式二中

的张号是指在某一全宗某一保管期限内照片的排列从"1"开始的顺序编号。

第五步,照片装册。

卷内照片排列好后入册保存,一卷为一册。照片册一般由 297 mm×210 mm 大小的若干芯页(用以固定照片或底片,并标注说明的中性偏碱性纸质载体,是照片册、底片册的组成单元)和封面、封底组成。芯页以 30 页左右为宜,有活页式和定页式两种(图 3-3-3、图 3-3-4)。

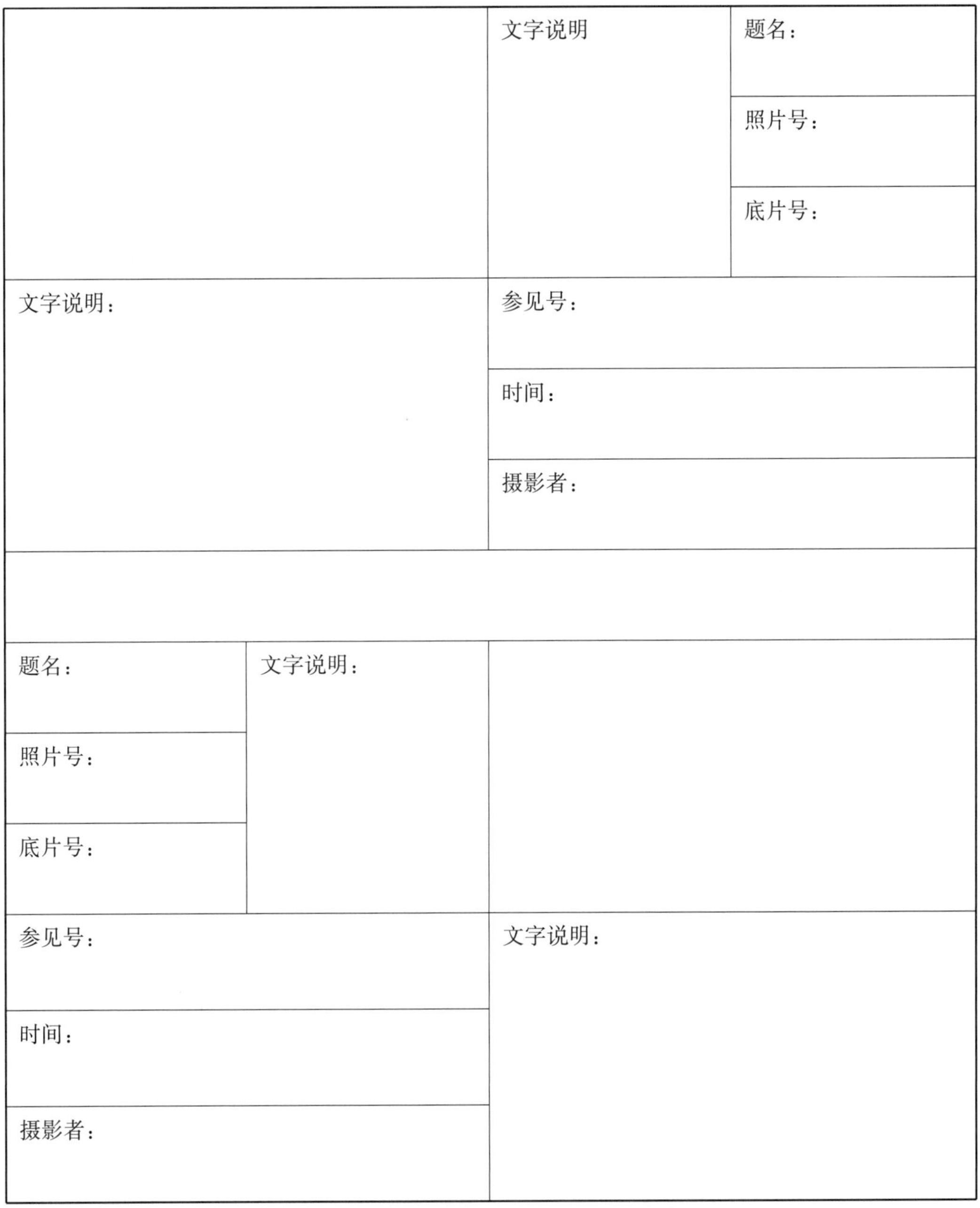

图 3-3-3 芯页格式参考示例(活页式)

题名：_____
_____
照片号：_____
底片号：_____
参见号：_____
时间：_____ 摄影者：_____
文字说明：_____
_____
_____

题名：_____
_____
照片号：_____
底片号：_____
参见号：_____
时间：_____ 摄影者：_____
文字说明：_____
_____
_____

题名：_____
_____
照片号：_____
底片号：_____
参见号：_____
时间：_____ 摄影者：_____
文字说明：_____
_____
_____

图 3-3-4　芯页格式参考示例（定页式）

应按照分类、排列顺序即照片号顺序将照片固定在芯页上，组成照片册。

对于照片册放置不下的大幅照片，可将其放入专用的档案袋或档案盒中，按照照片号顺序排列。如竖直放置，应首先将照片固定在专用的纸板上，再放入袋、盒中；如水平放置，照片的堆放高度不宜超过 5 cm。一般以竖直放置为宜。

第六步,编制照片说明。

照片入册后,在芯页中的对应位置填写照片说明。

一是单张照片说明。采用横写,分段书写,每张照片都要编写。具体内容如下:

① 题名:应简明概括、准确反映照片的基本内容、人物、时间、地点、事由等要素尽可能齐全。

② 照片号:参照第四步"编写照片号"。

③ 底片号:若采用照片、底片合一编号法,可不填写底片号。

④ 参见号:是指与本张照片有密切联系的其他载体档案的档号。填写格式应标明有联系档案的"类别"和"档号"。

例:文书档案 Z109-WS·2018-Y-BGS-0001

照片档案由档案室移交至档案馆后,应对其参见号进行核对,对与实况不符应及时调整。

⑤ 时间:照片的拍摄时间用8位阿拉伯数字表示,如2018年3月2日写作20180302。

⑥ 摄影者:一般填写个人,必要时可加写单位。

⑦ 文字说明:综合运用事由、时间、地点、人物、背景、摄影者等六要素,概括揭示照片影像所反映的全部信息,其他一些需要说明的事项亦可在此表述。如照片归属权不属于本单位的,应注明照片版权、来源等。单张照片的说明不超过50字。单张照片的说明位置,可根据照片固定的位置,在照片的右侧、左侧或正下方。大幅照片的说明可另纸书写,与照片一同保存。一组联系密切的照片中的大幅照片,应随该组照片一同在册内编号,填写单张照片说明,并注明其存放地址。

二是组合照片说明。

一组(若干张)联系密切的照片按顺序排列后,应拟写组合照片说明。采用组合照片说明的照片,其单张照片说明可以从简。一组照片的总说明一般不超过200字。

组合照片说明可放在本组第一张照片的上方,也可放在本册所有照片之前。要概括揭示该组照片所反映的全部信息内容及其他需要说明的事项。要指出所含照片的起止张号和数量。

同组中的每张照片均应在单张照片说明中标注出组联符号。组联符号按组依次采用"①""②""③"……同组中的照片其组联符号相同。如册内只有一组照片和其他散片时,组联符号采用"①"。组联符号不宜越册。

整理照片时因保管期限或密级的不同,有些同组的照片可能会被分散到不同的照片册内,应在组合照片说明中指出这些密切相关照片的保管期限、册号和组号。

例:相关照片 长期-4-⑥。其中保管期限亦可采用"2"或"C"表示。

第七步,填写卷内目录。

照片档案组卷入册后,需要填写卷内目录。每卷照片档案都要填写卷内目录,栏目有:照片/底片号、题名、拍摄时间、备注(表3-3-1),单张照片逐条填写,一组照片可概括该组照片基本内容填写一条内目。

表 3-3-1　照片档案卷内目录填写示例

照片/底片号	题　　名	拍摄时间	备注
46-1-1	上海市教育工会来校进行“模范教工之家”验收	20180507	
46-1-2	党支部组织全体党员听取专题讲座	20180509	
46-1-3	党支部组织 2018 届毕业班教师事迹报告会	20180511	

① 照片/底片号：固定和反映每张照片在全宗内分类与排列顺序的一组字符代码。

② 题名：应简明概括、准确反映照片的基本内容，人物、时间、地点、事由等要素尽可能齐全。

③ 拍摄时间：拍摄时间用 8 位阿拉伯数字表示。如 2018 年 3 月 2 日写作 20180302。

④ 备注：来解释和补充说明案卷的某些特殊情况。

第八步，填写卷内备考表。

卷内备考表项目包括：本卷情况说明、立卷人、检查人、立卷时间(图 3-3-5)。卷内备考表应放在卷内最后位置。

卷内备考表

本卷情况说明：

立卷人 ________

检查人 ________

立卷时间 ________

图 3-3-5　卷内备考表样式

① 本卷情况说明：主要由立卷人员填写必要的情况说明。如卷内照片缺损、补充、移出、销毁等情况。对照片立卷以后发生或发现的问题，应由有关的档案管理人员填写说明并签名、标注时间。

② 立卷人：由负责立卷人员签名。

③ 检查人：由卷册质量审核人员签名。

④ 立卷时间：填写完成立卷的年、月、日。

第九步，填写案卷封面。

案卷封面各项内容（图 3－3－6）的填写及要求如下。

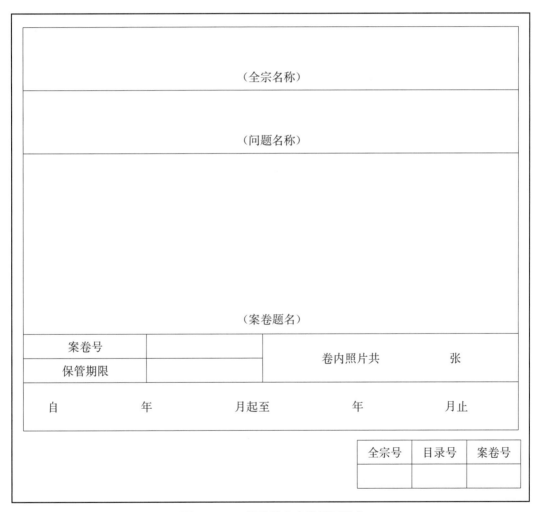

图 3－3－6　照片档案案卷封面样式

① 全宗名称：全宗名称是指立档单位的名称，全宗名称必须用全称或者规范化的简称，如"中共中央""上海市财政厅"等，不得以"本部""本局""本厂"等为全宗名称。

② 问题名称：按"问题—年度"分类的，应填写问题名称，按"年度—问题"分类组卷的，可不填。

③ 案卷题名：按"问题—年度"分类组卷的，题名为：单位名称—年度—问题—名称，如顺秋大学二〇一七～二〇一八年党群工作活动照片，这种分类法中的照片可以跨年度组卷，所以题名中可以跨年度标引；按"年度—问题"分类组卷的，题名为：单位名称—年度—名称，如顺秋大学二〇一七工作活动照片，这种分类法中的照片不能跨年度组卷，所以题名中不能跨年度。

④ 保管期限：立卷时对卷内照片所划定的保管期限，分为永久、长期（30 年）、短期（10 年）。

⑤ 全宗号：档案馆制定给立档单位的标号。

⑥ 目录号：全宗内案卷所属目录的编号。

⑦ 案卷号：即册号。在某一全宗某一保管期限内照片册的排列从"1"开始的顺序编号。

第十步，填写照片册册脊信息。

照片册册脊信息包括：全宗号、保管期限、册号、起止张号（图 3-3-7、图 3-3-8）。

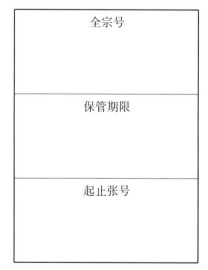

图 3-3-7 照片号为"全宗号-保管期限代码-册号-张号"的照片册册脊样式　　图 3-3-8 照片号为"全宗号-保管期限代码-张号"的照片册册脊样式

① 全宗号：档案馆制定给立档单位的标号。

② 保管期限：立卷时对卷内照片所划定的保管期限，分为永久、长期（30 年）、短期（10 年）。

③ 册号：在某一全宗某一保管期限内照片册的排列从"1"开始的顺序编号。

④ 起止张号：册内照片号的起止号。

第十一步,编制案卷目录。

栏目包括:案卷号、案卷题名、起止年月、卷内张数、保管期限、备注(图3-3-9)。

序号	案卷号	题名	起止年月	卷内张数	保管期限	备注

图3-3-9 照片档案案卷目录样式

① 案卷号:每个案卷的编号,即册号。在某一全宗某一保管期限内照片册的排列从"1"开始的顺序编号。

② 题名:即案卷题名。填写时必须与案卷封面上的题名完全一致,不能随意更改。

③ 起止年月:每卷卷内照片形成的起止时间。

④ 卷内张数:卷内照片的数量。

⑤ 保管期限:立卷时对卷内照片所划定的保管期限。

⑥ 备注:用来解释和补充说明案卷的某些特殊情况。

2. 数码照片档案

数码照片是指用数字成像设备拍摄获取的,以数字形式存储于磁带、磁盘、光盘等载体,依赖计算机等数字设备阅读、处理,并可在通信网络上传送的静态图像文件。

数码照片档案是指机关、团体、企事业单位和其他组织在处理公务中直接形成的对国家和社会具有保存价值并归档的数码照片。

(1) 收集范围和保管期限:

① 记录本单位主要职能活动和重要工作成果的数码照片;

② 本单位主办或承办的重点工作、重大活动、重要会议的数码照片;

③ 本单位重点建设项目、重点科研项目的数码照片;

④ 领导人、著名人物和国际友人参加与本单位、本地区有关的重大公务活动的数码照片;

⑤ 本单位劳动模范、先进人物及其典型活动的数码照片;

⑥ 本单位历届领导班子成员的数码证件照片;

⑦ 记录本单位、本地区重大事件、重大事故、重大自然灾害及其他异常情况和现象的数码照片;

⑧ 记录本地区地理概貌、城乡建设、重点工程、名胜古迹、自然风光以及民间风俗和著名人物的照片;

⑨ 其他具有保存价值的照片。

数码照片档案的保管期限划分为永久和定期,其中定期分为 30 年和 10 年。

(2) 归档时间及要求:

① 数码照片在拍摄完成后,应及时整理和归档,最迟在第二年 6 月底前完成归档;

② 归档的数码照片应是用数字成像设备直接拍摄形成的原始图像文件,不能对数码照片的内容和 EXIF 信息进行修改和处理;

③ 对反映同一内容的若干张数码照片,应选择其中具有代表性和典型性的数码照片归档,所选数码照片应能反映该项活动的全貌,且主题鲜明、影像清晰、完整(反映同一场景的数码照片一般只归档一张);

④ 归档的数码照片应为 JPEG、TIFF 或 RAW 格式,推荐采用 JPEG 格式;

⑤ 归档的数码照片应附加文字说明(文字说明应综合运用事由、时间、地点、人物、背景、摄影者等要素,概括揭示该张数码照片所反映的主要内容);

⑥ 数码照片可通过存储到符合要求的脱机载体上进行离线归档,也可通过网络进行在线归档;

⑦ 归档时,应参照 GB/T 18894—2016 对数码照片进行真实、完整、可用和安全方面的鉴定、检测。

(3) 数码照片的分类和排列:同一全宗内的数码照片档案按"保管期限—年度—照片组"分类。

分类后,在光盘根目录下建立一个命名为"DATA"的文件夹。DATA 文件夹下存放同一年度统一保管期限的数码照片。同一照片组内的数码照片档案按形成时间排列。

➢ **注意事项**:照片组是指有密切联系的若干张数码照片的集合,如一次会议、一项活动、一个项目等反映同一问题或事由的若干张数码照片。

(4) 数码照片的重命名:整理过程中,应对数码照片文件进行重命名。数码照片采用"保管期限代码-年度-照片组号-张号.扩展名"格式。

① 保管期限代码:分别用"YJ""30""10"代表永久、30 年、10 年。

② 年度:归档数码照片的形成年度,以 4 位阿拉伯数字标识。

③ 照片组号:为 4 位阿拉伯数字,同一年度内的照片组从"0001"开始顺序编号。

④ 张号:为 4 位阿拉伯数字,同一照片组内的数码照片从"0001"开始顺序编号。

例:2018 年某单位拍摄的一组××工作会议的数码照片为本年度第一组照片,保管期限为"永久",存储格式为 JPEG。则该组第一张照片的文件名应为:YJ－2018－0001－0001.jpg。

(5) 数码照片的著录:数码照片档案的著录项目应包括:全宗号、保管期限、年度、部门、照片组号、张号、参见号、摄影者、时间、组题名、文字说明、文件格式、开放状态(表 3-3-2)。

表 3－3－2　数码照片档案目录数据库结构及字段表

字段名称	字段名	字段类型	字段长度
全宗号	QZH	字符型	6
保管期限	BGQX	字符型	4
年度	ND	字符型	4
部门	BM	字符型	1000
照片组号	ZPZH	字符型	4
张号	ZH	字符型	4
参见号	CJH	字符型	20
摄影者	SYZ	字符型	100
时间	SJ	日期型	8
组题名	ZTM	字符型	160
文字说明	WZSM	字符型	254
文件格式	WJGS	字符型	4
文件存储路径	WJCCLJ	字符型	100
开放状态	KFZT	逻辑型	1

① 全宗号：档案馆给立档单位编制的代号。

② 保管期限：归档数码照片所划定的保管期限，包括永久、30 年、10 年。

③ 年度：归档数码照片的形成年度，以 4 位阿拉伯数字标识。

④ 部门：即归档部门，采用部门全称或规范化简称，并保持一致和稳定。

⑤ 照片组号：为 4 位阿拉伯数字，同一年度内的组从"0001"开始顺序编号。

⑥ 张号：为 4 位阿拉伯数字，同一组内数码照片从"0001"开始顺序编号。

⑦ 参见号：与本张照片有密切联系的其他载体档案的档号。

⑧ 拍摄者：照片的拍摄单位或拍摄人。

⑨ 时间：数码照片拍摄时间。采用 8 位阿拉伯数字，依次为：年代 4 位，月和日各 2 位，不足的再前补"0"。

⑩ 组题名：本组照片所共同反映的主要内容。

⑪ 文字说明：本张照片的说明，包括人物、地点、事由等要素。

⑫ 文件格式：本张照片的计算机文件类型，包括 JPEG、TIFF 或 RAW。

⑬ 开放状态：本张照片是否开放的标记，开放为"Y"，不开放为"N。"

（6）数码照片档案的存储：数码照片档案可采用建立层级文件夹的形式进行存储。一般应在计算机硬盘非系统分区建立"数码照片档案"总文件夹，在总文件夹下依次按不同保管期限、年度和照片组建立层级文件夹，并以保管期限代码、年度和照片组号命名层级文件夹。

例：某单位的数码照片档案统一存放在档案室计算机硬盘的非系统分区 D 盘根目录下，2018 年该单位拍摄的一组××工作会议的数码照片为 2018 年第一组照片，保管期限为"永久"，该组数码照片应存放在以下路径下：

D：\数码照片档案\YJ\2018\0001\

（二）录音录像档案

录音录像档案是指立档单位在其职能活动中直接形成的，用专门的器械和材料，采用录音、录像的方法，记录声像和图像的一种特殊载体的档案。分为唱片、磁带录音与磁带录像等。

归档录音、录像以件为整理单位。一般以能完整地、相对独立地记录某一事件的录音或录像材料为一件。整理时应遵循保持录音、录像的有机联系、便于保管和利用的原则。

1. 收集范围及要求

（1）收集范围：

① 记录本单位主要职能活动和基本历史面貌的，对单位工作、国家建设和历史研究具有利用价值的录音、录像；

② 领导人和著名人物参加与本单位、本地区有关的重大公务活动形成的录音、录像；

③ 本单位组织或参加的重要外事活动形成的录音、录像；

④ 记录本单位、本地区重大事件、重大事故、重大自然灾害及其他异常情况和现象的录音、录像；

⑤ 记录本地区地理概貌、城乡建设、重点工程、名胜古迹、自然风光以及民间风俗和著名人物的录音、录像；

⑥ 其他具有保存价值的录音、录像。

（2）收集要求：

① 收集的录音、录像没有标明主题（内容）和时间的，移交人员（录制者、摄制者）应在移交时予以补充完整；

② 录音应整理出文字材料随同移交（文字材料可归入文书档案）；

③ 归档录音、录像应确保其可读性，并保持整洁、无破损。

2. 分类

归档录音、录像应在其全宗录音、录像类内，按照"年度—保管期限"或"年度—机构（问题）—保管期限"进行分类。同一全宗只能选择一种分类方案并保持分类方案的稳定。分类类别的具体含义如下：

（1）按年度分类：将归档录音、录像按形成年度分类。

（2）按保管期限分类：同一工作活动和主题的保管期限统一划分，保管期限一般分为永久、定期 30 年、定期 10 年。

（3）按机构（问题）分类：将录音录像文件按其形成或承办机构（问题）分类。机构分类法与问题分类法应选择其一适用,不能同时采用。

在录音、录像档案形成数量较多的单位,根据保管和利用的需要可按年代—内容分类;在一般机关、团体、企事业单位形成数量较少的情况下,整理时可暂时不分类。

3. 排列

根据分类方案,每件归档录音、录像在最低一级类目内按时间先后顺序排列。

4. 编号

录音录像档案的档号由全宗号、形式代码、年度、机构(问题)、件号构成。连号时中间用"-"相隔。格式主要有如下两种:

格式一:全宗号-录音(录像)-年度-保管期限-件号

例:026－LY－2018－Y－001

格式二:全宗号-录音(录像)-年度-机构(问题)-保管期限-件号

例:026－LX－2018－BGS－Y－002

① 全宗号:档案馆给立档单位编制的代号。

② 录音(录像):唯一标识录音录像档案形式的一组字符。用汉语拼音首字母缩写标示,"LY"代表录音,"LX"代表录像。

③ 年度:该件归档录音录像形成的年度,以4位阿拉伯数字标识,如"2018"。

④ 保管期限:分为永久(Y)、定期30年(D30)、定期10年(D10)。

⑤ 件号:在分类方案的最低一级类目内,按归档录音、录像排列顺序从"001"开始标注。

⑥ 机构(问题):按机构分类的,填写机构代码名称。机构代码名称可根据单位情况自行拟定。按问题分类的,填写问题代码名称,采用汉语拼音首字母标识。归档文件未按照机构(问题)分类的,则可以省略机构(问题)代码。

5. 编目

(1) 填写归档目录(图3－3－10)。

档号	责任者	题名	时间长度(分、秒)	起始标志	结束标志	现存载体编号	原存载体编号	参见号	备注

图3－3－10 录音(录像)档案归档目录样式

注:录音、录像档案目录用纸幅面尺寸采用国际标准A4型(长×宽＝279 mm×210 mm)横排。

① 责任者:制发录音、录像的组织或个人,即录音、录像的制成机关或署名者。

② 题名:录音、录像标题(时间、地点、人物、事由)。

③ 时间长度(分、秒):录音、录像录制(或播放)的时间长度,用分、秒标识(如:128分37秒)。

④ 起始标志:录音、录像起始的标志。一般为录音的第一句话、录像的第一帧画面。

填写时应用语言描述,如:"同志们,……"。

⑤ 结束标志:录音、录像结束的标志。一般为录音的第末句话、录像的第末帧画面。填写时应用语言描述,如:"谢谢大家。"

⑥ 现存载体编号:指经迁移后的归档录音、录像存贮载体的编号。如:GP-2018-001,表示 2018 年第 1 张光盘。

⑦ 原存载体编号:指归档录音、录像原存贮载体的编号。如:LYD-035,表示第 35 盘录音带

⑧ 参见号:在本件录音、录像有密切联系的其他载体档案的档号。如表示该分录音的文字材料的文书归档编号。

⑨ 备注:注释录音、录像需说明的情况。

(2) 目录封面:录音、录像档案目录应编制目录封面。封面可以视需要设置全宗名称、录音(录像)档案、年度、类别(或机构)、保管期限等项目(图 3-3-11)。

(全宗名称)	
录音(录像)档案目录	
年 度	
机 构	
保管期限	

注:长×宽=210 mm×297 mm。

图 3-3-11 录音(录像)档案目录封面

① 全宗名称:立档单位名称,填写时应使用全称或规范化简称。

② 年度:以 4 位阿拉伯数字标识,如"2018"。

③ 机构:各组织机构名称。

④ 保管期限:分为永久(Y)、定期 30 年(D30)、定期 10 年(D10)。

(三) 光盘档案

光盘档案是指国家机关、社会组织和个人在社会活动中直接形成的、以光盘为载体的具有保存价值的历史记录。

1. 光盘档案的收集

光盘档案的收集范围及保管期限如表3-3-3所示。

表3-3-3 光盘档案的收集范围及保管期限表

收　集　范　围	保　管　期　限
本单位工作规划、总结等	永久
本单位对全区发展有较大影响的专题宣传资料	永久
反映本单位概貌和重大活动的	永久
反映重点工程项目建设全过程的	永久
党和国家领导人,省、市主要领导人,著名人物检查、视察本单位工作时形成的	永久
用于刻录数码照片的	按盘内数码照片的保管期限确定
反映本单位工作亮点的	定期(30年)
其他具有保存价值的	定期(10年)

对需要归档的光盘,机关部门应指定专人及时对应归档的光盘按照相关标准做好检查、鉴定工作,保证应归档光盘的真实性、完整性和有效性。

2. 光盘档案的整理

光盘档案的整理应遵循有利于保持光盘档案内容的有机联系、有利于保管和提供利用的原则。

(1) 分类与排列:光盘档案按"年度—问题"分类,同一保管期限,并按照时间或重要程度先后排列。

(2) 编号:排列后的光盘需要编制每张光盘的档号,档号用14位阿拉伯数字表示。

档号格式:全宗号-保管期限代码-年度-光盘号。

① 全宗号:档案馆给立档单位编制的代号。

② 保管期限代码:光盘档案参照国家关于纸质文件材料的保管期限,分永久、30年、10年三种保管期限。分别用"Y""D30""D10"表示"永久""30年""10年"。

③ 年度:光盘制作年份,用4位阿拉伯数字表示,如"2018"。

④ 光盘号:按光盘刻录日期先后从"001"开始编制的流水号。

➤ **注意事项**:编号时用非溶剂基墨水的软性笔(光盘笔、油性笔)在光盘标签面书写。禁止在光盘的数据面书写任何信息。

(3) 光盘入册:编号后的光盘需要入册保存(图3-3-12)。

图 3-3-12　光盘档案入册示意图

(4) 填写光盘档案说明标签(图 3-3-13)。

全宗号	
光盘号	
光盘名称	
播放时间	
张　数	
形成时间	
保管期限	
套　别	

图 3-3-13　光盘档案说明标签

① 全宗号：档案馆给立档单位编制的代号。
② 光盘号：按光盘刻录日期先后从"001"开始编制的流水号。
③ 光盘名称：一般包括地区（单位）、时间、问题等要素。
④ 播放时间：以"分"为单位。
⑤ 张数：用阿拉伯数字填写光盘内刻录数码照片的张数。
⑥ 形成时间：指光盘内容的起始和终止年月，用阿拉伯数字表示。
⑦ 保管期限：填写"永久""30年"或"10年"。
⑧ 套别：填写"封存""利用"或"异地保存"。

一组联系密切的光盘按播放顺序排列，并应在光盘档案说明标签"光盘名称"后填写组联符号，用"①""②""③"……表示，同一组光盘的组联符号相同。

（5）填写卷内目录：编制光盘档案卷内目录。项目有序号、光盘名称、刻录日期、刻录人、密级、备注（图3-3-14）。

序号	光 盘 名 称	刻录日期	刻录人	密级	备注

图3-3-14 光盘档案卷内目录样式

① 光盘名称：应简明概括、准确反映照片的基本内容、人物、时间、地点、事由等要素尽可能齐全。
② 刻录日期：指光盘刻录日期，用8位阿拉伯数字表示，如"20180102"。
③ 刻录人：指刻录光盘人的姓名，必要时可填写单位简称。
④ 密级：光盘的密级按光盘中所载档案的最高密级确定。具体划分同文书档案密级划分。
⑤ 备注：注释需要说明的情况。

（6）填写卷内备考表：卷内备考表项目包括本卷情况说明、立卷人、检查人、立卷时间（图3-3-15）。卷内备考表应放在卷内最后位置。

```
┌─────────────────────────────────────────┐
│              卷内备考表                  │
│  ┌───────────────────────────────────┐  │
│  │ 本卷情况说明：                     │  │
│  │                                   │  │
│  │                                   │  │
│  │                                   │  │
│  │                                   │  │
│  │                                   │  │
│  │                                   │  │
│  │                                   │  │
│  │                                   │  │
│  │                                   │  │
│  │              立卷人 _____      │  │
│  │              检查人 _____      │  │
│  │              立卷时间 _____    │  │
│  └───────────────────────────────────┘  │
└─────────────────────────────────────────┘
```

图 3‑3‑15　卷内备考表样式

① 本卷情况说明：主要由立卷人填写必要的情况说明。如光盘缺损、补充、移出、销毁等情况。对光盘入卷册以后发生或发现的问题，应由有关的档案管理人员填写说明，并签名、标注时间。

② 立卷人：由负责立卷人员签名。

③ 检查人：由卷册质量审核人员签名。

④ 立卷时间：填写完成立卷的年、月、日。

(7) 填写案卷封面：案卷封面各项内容(图 3‑3‑16)的填写及要求如下。

① 全宗名称：全宗名称是指立档单位的名称，全宗名称必须用全称或者规范化简称，如"中共中央""上海市财政厅"等。不得以"本部""本局""本厂"等为全宗名称。

② 问题名称：指光盘内容所反映的问题

③ 案卷题名：题名为：单位名称—年度—名称，如顺秋大学二〇一八年工作活动光盘。

	（全宗名称）
	（问题名称）

（案卷题名）

案卷号		卷内光盘共　　　张
保管期限		

自　　　年　　　月起至　　　年　　　月止

全宗号	目录号	案卷号

图 3-3-16　光盘档案案卷封面样式

④ 保管期限：对卷内光盘所划定保管期限，分为永久、长期(30年)、短期(10年)。

⑤ 全宗号：档案馆制定给立档单位的标号。

⑥ 目录号：全宗内案卷所属目录的编号。

⑦ 案卷号：即册号。在某一全宗某一保管期限内光盘册的排列从"1"开始的顺序编号。

（8）填写光盘册册脊：光盘册册脊标签的项目有全宗号、保管期限、起止年度、起止盘号、册号(图3-3-17)。

① 全宗号：档案馆制定给立档单位的标号。

② 保管期限：立卷时对卷内光盘所划定的保管期限，分为永久、长期(30年)、短期(10年)。

③ 起止盘号：册内光盘号的起止号。

④ 册号：在某一全宗某一保管期限内光盘册的排列从"1"开始的顺序编号。

全宗号
保管期限
起止年度
起止盘号
册号

图 3-3-17　光盘册册脊样式

第四节　保险业务档案整理流程

◎ 知识目标

（1）掌握保险业务档案的内涵。
（2）明确保险业务档案管理的任务及要求。

◎ 能力目标

（1）能够掌握保险业务档案的收集与整理的方法。
（2）能够根据保险业务档案管理要求规范地管理保险业务档案。

◎ 案例导入

2017年1月，王先生在顺秋人寿保险公司购买保险，保险金额5万元，附加住院补贴2份。2019年2月，被保险人以肺结核住院治疗为由，于2019年4月向顺秋公司提交理赔申请。理赔人员在受理案件后发现该保险合同附加险已于2018年1月15日做了退保处理。理赔人员在与王先生沟通时,王先生否认曾办理过终止附加险手续。理赔人员与客服人员到档案室检阅了2018年1月的保全档案,查到王先生确于2018年1月15日委托业务人员向该公司申请终止附加险,手续齐备,公司给予了办理。理赔人员与客服人员复印了保全申请书并出示给王先生,王先生看后确认申请书为其本人签字申请,未再有其他异议。

保险业务档案的管理是保险工作的重要组成部分,一方面可以作为历史查询,另一方面可以提供保全业务处理合法有效的证据。本案例中,保险公司通过调阅档案,查找文件,成功避免了损失。

近年来中国保险业快速发展,各类型纸质档案大量增加,业务部门对档案信息的需求也在急剧攀升。本节主要针对财产保险业务及人身保险业务两大类档案进行介绍。

一、财产保险业务档案

(一) 财产保险业务档案的概念与种类

1. 财产保险业务档案的概念

财产保险业务档案是指公司在从事保险业务承保、理赔、防灾防损、为客户服务、再保险、市场开发等业务活动中形成的各种文件、材料、单证、报表、照片、图表、台账(登记簿)、录音带、录像带以及其他具有依据性、原始性、查考性、参考性的材料,它们是公司进行保险业务活动的原始凭证和依据,是公司全部档案的重要组成部分。

2. 财产保险业务档案的种类

根据业务类型,财产保险业务档案划分为承保单证、理赔案卷、再保险业务档案三个二级类目(如表3-4-1所示)。

表3-4-1 财产保险业务档案种类

一级类目		二级类目		三级类目	
类目名称	类号	类目名称	类号	类目名称	
保险业务档案	01	承保单证	01	石油险	
			02	航空、航天保险	
			03	核电站保险	
			04	企业财产保险	

续 表

一级类目		二级类目		三级类目	
类目名称	类号	类目名称	类号	类目名称	
保险业务档案		承保单证	05	家庭财产保险	
	01		06	个人住房抵押贷款业务	
			07	工程保险	
			08	责任保险	
			09	信用及保证保险	
			10	远洋船舶保险	
			11	内河、沿海船舶保险	
			12	保赔保险	
			13	国内、涉外等货运保险	
			14	农业种植、养殖业保险	
			15	机动车辆保险	
			16	短期健康险、意外险	
	02	理赔案卷	01	石油保险	
			02	航空、航天保险	
			03	核电站保险	
			04	企财险	
			05	家庭财产保险	
			06	工程险	
			07	责任险	
			08	信用保证保险	
			09	远洋船舶、沿海船舶、内河船舶保险	
			10	陆路货运	
			11	水陆货运	
			12	机动车车辆保险	
			13	农村种植保险	
			14	森林火灾保险	
			15	短期健康险、意外险	
	03	再保险档案	01	法定分保	
			02	商业分保	

(1) 根据险种,承保单证划分为石油险、航空、航天保险、核电站保险、企业财产保险、家庭财产保险、个人住房抵押贷款业务、工程保险、责任保险、信用及保证保险、远洋船舶保险、内河、沿海船舶保险、保赔保险、国内、涉外等货运保险、农业种植、养殖业保险、机动车辆保险、短期健康险、意外险十六个三级类目。

(2) 根据险种,理赔案卷划分为石油保险、航空、航天保险、核电站保险、企业财产保险、家庭财产保险、工程险、责任险、信用保证保险、远洋船舶、沿海船舶、内河船舶保险、陆路货运、水陆货运、机动车车辆保险、农村种植保险、森林火灾保险、短期健康险、意外险十五个三级类目。

(3) 根据业务性质,再保险业务档案划分为法定分保、商业分保两个三级类目。

(二) 财产保险业务档案的整理

1. 财产保险业务档案的管理与存放

各公司可根据本单位的实际情况,对业务档案实行统一管理、集中存放或者统一指导、分散存放的原则。

(1) 统一管理,集中存放。采取统一管理、集中存放的原则时,业务档案采取动态管理模式,即分段管理、专人负责、按时移交、定期检查。

一是分段管理:保险业务档案按照状态划分为形成中的业务材料和办理完毕的业务档案两个阶段。形成中的业务材料由业务部门负责收集、整理,在办理完毕后,在档案信息管理系统中整理立卷并按规定向办公室移交。办公室对形成中的文件资料的积累、整理、归档要及时给予指导。

二是专人负责:各机构出单中心、理赔部门、有关业务部门应设专(兼)职档案管理人员,负责本部门和本中心业务档案归档等日常管理。

三是按时移交:业务经办人员应随时负责各类业务材料的收集,并及时向有关部门(中心)专(兼)职档案员移交,由专(兼)职档案员按照本规定进行整理并向办公室移交。

四是定期检查:在保险业务档案形成和保管过程中,办公室和有关部门(中心)要定期对其进行检查和指导。

(2) 统一指导,分散存放。采取统一指导、分散存放的原则时,业务档案由各机构出单中心、理赔部门、有关业务部门自行保管,不需要移交办公室,具体管理模式如下:

一是各级机构出单中心、理赔部门、有关业务部门应设专(兼)职人员,负责本部门(中心)业务档案的日常管理和立卷、归档、保管、利用等工作,相关的立卷整理工作需在档案信息管理系统中进行。

二是业务档案由出单中心、理赔部门或相关业务部门保管,并定期将业务档案目录向办公室移交备案,办公室负责对业务档案的归档管理等工作进行指导,并定期检查。

2. 财产保险业务档案的收集

归入保险业务档案的各类文件应是正本。如文件同属文书档案和业务档案归档范围,文书档案存正本,业务档案存副本。

(1) 承保单证：

一是财产险、责任保险、航空航天保险、石油保险单证。包括：保单副本及附表，批单副本及批改申请书，保险凭证副本，投保单，保险费收据，退费收据及退保申请书，保险合同或协议，保费结算通知书，中途退保的有关单证、附表、合同、协议，分保单证，风险情况问讯表，客户身份资料和其他单证。

二是机动车辆保险单证。包括：保险单副本，保险费发票业务联，投保单，投保单附表，客户身份资料、行驶证复印件、发动机或车架号码拓印件、验车照片等（系统中有电子件的可以不出纸件），批单副本，批改申请书。

三是信用保险单证。包括：投保单及附件，风险情况问讯表，承保审批报告，上级公司批示，保险单或保险协议，批改申请书及批单，保险费收据（存根联），中途退费的有关单证，退费收据（存根联），保险费结算通知书，信用限额申请单，信用限额审批单，信用交易申报表，分保单证，其他材料。

四是保证保险单证。包括：投保申请，保险单、保证函或协议，项目可行性报告、情况介绍及其他材料，企业相关材料（企业简介、信用等级证书、企业营业执照、法人或组织机构代码证、法定代表人简历及身份证、企业章程复印件、企业成立时（或变更时）验资报告、上年度经审计的财务报告及前三个月的资产负债表、损益表等），个人相关材料（身份证、投保人收入、经济状况证明等个人资信材料），《借款合同》，投保人对借款合同提供抵押或质押的相关证明文件、担保人对借款合同提供担保的相关证明文件（如有），反担保合同和办理反担保的相关文件、单证、证明（如有），承保审批报告及授权书，其他材料。

五是船舶险单证。包括：投保查询单，投保单，保险单，批改申请书，批单，保费收据，保险协议书，保险业务日、月、季、半年、年度报表，续保通知书，保赔险状况检验报告、批注，船舶险船级证书等，客户身份资料，其他单证。

六是货物运输险单证。包括：投保单及附表，保险合同或协议，保单副本及附表，批单副本、附表及批改申请书，保费结算通知书，保费收据（存根联），退费收据（存根联），中途退保的有关单证、附表、合同、协议，预约保险起运通知书，预约保险起运投保清单，客户身份资料，其他单证。

七是短期健康险、意外险。包括：核保审批类文件，投保单，保险单副本、保险协议、共保或联保协议、中标通知书，团体保险被保险人清单，风险评估报告、体检报告、健康问询表，客户身份类文件，收费凭证，申请书类文件（保险合同变更申请书、解除合同申请书、保险合同补发申请书等），保险合同原件（适用于根据业务处理规则需要收回保险合同原件的批改项目），清单类文件（增/减人数清单、工程施工量变化清单等），证明类文件（情况说明、单位证明等），退费收据，批单，其他材料。

八是农业种植、养殖业保险。包括：保单副本及附表，批单副本及批改申请书，保险凭证副本，投保单，保险费收据，退费收据及退保申请书，保险合同或协议，保费结算通知书，中途退保的有关单证、附表、合同、协议，分保单证，风险情况问讯表，客户身份资料，其他单证。

(2) 理赔案卷：

一是财产保险、责任保险、农业保险、石油保险、能源保险赔案。包括：损失清单，出险证明材料，查账记录，事故查勘报告，检验结果或技术鉴定报告，估价单、定损协议、修理协议，医疗费、修理费、施救费、进口关税等原始单证，赔付协议书，有关费用单据，授权书或权益转让书，撤销授权书的函，损失索赔申请书，损失物资回收处理单，预赔款申请书，注销、拒赔案件报告书，赔案呈批报告副本及上级批复文件，行政执法部门或法院调解书、判决书或仲裁机关的仲裁书，现场照片，赔案说明或定损理算说明，关于赔案处理的来往函电，其他材料。

二是航空航天保险赔案。包括：出险通知书，损失清单，出险证明材料，保单抄件或复印件，批单抄件或复印件，事故查勘报告，检验结果或技术鉴定报告，赔偿协议，医疗费、修理费、施救费、进口关税等原始单证，结案报告书，赔案审批单，赔款批单，赔款计算书及附表，赔款收据，授权书或权益转让书，撤销授权书的函，损失索赔申请书，损失物资回收处理单，预赔款申请书，注销、拒赔案件报告书，赔案呈批报告副本及上级批复文件，行政执法部门或法院调解书、判决书或仲裁机关的仲裁书，现场照片，赔款说明或定损理算说明，航空适航证，航空器维修履历，飞行员资格证明，其他材料。

三是机动车辆保险业务赔案。包括：索赔申请书，事故责任认定书，事故调解书、判决书或出险证明文件（小额赔案出险证明等可免），事故现场查勘询问笔录及附页，损失情况确认书（包括零部件更换项目清单及清单附页、修理项目清单及清单附页），财产损失确认书，人员伤亡费用清单，伤残人员费用管理表，误工证明及收入情况证明，赔款票据粘贴用纸（有关原始单据），简易案件赔款协议书，权益转让书，拒赔通知书，机动车辆保险注销通知书，预付赔款申请书，损余物资回收处理单，其他有关证明材料。

四是信用保险赔案。包括：可能损失报告，索赔申请书，损失清单，出险证明，保单（批单）抄件，查勘报告，检验报告或技术鉴定报告，定损协议，赔款计算书，追偿委托书，赔款收据和权益转让书，结案报告，赔款批单，预付赔款申请书，注销、拒赔案件报告书，行政部门或法院调解书、法院判决书、仲裁机关仲裁裁决书，赔案说明或定损理算说明，其他材料。

五是保证保险赔案。包括：索赔函，赔款收据，检验报告或技术鉴定报告，赔偿协议，行政部门或法院调解书、法院判决书、仲裁机关仲裁书，赔案说明或定损理算说明，其他材料。

六是船舶险赔案。包括：出险通知书，船舶检验证书，海事报告，航海日志，船舶证书，轮机日志，船舶营运许可证，船员证书，运输合同或载货记录，事故调解书或裁决书，损失清单，保险单正本，赔款计算书，权益转让书，赔款收据，询问证人笔录，核批文件，照片，其他单证。

七是货物运输险赔案。包括：保单正本（代保单），批单正本，统括合同，起运通知书，提单，空运单，运单，货单，租船合同，运输合同，发票，买卖合同，装箱单，海关证明，检验报告，商检报告，货损记录，登轮证明，化验结果，水分含量证明，溢短装证明文件，照片，索赔函,清单,出险通知书,报案记录,权益转让书,赔款计算书,赔款收据,理算材料,海事报告,海事声明,航海日志摘要,救助合同,担保函,涉及追偿、扣船、诉讼、仲裁案的相关法律文件,用于证明案件处理经过的全部往来函电,其他与案件有关的证明材料。

八是短期健康险、意外险。包括:理赔案件审批表,理赔协议书,报案登记表,理赔申请书,理赔委托书,最近一次保险费交费凭证或复印件,理赔计算书,理赔案件调查表,领款人身份及金额确认书,保险合同(原件),理赔案件抄件,资料交接凭证,各种资料及证明文书,理赔调查委托函,其他材料。

(3) 再保险业务案卷:

包括:合同文本,合同分保业务续转条款,各种分保季度报表,各种分保月报表,各种分保账单及明细表,分保业务确认账单,超限额业务申报调查表,风险单位划分资料,上报分保业务请示,分保业务批复,各种分保业务通知单,保险单明细表、条款及其他相关资料,分保条,分保条确认单,系统内部分保业务往来文书、传真及其他材料,本公司与国内、国外其他保险公司关于分出、分入业务的往来文书、传真及其他材料,分保业务出险通知书,出险索赔通知书,查勘记录,临分业务赔款通知单,检验报告,赔款计算书,公司与再保险人结算往来传真、电子邮件(打印件)及相关清单等材料,各种自然灾害、意外事故综合统计分析资料,各种分保业务统计分析资料,各种分保业务登记簿,现金赔款申请、批复及相关资料,现金赔款账单,其他有关再保险业务材料。

(4) 各类保险业务的电子档案:

各类保险业务的电子档案也是重要的收集对象,具体可参照上述章节内容,此处不再另行展开。

3. 确定保管期限

保险业务档案的保管期限,分别为永久、30 年、20 年、10 年、5 年(如表 3-4-2 所示)。

表 3-4-2 财产保险业务档案保管期限表

一级类目	二级类目	三级类目	保管期限
承保单证(保管期限自保险合同终止之日起计算)	石油险		30 年
	航空、航天保险		30 年
	核电站保险		30 年
	企业财产保险		10 年
	家庭财产保险	长效储金业务	永久
		一年期业务	10 年
	个人住房抵押贷款业务		永久
	工程保险		10 年
	责任保险		30 年

续 表

一级类目	二级类目	三级类目	保管期限
承保单证（保管期限自保险合同终止之日起计算）	信用及保证保险		30 年
	远洋船舶保险		30 年
	内河、沿海船舶保险		30 年
	保赔保险		30 年
	国内、涉外等货运保险	国内公路、铁路、航空货物运输保险单证	10 年
		其他货物运输保险单证	20 年
	农业种植、养殖业保险		30 年
	机动车辆保险		5 年
	短期健康险、意外险		5 年
	各险种新开办业务第一张至第五张保险单证		永久
	保险船舶的船名录		20 年
	各种财产保险业务展业情况、出险情况、赔付登记簿		永久
	各种自然灾害、意外事故综合统计资料、分析材料		永久
理赔案卷	石油保险		30 年
	航空、航天保险		永久
	核电站保险		永久
	企财险	500 万元及以上	20 年
		10 万～499 万元	10 年
		10 万元以下	5 年
	家庭财产保险	500 万元及以上	20 年
		10 万～499 万元	10 年
		10 万元以下	5 年
	工程险	500 万元及以上	20 年
		10 万～499 万元	10 年
		10 万元以下	5 年
	责任险		20 年
	信用保证保险		20 年
	远洋船舶、沿海船舶、内河船舶保险	500 万元及以上	永久
		100 万～499 万元	30 年
		100 万元以下	10 年

续　表

一级类目	二级类目	三级类目	保管期限
理赔案卷	陆路货运	1 000万元及以上	永久
		500万~999万元	30年
		500万元以下	10年
	水陆货运	1 000万元及以上	永久
		500万~999万元	30年
		500万元以下	10年
	货运险追偿案、通融赔付案、拒赔案、有争议案、全损案		永久
	机动车车辆保险	1万元(含1万元)以上	10年
		1万元以下	5年
	农村养殖保险一次事故	500万元及以上	永久
		500万元以下	20年
	农村种植保险	1 000万元及以上	永久
		500万~999万元	20年
		500万元以下	10年
	森林火灾保险	1 000万元及以上	永久
		1 000万元以下	30年
	短期健康险、意外险		5年
	各险种新开办业务第一笔至第五笔赔款案卷		永久
	各险种追偿案、通融赔付案、疑难案、拒赔案、有争议案、全损案		永久
再保险档案	法定分保业务年度报表、账单	分公司系统内分保业务年度报表、汇总表	永久
		分公司上报总公司分保业务年度报表、汇总表	永久
		分公司法定分保业务决算报表或损益表(调整账单)	永久
		支公司上报的系统内法定分保业务年度报表、汇总表	10年
		分公司法定分保业务年度未决赔款报表	10年
		支公司年度分保未决赔款明细表	10年
	法定分保业务季度报表、账单	分公司法定分保业务季度报表、汇总表、分析材料	20年
		支公司法定分保业务季度报表、汇总表	10年
		分公司法定分保业务季度账单	20年
		支公司法定分保业务季度账单	10年

续　表

一级类目	二级类目	三级类目	保管期限
再保险档案	分支公司法定分保超限额业务报表、材料		10 年
	大灾赔款统计表	分公司阶段性年度大灾赔款统计表	永久
		支公司大灾赔款统计表	20 年
	商业分保	分支公司有关临分业务的申请、批复、通知及相关资料	20 年
		分支公司各种临分业务出险通知单、赔款通知及相关资料	20 年
		分支公司商业分保账单	20 年
		分公司分保业务季度报表	20 年
		支公司合同分保业务季度报表	10 年
		分支公司合同分保赔款相关材料	20 年
		分入业务案卷	30 年
	我公司与再保险人结算往来文件材料	本公司与国内外再保险分出分入业务的结算文件材料	20 年
		本公司与国内外保险同业业务往来的结算单据	20 年
		本公司与国内外其他保险公司分保来往文书	20 年
	保险船舶的船名录		20 年
	各种财产保险业务展业情况、出险情况、赔付登记簿		永久
	各种自然灾害、意外事故综合统计资料、分析材料		永久

4. 档案分类组卷

(1) 分类整理：按照年度—保管期限进行归档整理。即将归档的财产保险业务档案按年度分类，每个年度下再按保管期限分类。

① 年度。档案形成或针对的年度（以 4 位阿拉伯数字标注公元纪年，如 2020）；跨年度形成的文件，放入办结年度。

② 保管期限。保险业务档案的保管期限，分别为永久、30 年、20 年、10 年、5 年。

(2) 整理组卷：保险业务档案的整理，应以保持文件材料之间的有机联系，保证各类文件、凭证的齐全、完整、系统、真实为原则。

① 承保单证。所有险种承保单证一般采用按件来管理的方式，即每份保单和附属的承保资料为一件，但装订可采用一件一装订或者数件一装订的方式。采用数件一装订的

方式时需确保装订在一起的各件保单资料为同一险种、同一保管期限。各分支机构可根据本单位业务发展的实际情况选择具体的装订方式。批单需与保单一起装订。承保单证亦可按保险单(副本)顺序号每200页立为一卷。

② 理赔案卷。赔(给)付卷根据案情性质，案情繁简程度和文件的多寡，可一案一卷或一案数卷。案卷厚度一般不超过2厘米。理赔案卷也可以采用一案一装订或者数案一装订的方式。采用数案一装订的方式时需确保装订在一起的各案卷为一个保管期限。各分支机构可根据本单位业务发展的实际情况选择具体的装订方式，但理赔案卷的目录必须逐案进行编制。保险业务赔案应归入所属的业务年度，跨年度的赔案归入结案时的业务年度。

③ 再保险业务档案。法定分保和商业分保材料在一个业务年度结束后，要将全部材料进行系统整理，及时立卷；法定分保和商业分保形成的材料要分别组卷，商业分保的临分业务与合同分保业务要分别组卷，不得混装；法定分保和商业分保形成的材料按照业务年度和项目分别组卷；再保险结算按照再保险结算人，根据结算类型分别单独组卷。

(3) 排列整理：

① 承保单证的排列要求。每份承保单证按照承保工作程序依次排列单证的顺序。

② 理赔案卷的卷内排列顺序。有批复的赔案，批复放在卷首；非诉讼赔案的结论、决定放在卷首；诉讼案件判决性材料放在卷首。卷内其他单证材料的排列按照理赔工作程序依次排列。

5. 填写卷内文件目录和备考表

(1) 填写卷内文件目录：卷内文件目录是揭示卷内文件的内容和成分的目录表，放在卷首。卷内文件目录的填写项目有顺序号、责任者、题名、日期、页号、备注等。卷内文件目录的格式按国家标准《文书档案案卷格式》的规定，样式如图3-4-1所示。

卷内文件目录

顺序号	责任者	题　　名	日期	页号	备注

图3-4-1　保险业务档案卷内文件目录

卷内文件目录各项内容的填写方法如下:
① 顺序号:即件号,按卷内文件排列次序依次填写。
② 责任者:填写该份文件的形成者或单位。
③ 题名:填写原文件的标题,对于原标题不能确切地反映原文件内容或原文件无标题的文件,在填写时应根据文件内容补拟后填写,并外加"[ ]"号以示后拟。
④ 日期:填写文件的成文日期。
⑤ 页号:填写每份文件的起始页号,最后一份文件填写起止两个页号。
⑥ 备注:作必要说明之用。

一份文件的不同稿本,只填一个顺序号,重要的草稿、修改稿可以分别各占一行登记。

全部案卷均应逐卷填写卷内文件目录(如图 3-4-2 所示)。

卷内文件目录

顺序号	责任者	题 名	日 期	页号	备注
1	张强	索赔申请书	20190206	1	
2	××市公安机关交通管理部门	事故责任认定书	20190210	2	
3	××财产保险股份有限公司	事故现场查勘询问笔录及附页	20190211	4	
4	张强	损失情况确认书	20190212	8	
5	张强	财产损失确认书	20190212	9	
6	××有限责任公司	误工证明及收入情况证明	20190213	10	

图 3-4-2 卷内文件目录填写示例

卷内文件目录除一份放在案卷卷首之外,还可以将每卷的卷内文件目录复印后装订成册,作为一种检索工具来使用。

(2)填写备考表:财产保险业务档案盒内均应放置备考表,并认真填写有关内容(备考表样式如图 3-4-3 所示)。应列明以下内容:
① 卷内文件情况说明:填写卷内文件缺损、修改、补充、移出、销毁等情况。
② 整理人:由立卷人员签名。
③ 检查人:由检查人员签名。
④ 时间:填写完成立卷的时间。

备 考 表

卷内文件情况：

　　本卷共＿＿份文件，计＿＿页，每份文件完整齐全。

整理人：＿＿＿＿＿＿

检查人：＿＿＿＿＿＿

年　月　日

图 3-4-3　备考表

6. 文件的修整装订

（1）一般资料档案的装订处理：案卷原则上采用三孔一线的方法装订。永久、长期案卷内需要附贴的单证、照片等应粘贴在统一规格的附纸上，案卷所附单证尺寸大的应折叠整齐。在装订线外有文件内容时，要加宽边。装订前要去除金属物，使案卷保持结实、整齐并方便利用（可参考文书档案装订方法）。具体细则如下：

一是永久、10 年以上（不含 10 年，下同）保管的业务赔案，卷内不符合 A4 纸型标准的单证、照片等应粘贴在统一规格（A4）的附纸上，案卷所附单证尺寸大的应折叠整齐，并去除卷内的金属物。

二是永久、10年以上保管期限业务档案案卷的装订需选用无毒、无害、简便、牢固、可逆的装订办法。

三是10年及以下保管期限的业务档案案卷,各省级分公司可制定本单位的短期业务档案装订实施细则,并报备总公司档案管理部门。

(2) 特殊资料档案的装订处理:

一是除单独归档的交接清单等资料外,对于其他所有小于A4规格用纸的文件、单证、图表和单据等文件资料(批单除外),在装订前,均要将这些资料按要求粘贴在"客户资料粘贴纸"上,并加盖骑缝印章。资料粘贴的具体要求是从下向上阶梯式粘贴,版心尺寸为155 mm×190 mm,并留有装订线。理赔材料中如有热敏纸,不能直接归档,应复印后将复印件归档。

二是对于大于A4规格用纸的文件、图表等归档资料,在装订前,业务档案管理人员要将这些资料按A4纸的规格和要求折叠压平。资料折叠的具体要求为:与A4规格用纸一样宽,但比较长的文件、图表等资料,要上对齐,从下向上折;与A4规格用纸一样长,但比较宽的文件、图表等资料,要左对齐,从右向左折;既比A4规格用纸宽、又比A4规格用纸长的文件、图表等资料,要分别左、上对齐,先从下向上折、再从右向左折。

单独归档的交接清单等资料,在装订时不予粘贴,由档案管理人员以200页为单位直接装订成册,统一保存备查。

7. 填写案卷封面

装订完成后,应填写案卷封面(如图3-4-4、图3-4-5、图3-4-6所示)。要根据不同的案卷,在封面列明以下内容:

(1) 全宗号:填写立档单位代码。

(2) 分类号:填写类目的标识符号,用以表示类目在分类体系中的位置和排列顺序。一级类目使用各类目名称大写拼音首字母标识,二级类目及二级以下类目使用01-99标识。各级类目标识之间用"·"隔开。

(3) 年度:填写立卷年度,保险业务赔案应归入所属的业务年度,跨年度的赔案归入结案时的业务年度。

(4) 保管期限:填写保险业务档案的保管期限,分别为永久、30年、20年、10年、5年。

(5) 件号:填写案卷件号。

(6) 单证起止号:填写卷内承保单证的起号和止号。

(7) 赔案编号:填写理赔案卷的编号。

(8) 分保账单号:填写分保账单编号。

8. 档案编目装盒

(1) 编制归档目录:各类保险业务档案均应设置目录,此目录兼做移交清单。

承保单证目录应列明以下内容:件号、保单号、被保险人、单证流水号、页数、备注。归档目录格式如表3-4-3所示。

顺秋财产保险股份有限公司

全 宗 号
分 类 号
年 度
保管期限
件 号 _____
单证起止号 _____

图 3-4-4　承保单证归档封面

顺秋财产保险股份有限公司

全 宗 号
分 类 号
年　　度
保管期限
件　　号＿＿＿＿＿＿＿＿＿＿
赔案编号＿＿＿＿＿＿＿＿＿＿

图 3-4-5　理赔案卷归档封面

顺秋财产保险股份有限公司

全　宗　号
分　类　号
年　　　度
保 管 期 限
件　　　号_____
分保账单号_____

图 3-4-6　再保险业务档案归档封面

表 3-4-3　承保单证归档目录

件号	保单号	被保险人	单证流水号	页数	备注

注：该卷分类方案为"全宗号—分类—年度—保管期限"。

理赔案卷目录应列明以下内容：件号、赔案编号、被保险人、保单号、赔款金额、结案时间、页数、备注。归档目录格式如表 3-4-4 所示。

表 3-4-4　理赔案卷归档目录

件号	赔案编号	被保险人	保单号	赔款金额	结案时间	页数	备注

注：该卷分类方案为"全宗号—年度—分类—保管期限"。

再保险档案目录应列明以下内容：件号、题名、分保账单号、分保时间、页数、备注。归档目录格式如下表 3-4-5 所示。

表 3-4-5　再保业务档案归档目录

件号	题　名	账单号	分保时间	页　数	备注

注：该卷分类方案为"全宗号—年度—分类—保管期限"。

（2）装盒：各类保险业务档案采用统一的档案盒，样式如图 3-4-7 所示。同时还需要填写档案盒盒脊信息，样式如图 3-4-8 所示。

9. 档案移交归档

（1）移交：采取统一指导、集中存放管理原则的单位，承保单证在保单签发的第三年、理赔档案在结案的次年、再保险档案在形成后的次年由有关部门（中心）向本公司档案部门移交归档。档案部门检查验收后，双方办理交接手续。对不符合要求的案卷，档案部门有权要求其完善后再行移交。移交目录应一式两份，有关部门（中心）留存一份，档案部门留存一份。格式如表 3-4-6 所示。

（2）档号编制：档案部门对接收的档案要编制档号，作为档案部门的管理标识。保险业务档案的档号设置，一般为：全宗号-分类号-年度-保管期限-件号。

同一全宗下的保险业务档案，按照分类号—年度—保管期限进行归档整理，即将归档的保险业务档案按年度分类，每个年度下再按保管期限分类，从 000001 开始顺序编流水件号。

顺秋财产保险股份有限公司

（　　　）分公司

全　宗　号＿＿＿＿＿＿＿＿
分　类　号＿＿＿＿＿＿＿＿
年　　　度＿＿＿＿＿＿＿＿
保　管　期　限＿＿＿＿＿＿＿＿

图 3-4-7　档案盒样式

全宗号
分类号
年　度
保管期限
起止件号
盒　号

图 3-4-8　档案盒背脊

表 3-4-6　业务档案移交目录

_____年度_____分公司_____中心支公司

日期	移交岗位	档案类型	卷册数	卷册号	档案起止归档号	移交人	接收人	备注

① 全宗号：立档单位代码。

② 分类号：整理时分到三级类目。

③ 年度：档案形成或针对的年度(以 4 位阿拉伯数字标注公元纪年,如 2011);跨年度形成的文件,放入办结年度。

④ 保管期限：保险业务档案的保管期限,分别为永久、30 年、20 年、10 年、5 年。

⑤ 件号：六位,从 000001 开始顺序编流水件号。

如档号 11000000-BX·01·01-2012-30 年-012345,表示北京市分公司 2012 年形成的第 12345 件保存 30 年的石油险承保单证。

二、人身保险业务档案

(一) 人身保险业务档案的概念与种类

1. 人身保险业务档案的概念

人身保险业务档案是指人身保险公司在承保、保全、理赔及客户服务等业务处理及服务环节中直接形成的各种文字、图表、照片、声像等文件材料,其中具有保存价值的,经过鉴定、整理并归档的人身保险业务文件,它们是公司进行保险业务活动的原始凭证和依据,是公司全部档案的重要组成部分。

2. 人身保险业务档案的种类

根据业务环节,人身保险业务档案划分为承保业务文件、保全业务文件、理赔业务文件三个二级类目。

(1) 承保业务文件:指投保人向保险人提出投保要约直至缔结保险合同的过程中形成的文件。

(2) 保全业务文件:指人身保险公司为了维持人身保险合同的持续有效,根据保险合同条款约定及客户要求而提供的一系列保单服务过程中形成的文件。

(3) 理赔业务文件:指人身保险公司按照合同约定,承担保险责任、履行保险金给付义务的过程中形成的文件。

(二) 人身保险业务档案的整理

1. 人身保险业务档案的管理与存放

人身保险公司对自身的业务档案可以采取自行管理、全部或部分委托具有相应档案管理资质的第三方管理等管理方式。

(1) 自行管理。采取自行管理方式的,应集中到省级公司统一管理。

(2) 委托管理。采取委托第三方管理方式的,应与第三方管理机构签订管理合同,明确有关要求,指定专门机构、专门人员负责监督该机构的运行。

2. 人身保险业务档案的收集

人身保险业务档案的归档范围包括投保人在投保过程中和人身保险公司在承保、合同保全、理赔及客户服务等业务处理及服务环节中直接形成的业务文件。为保证业务档案的完整性,按照业务文件产生的业务环节,划定各类业务文件的归档范围。不论采取何种载体形式,在业务过程中产生的属于归档范围的业务文件,都应进行归档保管。

(1) 承保业务文件。包括:核保审批类文件,投保单,团体保险保险单副本,团体保险被保险人清单,业务员报告书,首期收费凭证,体检报告类文件(包括但不限于病历),各类问卷(包括但不限于健康告知书、补充告知书、财务资料及各类证明),生存调查表或生存调查报告,保险公司保存的各类通知书、建议书及确认书,授权书类文件(如自动转账授权书、账户复印件、账户所有人身份证复印件),客户身份类文件(如投保人身份证复印件、被保险人身份证复印件),保险合同送达回执书,其他材料。

(2) 保全业务文件。包括:申请书类文件(如保险合同变更申请书、解除合同申请书、生存保险金/利差/红利领取申请书、恢复合同效力申请书、保险关系转移申请书、借款申请书、保险合同补/换发申请书等),保险合同原件(适用于根据业务处理规则需要收回保险合同原件的保全项目),最近一期保险费收费凭证,客户身份类文件(如投保人身份证复印件、被保险人身份证复印件、受益人身份证复印件、监护人身份证复印件、受托人身份证复印件等),授权书类文件(如自动转账授权书、账户复印件、账户所有人身份证复印件),问卷类文件(如补充告知问卷等),确认书类文件(如投保单补充更正确认书、减额缴清确认书等),联系单类文件(如保险关系转移联系单等),通知书类文件(如保险关系转移通知书等),回执类文件(如附加险续保通知书回执等),清单类文件(如增/减人数清单等),证明类文件(如单位证明等),领款凭证,批单(业务留存联),其他材料。

(3) 理赔业务文件。包括:理赔申请书,理赔协议书,理赔委托书,理赔案件调查笔录,理赔计算书/理算报告,理赔案件调查报告,领款人身份及金额确认书,保险合同原件(适用于根据业务处理规则需要收回保险合同原件的理赔案件),理赔案件抄单,文件交接凭证,各种证据材料及证明类文书,业务批单,客户身份类文件(如投保人身份证复印件、被保险人身份证复印件、受益人身份证复印件、监护人身份证复印件、受托人身份证复印件等),其他材料。

3. 确定保管期限

人身保险业务文件的保管期限必须划分准确,保管期限可分为保险合同终止之日起10年、保险合同终止之日起6年、档案形成之日起6年三类(如表3-4-7所示)。

表3-4-7 人身保险业务档案保管期限表

序号	业务档案名称	纸质业务文件保管期限	电子业务文件保管期限	备注
一	承保业务文件类			按照归档文件进行分类
1	投保单	保险合同终止之日起10年	保险合同终止之日起10年	
2	团体保险被保险人清单	保险合同终止之日起10年	保险合同终止之日起10年	
3	体检报告	保险合同终止之日起10年	保险合同终止之日起10年	
4	各类问卷	保险合同终止之日起10年	保险合同终止之日起10年	
5	一年期及以下短期险承保业务留存凭证(如:航意险、旅游意外险等的承保业务留存凭证)	保险合同终止之日起6年	保险合同终止之日起10年	

续 表

序号	业务档案名称	纸质业务文件保管期限	电子业务文件保管期限	备注
6	其他材料	保险合同终止之日起6年	保险合同终止之日起10年	
二	保全业务文件类			按照保全项目进行分类
1	职业变更	保险合同终止之日起6年	保险合同终止之日起10年	
2	投保人变更	保险合同终止之日起6年	保险合同终止之日起10年	
3	受益人变更	保险合同终止之日起6年	保险合同终止之日起10年	
4	合同效力恢复	保险合同终止之日起6年	保险合同终止之日起10年	
5	权益转换	保险合同终止之日起6年	保险合同终止之日起10年	
6	保险合同补/换发	保险合同终止之日起6年	保险合同终止之日起10年	
7	保险合同代服务	保险合同终止之日起6年	保险合同终止之日起10年	
8	保险关系转入	保险合同终止之日起6年	保险合同终止之日起10年	
9	领取方式/年龄变更	保险合同终止之日起6年	保险合同终止之日起10年	
10	减额缴清	保险合同终止之日起6年	保险合同终止之日起10年	
11	补充告知	保险合同终止之日起6年	保险合同终止之日起10年	
12	投保要约确认	保险合同终止之日起6年	保险合同终止之日起10年	
13	付款方式/授权账户变更或撤销	保险合同终止之日起6年	保险合同终止之日起10年	
14	保额增加权益	保险合同终止之日起6年	保险合同终止之日起10年	
15	生存金转保	保险合同终止之日起6年	保险合同终止之日起10年	
16	增/减人数	保险合同终止之日起6年	保险合同终止之日起6年	
17	减少保额	保险合同终止之日起6年	保险合同终止之日起6年	
18	解除保险合同	保险合同终止之日起6年	保险合同终止之日起6年	
19	性别、出生日期、证件类别、证件号码错误更正	保险合同终止之日起6年	保险合同终止之日起6年	
20	保险合同的质押	保险合同终止之日起6年	保险合同终止之日起6年	
21	汇交保险合同与个人保险合同的转换	保险合同终止之日起6年	保险合同终止之日起6年	
22	红利/利差领取方式的变更	档案形成之日起6年	档案形成之日起6年	
23	垫交	档案形成之日起6年	档案形成之日起6年	包括取消垫交、申请垫交和垫交还款

续 表

序号	业务档案名称	纸质业务文件保管期限	电子业务文件保管期限	备 注
24	出国告知	档案形成之日起6年	档案形成之日起6年	
25	保险关系转出	档案形成之日起6年	档案形成之日起6年	
26	新增附加险	档案形成之日起6年	档案形成之日起6年	
27	附加险续保	档案形成之日起6年	档案形成之日起6年	
28	地址/住址变更	档案形成之日起6年	档案形成之日起6年	
29	文字错误更正	档案形成之日起6年	档案形成之日起6年	
30	保单借款/还款	档案形成之日起6年	档案形成之日起6年	
31	交费方式变更	档案形成之日起6年	档案形成之日起6年	
32	生存领取	档案形成之日起6年	档案形成之日起6年	包括满期、利差、红利领取
33	犹豫期解除合同	档案形成之日起6年	档案形成之日起6年	
34	附加险加保、附加险减保	档案形成之日起6年	档案形成之日起6年	
35	附加险终止续保	档案形成之日起6年	档案形成之日起6年	
36	年金领取	档案形成之日起6年	档案形成之日起6年	
37	其他材料	档案形成之日起6年	档案形成之日起6年	
三	理赔业务文件类			按照归档文件进行分类
1	理赔申请书	保险合同终止之日起6年	保险合同终止之日起10年	
2	理赔协议书	保险合同终止之日起6年	保险合同终止之日起10年	
3	理赔委托书	保险合同终止之日起6年	保险合同终止之日起10年	
4	理赔案件调查笔录	保险合同终止之日起6年	保险合同终止之日起10年	
5	理赔计算书/理算报告	保险合同终止之日起6年	保险合同终止之日起10年	
6	理赔案件调查报告	保险合同终止之日起6年	保险合同终止之日起10年	
7	领款人身份及金额确认书	保险合同终止之日起6年	保险合同终止之日起10年	
8	各种证据材料及证明类文书	保险合同终止之日起6年	保险合同终止之日起10年	
9	其他材料	保险合同终止之日起6年	保险合同终止之日起10年	

4.档案分类组卷

(1)分类整理。纸质业务文件可以采用年度—业务环节(或机构)—保管期限等方法进行分类。分类方案一经确定应保持稳定。

① 年度：档案形成或针对的年度（以 4 位阿拉伯数字标注公元纪年，如 2020）；跨年度形成的文件，放入办结年度。

② 业务环节（或机构）：承保业务档案、保全业务档案、理赔业务档案等。

③ 保管期限：人身保险业务档案的保管期限，分别为保险合同终止之日起 10 年、保险合同终止之日起 6 年、档案形成之日起 6 年。

（2）整理组卷。分为以下两种：

一是承保档案、保全档案。各级机构业务人员应对当日收到的承保业务、保全业务的资料进行排序、整理立卷。一般以客户单次提交的业务申请及其相关的业务处理资料为一件。如：投保单及相关的投保资料可以为一件，投保补充资料可以为一件，保险合同送达回执书可以为一件。承保、保全档案一般采用数件一装订的方式，每 50 件承保档案可归为一卷，一卷上下浮动不得超过 20%。

二是理赔档案。各级机构业务人员已结案件按照一案一卷的原则进行归档，案情复杂且单证材料数量较多的赔案可一案数卷，但案卷厚度以不超过 2 cm 为限，理赔案卷也可以采用一案一装订或者数案一装订的方式。采用数案一装订的方式时需确保装订在一起的各案卷为同一个保管期限。

（3）排列整理。归档业务文件应在分类方案的最低一级类目内，按时间结合业务处理顺序等排列。

5. 填写卷内文件目录和备考表

人身保险业务档案可依照规则编制统一的流水号。流水号一般由业务类型代码、保管期限代码、六位机构代码、档案生成年份、三位卷册流水号、三位卷内流水号 6 个部分组成。其中业务类型代码可分为：CB—承保档案、BQ—保全档案、LP—理赔档案。保管期限分为 10 年、6 年，分别以字母 L、S 为代码。例如：流水号 BQ - S8611002018001001，表示北京分公司营业部 2018 年第 1 卷第 1 件保管期限为 6 年的保全档案，具体流水号构成如图 3 - 4 - 9 所示。

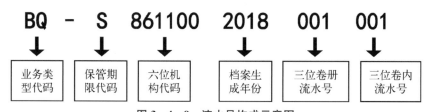

图 3 - 4 - 9　流水号构成示意图

卷册内案卷编号可简写为归档号的后六位，即在该份档案右上角标注三位卷册流水号和三位卷内流水号，以便于日常档案整理工作。

（1）填写卷内文件目录。卷内文件目录是揭示卷内文件的内容和成分的目录表，放在卷首。各级机构业务人员须严格按照扫描顺序进行装订归档并打印卷内目录。

承保档案卷内文件目录的填写项目有：序号、生效时间、流水号、投保单号、保险单号、险种名称、投保人、页数、备注等。格式如表3-4-8所示。

表3-4-8 承保档案卷内文件目录

序号	流水号	生效时间	投保单号	保险单号	险种名称	投保人	页数	备注

保全档案卷内文件目录的填写项目有：序号、流水号、受理时间、业务代码、保险单号、受理号、主险名称、投保人、页数、备注等。格式如表3-4-9所示。

表3-4-9 保全档案卷内文件目录

序号	流水号	受理时间	业务代码	保险单号	受理号	主险名称	投保人	页数	备注

理赔档案卷内文件目录的填写项目有：序号、流水号、受理时间、保险单号、赔案号、主险名称、被保险人、页数、备注等。格式如表3-4-10所示。

表3-4-10 理赔档案卷内文件目录

序号	流水号	受理时间	保险单号	赔案号	主险名称	被投保人	页数	备注

(2) 填写备考表：人身保险业务档案盒内均应放置备考表，并认真填写有关内容（备考表样式如图 3-4-10 所示）。应列明以下内容：

① 卷内文件情况说明：填写卷内文件缺损、修改、补充、移出、销毁等情况。
② 整理人：由立卷人员签名。
③ 检查人：由检查人员签名。
④ 时间：填写完成立卷的时间。

备 考 表

卷内文件情况：
  本卷共____份文件，计____页，每份文件完整齐全。

整理人：_____
检查人：_____
年 月 日

图 3-4-10 备考表

6. 文件的修整装订

整理过程中应确保归档业务文件的完整、内容准确，不允许在流转中有任何遗失或损毁。整理归档纸质业务文件所使用的书写材料、纸张、装订材料等应符合档案保管要求。每卷档案的卷内资料必须是原件或复印件，无碳复写业务留存联、热敏传真件需复印后入卷。已破损的文件应予修整，字迹模糊或易褪变的文件应予复制。具体方法如下：

装订前，去除文件资料中多余的装订物、大头针和回形针等，使装订出的档案案卷保持平整、结实、整齐。

注意档案案卷左边、下边保持整齐，不能出现漏页、错页、倒页的现象。

对于可能会压住案卷字迹或已经破损的文件、单证、图表等资料案卷，要加宽边、裱糊，不能影响阅读。

理赔案件以每个案件为单位进行装订，装订后将案件放入卷宗封皮。

保全档案装订，以卷为单位，将装订好的保全文件资料依次放入档案盒内归档。

7. 填写案卷封面

装订完成后，应填写案卷封面（如图3-4-11所示），档案封面要求列明以下内容：

(1) 起止编号：填写卷内文件归档号的起止编号。
(2) 档案类型：根据承保档案、保全档案、理赔档案等填写。
(3) 保管期限：根据档案保存期限填写。
(4) 年度：填写卷内档案的生成年度。
(5) 案卷号：填写卷册流水号。
(6) 本卷件数：填写卷内档案数量。
(7) 备注：根据实际情况填写。
(8) 全宗号：填写机构代码。
(9) 分类号：填写业务类型代码 。

8. 档案编目装盒

(1) 编制归档目录：各机构档案应依据当日的归档资料按照规定的目录文件格式填写卷内目录。各类人身保险业务档案均应设置目录，此目录兼做归档目录。

(2) 装盒：各类人身保险业务档案采用统一的档案盒。档案盒封面要按如图3-4-12所示的档案盒封面规范填写：

① 起止编号：填写盒内案卷归档号的起止编号。
② 档案类型：承保档案、保全档案、理赔档案等。
③ 保管期限：根据档案保存期限填写。
④ 年度：盒内档案的生成年度。
⑤ 案盒号：填写卷册流水号。
⑥ 本盒件数：填写盒内档案数量。
⑦ 备注：根据实际情况填写。
⑧ 全宗号：填写机构代码。
⑨ 分类号：填写业务类型代码。

顺秋人寿保险股份有限公司

起止编号： GB－P861102011001001

（至） GB－P861102011001050

档案类型： 保全档案

保管期限 6 年

年　　度： 2018

案 卷 号： 001

本卷件数： 50

备　　注：

全宗号	分类号	案卷号
861100	BQ	001

图 3－4－11　案卷封面填写示例

顺秋人寿保险股份有限公司

起止编号： GB－P861102011001001

（至） GB－P861102011001050

档案类型： 保全档案

保管期限 6年

年　　度： 2018

案 盒 号： 001

本盒件数： 50

备　　注：

全宗号	分类号	案卷号
861100	BQ	001

图 3－4－12　档案盒封面填写示例

同时还要按如图 3-4-13 所示的档案盒盒脊信息规范填写：

① 起止编号：填写该盒内案卷归档号的起止编号。
② 全宗号：填写机构代码。
③ 档案生成时间：填写盒内档案生成的起止时间。
④ 分类号：填写业务类型代码。
⑤ 档案类型：承保档案、保全档案、理赔档案等。
⑥ 保管期限：根据档案保存期限填写。
⑦ 年度：盒内档案的生成年度。
⑧ 案盒号：填写卷册流水号。

起止编号	
BQ-S8611002018001001	
至	
BQ-S8611002018001050	
2018.01.04 — 2018.01.06	
全 宗 号	861100
分 类 号	BQ
档案类别	保全档案
保管期限	6 年
年 度	2018
案 盒 号	001

图 3-4-13　档案盒盒脊填写示例

9. 档案移交归档

（1）移交：采取统一指导、集中存放管理原则的单位，承保单证在保单签发的第三年、理赔档案在结案的次年、再保险档案在形成后的次年由有关部门（中心）向本公司档案部门移交归档。档案部门检查验收后，双方办理交接手续。对不符合要求的案卷，档案部门有权要求其完善后再行移交。移交目录应一式两份，有关部门（中心）留存一份，档案部门留存一份。格式如表 3-4-11 所示。

表 3-4-11　业务档案移交目录

_____年度_____分公司_____中心支公司

日期	移交岗位	档案类型	卷册数	卷册号	档案起止归档号	移交人	接收人	备注

（2）档号编制：档案部门对接收的档案要编制档号，作为档案部门的管理标识。人身保险业务档案的档号设置，一般为：全宗号-分类号-年度-保管期限-件号。

同一全宗下的保险业务档案，按照分类号—年度—保管期限进行归档整理，即将归档的保险业务档案按年度分类，每个年度下再按保管期限分类，从 000001 开始顺序编流水件号。

① 全宗号：立档单位代码。

② 分类号：填写业务类型代码。

③ 年度：档案形成或针对的年度（以 4 位阿拉伯数字标注公元纪年，如 2011）；跨年度形成的文件，放入办结年。

④ 保管期限：人身保险业务档案的保管期限，按业务不同分为 10 年、6 年。

⑤ 件号：六位，从 000001 开始顺序编流水件号。

 试一试

实验一　人事档案整理流程

学习任务	掌握人事档案整理流程与方法		指导老师	
学生姓名		实训场地	课时	日期
实验材料	人事档案归档材料、A4 空白纸、档案盒			
实验设备	签字笔、起钉器、胶水、页码机、归档章、棉纱线、不锈钢订书钉、不锈钢夹、浆糊、封套、打孔器、剪刀、燕尾夹、锥子、类角贴			
实验任务	（1）对人事档案进行交接清点 （2）对人事档案进行分类 （3）将分类后的档案组合成案卷 （4）卷内文件排列 （5）卷内文件编页，编码并粘贴类角号 （6）填写卷内文件目录 （7）编制备考表			

续 表

实验任务	(8) 填写案卷封面 (9) 对案卷装订,对其进行分本、分册 (10) 案卷排列 (11) 编制案卷目录 (12) 编制案卷档号,并最终装盒
一、知识准备 　　人事档案分类组件的方法；文件修整工作要求；页码机使用要求；卷内材料分类排列要求；类角号粘贴方法；档号编写方法；编目内容及要求；归档文件装订方法；装盒信息填写要求	
二、实验步骤及注意事项 　　(1) 交接清点人事档案,填写人事档案移交登记表 　　(2) 按照各类材料分类方案与标准,划分为若干类别 　　(3) 把经过分类的档案按相关要求和规定组合成案卷 　　(4) 以卷为单位,按照一定原则将卷内文件进行排列 　　(5) 以卷为单位,使用页码机,对卷内文件进行编页 　　(6) 根据要求对各类材料进行编码并粘贴类角号 　　(7) 填写卷内文件目录,包括顺序号、文号、责任者、题名、日期、页号、备注 　　(8) 填写卷内备考表,说明卷内文件缺损、修改、补充、移出、销毁等情况 　　(9) 填写案卷封面 　　(10) 案卷装订前应对卷内文件进行修整,去除易锈金属物,修补破损文件等 　　(11) 按照案卷封面、卷内文件、卷内备考表的顺序依次排列,并进行装订 　　(12) 根据一定排列原则,对案卷进行排列 　　(13) 根据要求填写案卷目录并正确编制案卷档号	
三、实验评分 (总分100分)	人事档案的分类(15分)
	分类后的档案进行组卷(15分)
	卷内文件排列(5分)
	卷内文件编码、粘贴类角号(5分)
	填写卷内文件目录、备考表、案卷封面(20分)
	案卷的装订(10分)
	案卷的排列(10分)
	编制案卷目录及案卷档号(20分)
实验总得分	

实验二　会计档案整理流程

学习任务	掌握会计档案整理流程			指导老师	
学生姓名		实训场地		学时		日期	
实验材料	归档文件、A4空白纸、档案盒、凭证封皮、凭证档案盒、包角材料、会计档案封面贴纸				
实验设备	签字笔、起钉器、胶水、页码机、归档章、棉纱线、不锈钢订书钉、铆管装订机、打孔器、剪刀、燕尾夹、锥子				

续 表

学习任务	掌握会计档案整理流程	指导老师	
实验任务	（1）对会计资料进行分类 （2）会计凭证立卷 （3）会计账簿立卷 （4）财务报告立卷 （5）会计档案案卷目录编制 （6）会计档案移交清单编制 （7）会计档案分类排列 （8）会计档案档号编制		
一、知识准备 　　会计档案类型；卷内文件排列方法；卷内文件页数编写方法；会计凭证立卷装订方法；会计账簿立卷装订方法；财务报告立卷装订方法；会计档案移交清单编制方法；会计档案移交流程；会计档案分类方案；会计档案档号编制方法			
二、实验步骤及注意事项 　　（1）按照会计凭证、会计账簿、财务报告对形成的材料进行分类 　　（2）根据凭证顺序号，排列会计凭证；给会计凭证编制页码 　　（3）对会计凭证进行修整，使用三孔一线或会计凭证装订机，对会计凭证进行装订 　　（4）正确填写会计凭证包角、封皮及凭证盒上的各项信息 　　（5）根据会计账簿装订要求，对活页式账簿和卡片式账簿进行排列；给活页式账簿和卡片式账簿逐页编制页码 　　（6）对整理完毕的活页式账簿和卡片式账簿进行装订 　　（7）粘贴会计账簿封面，并正确填写相关信息 　　（8）对财务报告进行分类排列；按财务报告的排列顺序，依次给每页文件编制页号 　　（9）编制财务报告卷内目录及备考表 　　（10）填写会计报告封面；对组合好的财务报告案卷进行装订 　　（11）编制会计档案案卷目录 　　（12）编制会计档案移交清单，并根据流程将立卷装订好的会计档案移交至档案室 　　（13）对会计档案进行分类、排列 　　（14）根据案卷排列顺序，正确编制档案号			
三、实验评分 （总分 100 分）	会计资料分类（10 分）		
	会计凭证立卷（15 分）		
	会计账簿立卷（15 分）		
	财务报告立卷（15 分）		
	编制会计档案案卷目录（10 分）		
	填写移交清单（10 分）		
	会计档案分类排列（10 分）		
	会计档案档号编制（15 分）		
	实验总得分		

实验三　声像档案整理流程

学习任务	掌握照片档案整理流程工作		指导老师	
学生姓名		实训场地	学时	日期
实验材料	底片袋、底片册、照片册			
实验设备	签字笔			
实验任务	(1) 对底片、照片进行分类 (2) 对底片编号 (3) 登录底片号 (4) 底片装袋入册 (5) 填写底片册信息 (6) 照片分类 (7) 照片组卷 (8) 卷内照片排列 (9) 编写照片号 (10) 编写照片说明 (11) 编制照片目录 (12) 填写照片册信息			

一、知识准备
　　底片分类方法；底片分类方法；照片分类方法；照片组卷方法；照片号编写方法；照片说明填写方法；卷内目录填写方法；案卷封面填写方法；册脊填写方法

二、实验步骤及注意事项
　　(1) 将底片、照片分开，单独整理和存放
　　(2) 按照底片的分类方案与标准，进行底片的分类
　　(3) 编写底片号，包括全宗号、保管期限代码、张号
　　(4) 登录底片号
　　(5) 编号后放入底片袋内保管，并装入底片册，注意大幅底片的放置要求
　　(6) 填写底片册脊信息
　　(7) 按照照片的分类方案与标准，进行照片的分类
　　(8) 根据照片数量及问题，进行照片组卷
　　(9) 在分类方案的最低一级类目内，按问题结合时间、重要程度等进行卷内照片排列
　　(10) 编写照片号
　　(11) 按照片号顺序将照片固定在芯页上，组成照片册
　　(12) 编制照片说明，包括单张照片说明和大幅照片说明
　　(13) 编制卷内目录、备考表、案卷封面、案卷目录
　　(14) 填写照片册脊信息，按顺序排列照片册

三、实验评分 （总分 100 分）	底片的分类、编号、登录(10 分)	
	底片的装袋、入册(15 分)	
	填写底片册脊信息、排列底片册(10 分)	
	照片的分类、组卷(15 分)	
	卷内照片排列、编号、装册(20 分)	
	编制照片说明、填写目录(20 分)	
	填写照片册脊信息、排列照片册(10 分)	
	实验总得分	

实验四　财产保险业务档案整理流程

学习任务	掌握保险业务档案整理流程			指导老师	
学生姓名		实训场地		学时		日期	
实验材料	归档文件、A4 空白纸、档案盒等				
实验设备	签字笔、起钉器、胶水、页码机、归档章、棉纱线、不锈钢订书钉、铆管装订机、打孔器、剪刀、燕尾夹、锥子				
实验任务	(1) 对财产保险档案进行分类 (2) 将分类后的档案组合成案卷 (3) 卷内文件排列 (4) 填写卷内目录和备考表 (5) 装订案卷 (6) 填写案卷封面 (7) 编制案卷目录 (8) 装盒 (9) 编制档号				

一、知识准备

　　保险业务档案类型；保险业务档案分类方案；卷内文件排列方法；编目内容及要求；保险业务档案档号编制方法；保险业务档案移交流程

二、实验步骤及注意事项

　　(1) 按照财产保险业务流程对形成的材料进行分类
　　(2) 确定各类文件的保管期限
　　(3) 将不同分类的档案进行组卷
　　(4) 填写卷内目录和备考表
　　(5) 对案卷进行修整装订
　　(6) 填写案卷封面，包括全宗号、分类号、年度、件号等相关信息
　　(7) 编制归档案卷目录
　　(8) 案卷装盒，并填写档案盒封面及盒脊信息
　　(9) 业务部门向档案部门移交档案
　　(10) 档案部门对接收的档案进行整理，并编制档号

三、实验评分 （总分 100 分）	保险业务资料分类(10 分)	
	保险业务案卷组卷(15 分)	
	填写卷内目录和备考表(10 分)	
	修整装订(10 分)	
	填写案卷封面(10 分)	
	编制归档案卷目录(10 分)	
	装盒并填写档案盒信息(10 分)	
	移交档案(10 分)	
	编制档号(15 分)	
	实验总得分	

答一答

1. 什么是人事档案？它有什么形成条件？
2. 如何确定人事档案材料的收集范围？
3. 人事档案材料的收集渠道有哪些？
4. 人事档案的编目应注意哪两点？
5. 什么是会计档案？会计档案的种类有哪些？
6. 对各单位每年形成的会计档案进行整理立卷的是哪个部门？
7. 每年形成会计档案数量较多的中大型企事业单位适合使用哪种会计档案排列方法？
8. 黄花建筑公司，有一批2017年度的会计档案需要立卷归档，按照"年度—会计文件形式—保管期限"分类法立卷，请写出分层结构图。
9. 什么是声像档案？
10. 传统照片档案由哪几个部分构成？
11. 光盘档案说明标签包含哪些要素？
12. 简述照片档案的整理步骤。
13. 什么是财产保险业务档案？
14. 财产保险业务档案一般采用哪种分类方法？
15. 请根据所学内容，编写北京分公司营业部2019年度第3卷第6件保管期限为6年的保全档案的流水号。

附录：法规选读

干部档案整理工作细则（节选）

第五章　档案材料的排序与编目

第十五条　每类干部档案材料，都要根据材料内容的内在联系和材料之间的衔接或材料的形成时间排列顺序，并在每份材料的右上角编上类号和顺序号，在其右下角编写页数。

第十六条　档案材料排序的基本方式：

（一）按档案材料形成时间排序的：第一类、第二类、第三类、第四类、第七类、第十类材料；

（二）按档案材料内容的主次关系进行排序的：第五类、第六类、第八类材料。其中第五类、第八类材料的排列顺序为：上级批复，结论或处分决定，本人对结论或处分决定的意见，调查报告，证明材料，本人检讨或交待材料等，其证明材料应根据每份材料所证明的主要问题相应集中排列。第六类材料，入团志愿书应排在入团的其他材料之前；入党志愿书应排在入党的其他材料之前，党员登记表等可按时间先后依次排序；

（三）第九类材料可根据不同层次干部的档案材料情况，采用按时间顺序或按材料性质相对集中排序。按材料性质相对集中排序的方法是：1.工资情况的材料；2.任免材料；3.出国、出境材料；4.其他材料。每种材料再根据形成材料的时间顺序排列。

第十七条　每卷干部档案必须有详细的档案材料目录。目录是查阅档案内容的索引，要认真进行编写。具体要求：

（一）按照类别排列顺序及档案材料目录格式，逐份逐项地进行填写；

（二）根据材料题目填写"材料名称"。无题目的材料，应拟定题目。材料的题目过长，可适当简化。拟定或简化题目，必须确切反映材料的主要内容或性质特点。凡原材料题目不符合实际内容的，须另行拟定题目或在目录上加以注明；

（三）"材料形成时间"，一般采用材料落款标明的最后时间。复制的档案材料，采用原材料形成时间；

（四）填写"材料份数"，以每份完整的材料为一份（包括附件）；材料页数的计算，采用图书编页法，每面为一页，印有页码的材料、表格，应加数填写；

（五）书写目录要工整，正确清楚、美观、不得使用圆珠笔、铅笔、红色及纯蓝墨水书写目录。填写目录后，要检查核对，做到准确无误；

（六）书写目录时，每类目录之后，须留出适量的空格，供补充档案材料时使用。

第四章
档案工作的信息化

本章摘要

20世纪70年代末计算机技术开始引入我国档案部门,自此,现代化技术与设备不断应用于档案管理之中。进入21世纪,随着技术的迅猛发展和信息化趋势的出现,档案管理工作加快了从纸质档案实体化管理向电子档案信息化管理的过渡。纸质档案的数字化和电子档案的网络化管理不断普及,档案管理设备也日趋智能化和一体化,涌现出了不少新技术和新设备。

学习目标

(1)知识要求:通过本章的学习,了解现代档案管理的数字化和网络化趋势,掌握纸质档案数字化的基本环节和顺秋档案管理系统的内容。

(2)能力要求:通过本章学习与任务训练,了解纸质档案数字化和顺秋档案管理系统的基本操作,掌握数字化扫描仪的使用。

第一节 档案管理的信息化

知识目标

（1）掌握档案管理信息化的概念和内涵。
（2）了解我国档案管理信息化的应用历程。

能力目标

（1）能够正确理解档案管理信息化的两大支柱。
（2）能够正确认识档案管理信息化的发展趋势。

案例导入

南京市建邺区加强数字档案室创建

2005年，南京市建邺区档案局依托区政务网络平台和"智慧建邺"协同办公系统，研制了"建邺档案室管理系统"，并投入近百万元对系统进行了多次升级改造，构建了在线归档、在线指导、在线管理、在线利用的档案管理新模式，完成了与"智慧建邺"协同办公平台系统的整合，成功地将电子签章技术引入档案管理系统，实现了拟稿、审核、签发、盖章、分发、拟办、批示、传阅等全流程在线流转。2015年，建邺区档案局被国家档案局确定为全国首批数字档案室建设试点单位。2017年11月，建邺区档案局通过了"全国示范数字档案室"验收。

由于信息技术的进步和信息管理模式的应用，信息与知识日益成为社会经济发展必不可少的要素，信息化成为一种发展趋势，反映在档案工作领域就是档案管理的信息化，即档案的数字化和管理的网络化。

一、档案管理信息化概念

信息是客观世界三大要素之一，是事物存在方式和运动状态的表现形式，即对事物及其运动状态的描述。文字、图形、图像、声音、影视、动画、信号、数据等不是信息，它们承载的内容才是信息。而信息技术是指能实现信息获取、传递、加工、再生和利用等功能的技术。

信息化则是由信息技术所引发的社会经济结构从以物质与能源为重心向以信息与知识为重心的转化过程，是现代发展的重要趋势。进入21世纪，计算机技术和网络通信技术的成功融合和广泛应用,从根本上改变了信息产生、处理、传输、存储的方式,并以此推动社会经济结构、生产方式以及人们生活方式、工作方式的深刻变革。这个变革过程就是信息化。如今,信息化已成为全球趋势,是世界各国与各行业的重要发展方向。中国作为最大的发展中国家,也提出了国家信息化的目标:在国家统一规划和组织下,在农业、工业、科学技术、国防和社会生活的各个方面应用现代信息技术,深入开发、广泛利用信息资源,加速国家现代化进程。

而档案管理的信息化就是档案管理工作的信息化,即充分利用现代信息技术和设备,与档案管理流程相结合,有效提高档案管理的工作效率,为社会提供档案信息服务的过程。档案信息化有两大支柱——数字化和网络化。

数字化是将现实世界中的各种信息、文字等内容转变为电脑能识别的、用二进制代码表示的数字信息,从而方便计算机运算、处理与传输的过程。数字化是信息化的基础,没有数字化就没有计算机技术和信息技术。所以档案管理的数字化,就是运用相关技术、设备将各类档案信息转变为能被计算机识别、存储、处理、加工、再生的数字信息,以便于计算机的信息化管理和利用。

网络化是指利用通信技术和计算机技术,把分布在不同地点的计算机及各类电子终端设备互联起来,按照一定的网络协议相互通信,以达到所有用户都可以共享软件、硬件和信息资源的目的。网络化是信息化的手段,没有网络化,计算机终端就成为"信息孤岛",难以提升数字信息的价值。档案管理的网络化,指通过档案管理系统及软件,对档案进行统一的网络化管理和利用,就像超星图书馆 App 对图书、报纸的加载、删除与全文阅读一样。

由此可见,档案信息化建设必须紧扣住数字化和网络化两个主题。

二、档案管理信息化应用

信息化虽然是 21 世纪后才成为社会潮流的,但在 20 世纪后半叶已有"苗头"。中国档案的信息化管理就始于 20 世纪 70 年代末。1979 年,中央档案馆、中国人民解放军档案馆、国家档案局档案科学技术研究所等机构率先购置计算机设备,开始了档案管理自动化课题的研究和实验。1985 年底,全国已有 20 多个档案馆成功开发并运行计算机辅助档案管理系统。至 80 年代末,研制出一批计算机辅助档案管理系统、文档一体化管理系统,利用技术创新和管理改革的结合充分发挥计算机应用效益。当时应用的重点主要是在单机计算机上模拟传统的档案管理方式,辅助传统档案立卷、著录、编目、统计、检索等。计算机应用虽然在档案部门内部取得较好的效果,但是对外界的影响较小,档案管理仍是传统的实体管理[①]。

20 世纪 90 年代,微软 Windows 操作系统伴随着奔腾系列微机技术的加速发展,

---

① 上海市档案局编.档案信息化建设[M].上海:上海教育出版社,2015:16.

Office 软件系统日益普及,办公自动化技术广泛应用,极大地激发了广大档案工作者应用信息技术的热情和需求。1993 年,随着国家经济信息化战略的启动,电子政务系统的应用催生了大量电子文件;1996 年,国家档案局成立了"电子文件归档研究领导小组",开始对档案信息化建设进行宏观规划。全国档案部门以需求导向、以项目带动,研制出一大批各具特色的档案信息系统;积极开展档案科研,成功地应用了光盘、多媒体、CAD、条形码、数字水印、图像处理等技术;系统建设从单点应用到联网应用,从单项应用到综合应用,从归档后管理到文件的前端控制和全过程管理,从单纯模拟传统管理方式转向改革管理适应计算机技术应用;从对档案实体的管理转向对档案信息的管理;从封闭式应用转向开放式应用,文档一体化管理系统与电子政务、电子商务、企业信息化、办公自动化系统相连接,向着功能综合化、性能成熟化、管理专业化、传播网络化方向发展,计算机技术的应用效益进一步显现。传统的实体档案有了向数字化发展过渡的趋势[①]。

进入 21 世纪,随着计算机技术和网络技术的发展、推广和无纸化办公的普及以及电子政务的运行,档案的载体形式发生了重大转变,电子档案正逐渐成为档案管理的重要对象,今后甚至将成为档案管理的主要对象。2006 年,国家档案局印发的《档案事业发展"十一五"规划》中,将"建设较大规模的全国性、系统性、分布式、规范化的档案信息资源库群,建立一批电子文件中心和数字档案馆,实现档案信息资源社会共享"作为总体目标之一。2010 年,国家档案局发布了《数字档案馆建设指南》,为各级档案馆推动馆藏档案资源数字化、增量档案电子化,逐步实现对数字档案信息资源的网络化管理以及分层次多渠道提供档案信息资源利用和社会共享服务提供了参考和依据。2011 年,《档案事业发展"十二五"规划》将"加快数字档案馆及电子文件(档案)备份中心建设,完成国家数字档案馆建设总体规划的编制工作,对电子档案进行安全有效的管理"作为主要目标之一。2014 年,国家档案局发布了《数字档案室建设指南》,推动数字档案室建设的开展。档案管理开启了向电子档案信息化管理的过渡[②]。

电子文件归档越来越受重视,虽然可能需要不少发展时间,但必将逐渐成为主流。那么如何在电子文件归档过程中证明电子文件的真实性、如何实现电子档案的跨企业应用是电子档案是否能够取代纸质档案必须解决的问题。区块链技术是现今业界公认的一种互信技术,可以较好地解决这一问题。

区块链: 区块链是一种链式数据结构,链上的每个数据单元即数据区块,这些区块按照时间顺序依次相连,并以密码学方式保证其不可篡改和不可伪造,区块链同时存储在多个节点上,也称为分布式账本。通过在多节点上的数据保存提高数据篡改成本,更有效地保护保存在区块链中数据的安全性。区块链作为一个标准服务为各类电子文件进行存证保护,并向各相关业务系统提供 API 接口,供业务系统调用。通过对档案系统不同阶段数据上链保护电子档案的真实性,可以在电子档案借阅后进行真实性验证,如通过校验,则可展示该文

---

① 上海市档案局编.档案信息化建设[M].上海:上海教育出版社,2015:17.
② 上海市档案局编.档案信息化建设[M].上海教育出版社,2015:18.

件在档案系统中的各类元数据信息,例如题名、归档人、归档时间以及文件四性检查日志等相关信息。区块链是实现电子文件归档的关键技术。

2016年,国家档案局开展电子文件归档和电子档案管理的试点工作,希望以此推动全国电子文件归档的进程、积累经验并为下一步制定规范奠定基础。2019年6月20日,中国石油化工集团有限公司进行的"企业电子文件归档与电子档案管理试点"取得圆满成功,区块链技术实现了财务、公文、招投标三个业务线共七个系统的电子文件的集中、统一和安全归档管理。

现阶段正处于实体档案向电子档案的过渡阶段,档案归档实行的是双套制,实体档案与电子档案并行,在有了电子档案的同时,仍产生对应的纸质档案。虽然纸质档案仍然是归档的主要对象之一,但电子档案的单套制将是未来档案工作的发展趋势。为了对现有的以纸质档案为代表的实体档案进行信息化管理和利用,许多单位通过数字化的方式,将纸质档案转化为电子档案,然后进行信息化管理与利用。而电子档案的信息化管理和利用,主要通过档案管理系统及应用软件实现。故现今的档案管理信息化有两大内容:一是纸质档案的数字化;二是档案管理系统及软件的应用推广。

第二节　纸质档案的数字化

 知识目标

(1) 了解纸质档案数字化的基本流程。
(2) 掌握纸质档案数字化的操作规范。

 能力目标

(1) 能够掌握预处理、图像处理、数据挂接等操作。
(2) 能够正确认识纸质档案数字化中应注意的事项。

 案例导入

北京市海淀区档案馆对档案数字化工作进行专项总结

2019年12月20日,北京市海淀区档案馆召开2019年档案数字化项目工作总结验收会。为加快推进档案数字化进程,落实"存量数字化、增量电子化",实现"十三五"末馆藏档案数字化率100%的数字转型目标,2019年,海淀区档案馆对馆藏档案数字化情况进行了分析总结,按照《纸质档案数字化规范》《档案著录规则》等标准,完成馆藏档案数字化420万页,校对、梳理馆藏历史数字化数据17万条。

> 会上,档案专家对此次纸质档案数字化工作中的管理机制创新和高标准、高质量、严要求进行了肯定。同时,对海淀区档案馆在大数据时代如何推进区域内档案数字化、电子文件发展以及如何将档案数字化成果进一步数据化提出了意见和建议。

数字化是信息化的基础,档案管理的信息化必须要做好档案的数字化工作。现阶段,档案管理的数字化主要是对已经归档的纸质档案进行数字化扫描。

一、数字化概念

数字化是指运用计算机技术将现实世界中的各种模拟信息转变为以二进制代码表示的数字信息,供计算机处理和网络传输的过程。纸质档案的数字化是采用扫描仪等设备对纸质档案进行数字化加工,使其转化为存储在磁带、磁盘、光盘等载体上的数字图像,并按照纸质档案的内在联系,建立起目录数据与数字图像关联关系的处理过程。

各单位应根据档案的珍贵程度、开放程度、利用率、亟待抢救程度、数字化资金情况等因素统筹规划、科学开展纸质档案数字化工作。纸质档案的数字化应符合《文献档案资料数字化工作导则》(GB/T 20530—2006)和《纸质档案数字化规范》(DA/T 31—2017),并遵循档案管理的客观规律,真实反映档案内容,最大限度地展现档案原貌。

纸质档案数字化的基本环节主要包括:档案出库与核对登记,数字化前的预处理、档案扫描、目录数据库建立、图像处理、数据挂接与备份、数据成果验收与移交等。在实际中,目录数据库既可在扫描前进行,也可以在扫描后再行建立;数字化成果质量的检验,除最后验收外,在扫描与图形处理完成后也可进行(图4-2-1,图4-2-2)。

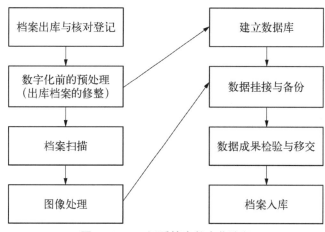

图4-2-1 纸质档案数字化流程

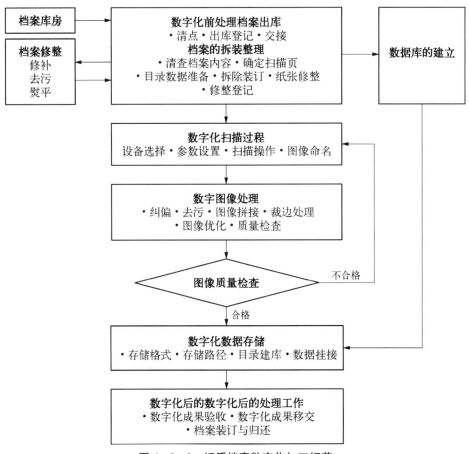

图 4-2-2 纸质档案数字化加工细节

在数字化过程中,应保存纸质档案数字化项目信息、技术环境、数字化各类技术参数等方面的元数据。加工涉密档案时,应按照涉密档案相关保密要求开展工作。

二、数字化流程

(一) 档案出库与移交

一般来说,大批量纸质档案数字化,首先需将待数字化档案从档案库房搬移至临时周转库房,然后数字化加工人员从周转库房领取档案进行数字化。无论是前者还是后者,数字化加工人员都须按照预定计划,提出申请,并得到批准(填写如表 4-2-1 所示的审批书)。档案交接时,双方根据移交清单与档案号,逐卷(件)清点档案,确保档案清单内容与档案实际数量、编号一致,如发现问题,应在清点现场直接提出(填写如表 4-2-2 所示的移交清单)。交接双方签字确认后,将档案转移至指定的数字化场地,并按如表 4-2-3 所示的流程操作。

表 4-2-1　纸质档案数字化审批书

批　　次	
数字化对象	
档案数字化 部门意见	部门负责人 年　月　日
档案保管 部门意见	部门负责人 年　月　日
单位意见	现批准对　　　等 全宗共计　　　卷(件)纸质档案进行数字化。 法定代表人 (单位签章) 年　月　日

表 4-2-2　档案移交清单

序号	移交日期	移交人	档案题名	档案日期	甲方	乙方	页数	备注

表 4-2-3　纸质档案数字化流程单

全宗号＿＿＿＿　目录号＿＿＿＿　案件号＿＿＿＿

进度	□数字化前处理验收　□装订还原	□前处理质检	□数据库建立	□目录质检	□档案扫描	□图像处理	□图像质检	□数据挂接	□挂接质检	□数据验收	□数据装订还原	□备注
流程	数字化前处理	前处理质检	数据库建立	目录质检	档案扫描	图像处理	图像质检	数据挂接	挂接质检	数据验收	装订还原	备注
	整理编页	技术修复	目录数据准备	前处理质检	备注	数据库录入	备注	目录质检	备注	档案扫描	备注	图像处理	备注	图像质检	备注	数据挂接	备注	挂接质检	备注	数据验收	备注	装订还原	备注
完成人员												
完成时间												

(二) 数字化前的预处理工作

档案转移至数字化场地后，工作人员再次清点档案，清点无误后，开始数字化前的预处理。

1. 生成对应条形码

根据客户要求或档案本身的档号、机构代码等信息在条形码生成软件中选择和输入相关的类型、年代、范围又或者归档编号等信息，生成对应条形码（图4-2-3、图4-2-4、图4-2-5）。

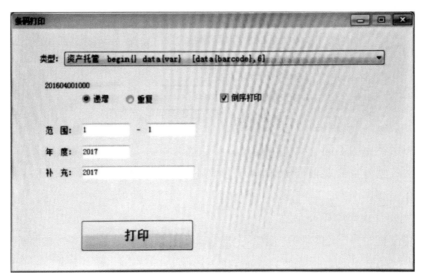

图4-2-3 输入信息

图4-2-4 选择类型

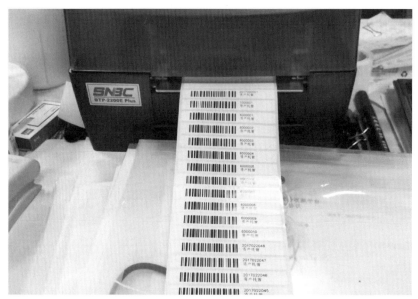

图 4-2-5 生成条码

由于档案类型的不同,档案信息多样,导致条形码生成所需的信息也各不相同,所以条形码的生成软件也需要根据实际情况进行调整设计。条形码打印出来后,应与对应档案文件放在一起。

2. 拆除装订物并粘贴条形码

拆除装订物时,应注意保护档案不受损害。拆除装订物之后要将档案原件排好顺序,并用夹子夹起防止散乱。拆除装订物后,将条形码贴在对应档案的首页或封面上,以便在后续操作中通过识别条形码对扫描档案进行准确、高效的对应。该条形码还可为后面档案借阅利用管理提供便利。

3. 排序整理并登记扫描页数

贴好条形码后,对每一卷(件)档案进行整理排序,按要求把同一案卷中的扫描件和非扫描件区分开,剔除无关和重复的文件,确定并登记扫描页数。

4. 登记和修复

对内容缺失、目录漏写、页码颠倒以及珍贵、破损的案卷进行登记和修整。页码颠倒、错乱或缺少的案卷(文件),应进行登记和用号码机重新排序编码。纸张的质量关系到扫描仪的选择和扫描效果,因此,须对严重破损、褶皱不平、字迹模糊的档案做好登记,请专业技术人员进行修复处理。如对褶皱的档案,可进行熨烫,熨烫温度不能太高;对被污染的纸张,可在通风环境中用软毛刷轻轻刷去浮尘、泥垢或霉菌;对破损残缺的文件,须进行修补。修复破损纸张一般是在原来纸张后面粘上一张白纸,选用质量好的胶水,粘贴纸张不能太厚,粘贴时注意不能损坏原件。对于年代久远、纸质条件较差、不便于拆卷的,可采用零边距扫描仪扫描。

表 4-2-4 为纸质档案数字化前需填写的处理工作单。

表 4-2-4　纸质档案数字化前处理工作单

件号	编页起始码	需扫描页数	特殊情况记录	页面修整页号	页面修整完成情况	总体质量检查	备注

档案整理人：　　　　　　　　完成时间：
页面修整人：　　　　　　　　完成时间：
整体质检人：　　　　　　　　完成时间：

(三) 档案扫描

档案扫描应根据纸质档案原件的实际情况、数字化目的、数字化规模、计算机网络和存储条件等选择相应的扫描设备,并作相关参数的设置和调整。

1. 扫描设备选择

根据纸质档案幅面的大小(A4、A3、A0 等)和纸张保存情况选择相应规格的扫描仪(图 4-2-6):

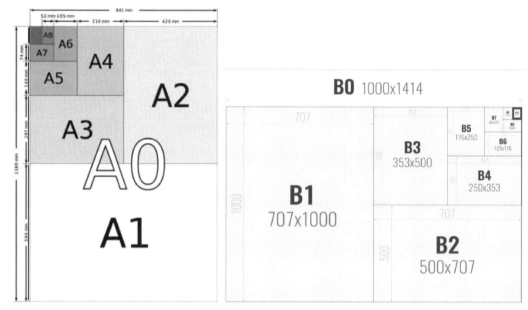

图 4-2-6 扫描中对应规格的选择

（1）纸张小于等于 A4 幅面、平整度较高、纸张韧性好、无虫蛀霉变的档案，使用自动进纸的高速扫描仪扫描；

（2）纸张容易产生褶皱、撕裂、破损或超厚、幅面大于 A4 的档案，使用手动送纸的平板扫描仪进行扫描；

（3）纸张较薄、较软的档案，先在纸张下加一张白色打印纸作衬底，将扫描仪自动进纸器设置为厚纸模式并采用中、低速档自动进纸扫描，或使用快速平板扫描仪扫描。

（4）纸张破损的档案应夹入透明塑料薄膜后，用快速平板扫描仪扫描。

（5）纸张幅面较长但不超过 A3 的档案纸，可使用扫描仪长纸扫描功能。

（6）纸张超过 A3 的可采用分区扫描后拼接的方式或使用宽幅扫描仪、工程扫描仪扫描（最大可到 A0）；若后期采用软件自动拼接的方式，重叠尺寸建议不小于单幅图像对应原件尺寸的 1/3。

（7）不宜拆卷的珍贵档案或装订成册的书刊、图书等，选用非接触式或专业无边距扫描仪扫描。

（8）多种字体或颜色的纸张，需要采用多次扫描（扫描阈值不同）后局部粘贴或复印后扫描的处理方式以保持档案原版原貌和图像清晰。

2. 参数设置

扫描参数的设置和调整应保证扫描后数字图像效果最接近档案原貌，清晰、完整、不失真。扫描色彩模式有两种：一是扫描形成黑白二值图像，适用于扫描字迹、线条质量清晰的文字或图纸档案；二是扫描形成连续色调静态图像，这种图像又分为灰度图像和彩色图像两种，灰度模式适用于扫描黑白照片、图像档案，彩色模式适合扫描页面中有红头、红印章的档案或彩色照片档案。需永久或长期保存，或向国家档案馆移交的档案，一般应采用彩色模式扫描。

3. 扫描分辨率的设置

扫描分辨率参数大小的选择,原则上以扫描后的图像清晰、完整、不影响图像的利用效果为准。采用黑白二值、灰度、彩色几种模式对档案进行扫描时,其分辨率一般均建议选择大于或等于 200 dpi。特殊情况下,如文字偏小、密集、清晰度较差等,可适当提高分辨率。需要进行 OCR 汉字识别的档案,扫描分辨率建议选择 300 dpi,需要进行高精度仿真复制的档案,扫描分辨率建议不小于 600 dpi(表 4-2-5)。目前,OCR 技术已经相当成熟,一般扫描仪都自带 OCR 软件,使用也很方便。然而 OCR 的识别准确率往往不尽如人意,由此影响检索效果。而依靠人工纠正文稿中的错字又非常麻烦。提高 OCR 识别率的注意事项如下:

表 4-2-5　纸质档案数字化扫描色彩模式与分辨率设置表

扫描纸张类型	色彩模式			分辨率		噪点控制
	黑白二值	灰度	彩色	推荐值/dpi	需光学字符识别(OCR)/dpi	
页面黑白、文字清晰、不带插图的纸张	√			≥300	≥300	设定噪点值应避免原稿内容中的标点符号及笔画被误识别为噪点
字迹不清晰、带插图或页面为多色文字的纸张		√	√	≥300	≥300	
字迹不清晰、页面中有领导签名、批示、红头、印章或插有照片、图片的		√	√	≥300	≥300	
幅面小于 6 寸的照片		√	√	≥600		
幅面大于 6 寸的照片		√	√	≥400		
照片底片		√	√	≥200		

(1) 选择适当的扫描分辨率。太低的扫描分辨率往往会造成 OCR 识别率的下降,太高的分辨率会使图像文件过于庞大且降低识别的速度。在实际操作中,操作人员可通过查看 OCR 识别后生成文本中的红色错字数量(如小于 3%),判断其可接受程度,确定是否采用该分辨率扫描并进行 OCR 识别。

(2) 尽量采用黑白二值模式进行扫描。

(3) 进行 OCR 识别时注意文字的倾斜校正。OCR 识别允许文稿有细微的倾斜,但是过度倾斜会影响识别率。校正方法是,点击扫描软件上的倾斜校正按钮,识别软件会自动将图像校正,再进行 OCR 识别。

(4) 对稿件进行识别前的预处理。针对文稿中出现分栏的情况,建议用手动设定各栏区域,即用多个框分别选中要识别的文字,然后进行 OCR 识别。

(5) 采用适当的识别方式。简体和繁体混排、中英文混排的文稿往往识别率较低,如果文稿中简繁体、中英文是分块状分布的,可以用图像处理软件,将不同的文字块剪辑成同类文字块合并的文件,然后分别对不同文字进行 OCR 识别。

4. 设置存储格式

扫描后,从扫描仪获得的静态图像文件,应以不压缩格式——TIFF 格式保存一份以作永久保存,并另外转换成 PDF 或 JPEG 格式一份提供网络下载和在线浏览。同一批档案应采用相同的存储格式。

5. 文件命名

PDF 文件以对应档案的归档编号命名。属于同一档案盒的档案数字文件(即扫描后的 PDF 文件),应放在同一文件夹中,该文件夹应以档案盒的编号命名。扫描时一般是按批次扫描,所以同一批次的档案盒数字文件应放在一个文件夹中,后面图像处理及上传系统也应以档案盒为单位或扫描批次为单位进行。

6. 填写纸质档案扫描工作单

扫描完成后,应填写如表 4-2-6 所示的纸质档案扫描工作单,登记扫描页数,标明分幅扫描、裱糊档案等特殊扫描情况,并核对实际扫描页数与文件整理填写的页数是否一致。

表 4-2-6 纸质档案扫描工作单

全宗号_____ 目录号_____ 案卷号_____

件号	扫描页数	扫描特殊情况记录	总体质量检查	备注

档案扫描人: 完成时间:
整体质检人: 完成时间:

(四) 图像处理

扫描任务完成后,必须按照要求将所得图像进行技术处理,纠正档案扫描件和原件的偏差,使扫描后的档案图文更加清晰、规范。图像处理大致包括以下内容:

1. 图像数据质量检查

即对图像偏斜度、清晰度、失真度等进行检查。对因重复扫描而产生的多余图像以及空白页、无效页面进行删除。发现不符合质量的图像,应重新对图像进行处理或扫描。由于操作不当,造成扫描的图像文件不完整或无法清晰识别时,应重新扫描;发现文件漏扫时,应及时补扫并按序插入图像文件中;发现扫描图像的排列顺序与档案原件不一致时,应及时调整。认真填写相关表单、记录质检结果和处理意见。

2. 方向调整

即对方向不正确的图像进行旋转还原,以符合数字图像的浏览习惯。

3. 纠偏

对出现偏斜的图像应进行纠偏处理,以达到视觉上基本不感觉偏斜为准。

4. 画质调整

对数字化设备执行色彩校正程序,以调整数字化设备色彩的正确性,提高数字化图像的质量。

5. 去污

对扫描过程中产生的、影响图像质量的杂质,如黑点、黑线、黑框、黑边等进行去污处理。处理过程中应遵循展现档案原貌的原则,不能破坏档案的原始信息,不得去除档案页面原有的纸张褪变斑点、水渍、污点、装订孔等痕迹。

6. 图像拼接

对大幅面档案进行分区扫描形成的多幅图像,应进行拼接处理,合并为一个完整的图像,以保证档案数字化图像的整体性。

7. 裁边

采用彩色模式扫描的图像应进行裁边处理,去除多余的白边,以有效缩小图像文件的容量,节省存储空间。

8. 图像修复

有破损、霉斑或遭受人为破坏(如打"×"、涂改等)的档案原件,如果扫描图像影响利用效果,应对图像进行修复。修复以图像不失真、内容清晰完整为原则,具体包括:

(1) 局部减淡,采用字迹锐化的功能,使字迹笔画清晰。

(2) 局部加粗,采用字迹填补功能,填补断线笔画。

(3) 局部套红,采用图像套红功能,将文件原红头部分变换为红色。

(4) 去污去噪,采用图像去噪功能,去除图像杂点;局部清除功能,去除图像局部脏点、脏斑。对于难以调整的个别图像应采用灰度或彩色模式扫描,保证图像能反映档案原貌。

　　以上纠偏、去污、裁边等处理,可以根据肉眼判断,人工操作完成。也可以用专门设计的软件,预先进行某些设定,然后由计算机自动处理,如图4-2-7处理软件,不仅可以进行图像的批处理,还可以档案盒为单位建立目录数据库,保存到对应档案盒文件夹,这样便于后期的数据挂接。

　　计算机处理当然效率高,但是没有人工处理灵活。如一旦将污点的大小尺寸设计得过小,计算机会将某些标点符号当作污点而自动去除。因此,扫描图像处理还需采用人工和计算机处理相结合的方式,在计算机进行处理时,需人工进行检查,检查图像文件与原件是否一致以及文件页数、文件名称、图像偏斜度、图像清晰度等情况,并填写如表4-2-7所示的数字图像处理工作单。

表4-2-7　数字图像处理工作单

全宗号_____　目录号_____　案卷号_____

件号	图像处理完成情况	图像处理特殊情况记录	总体质量检查	备　注

图像处理人：　　　　　　　　　完成时间：
整体质检人：　　　　　　　　　完成时间：

（五）档案目录数据库的建立

档案目录数据库既可在档案出库后就建立，也可在档案扫描后再行建立。当然现在目录数据库的建立一般是利用专门编写的处理软件，在进行图像处理时，直接建立相应的目录数据库，如图4-2-7的图像处理软件就可以在进行图像处理的时候直接创立数据库，这样既方便，也省事。档案目录数据库的建立应充分利用原有纸质档案的编目基础，原纸质档案目录如有错误或存在不规范的案卷题名、文件名、责任者、起止页号和页数等，应进行修改。如纸质档案未建立机读目录数据库，则应当按照档案著录规则重新录入。

图4-2-7 图像修复软件

目录数据库的建立，如果并非不同图像一起进行处理，而是各类图像单独进行，则应选择通用的数据格式，所选定的数据格式应能直接或间接通过 XML 文档进行数据交换。该数据库建立可以通过专用的档案管理系统，先在 Excel 专门设计的档案目录表格中录入，然后将数据导入至档案管理系统，以顺秋档案管理系统为例，具体操作可参考本章第四节第二部分内容。又或者扫描完成后，在进行图像处理时，利用专门编写的处理软件直接建立目录数据库。

为了确保数据的准确性，可采用"单机录入—人工校对"或"双机录入—计算机自动校对"的方法。不管是人工校对还是计算机校对，都要核对著录项目是否完整，著录内容是否规范、准确，发现不合格的数据应进行修改或重录，并填写如表4-2-8所示的数据录入工作单。

表 4-2-8 数据录入工作单

全宗号_____　目录号_____

卷号	起止件号	特殊情况记录	总体质量检查	备　注

数据录入人：　　　　　　完成时间：
整体质检人：　　　　　　完成时间：

（六）数据挂接

档案目录数据库与扫描图像文件，经质检环节确认合格后，通过网络及时加载和导入到相应的档案管理系统中。目录数据库与图像文件应避免采用既慢又容易出错的人工挂接，尽量采用计算机批量自动挂接。只要扫描后的数字化文件及其文件夹是按纸质档案的归档编号和档案盒编号命名的，就可以通过编制挂接程序或相应软件，实现目录数据对相关联的数字图像的自动搜索、加入对应电子地址信息等，实现批量、快速挂接。

挂接软件由程序员根据实际操作编写，不同档案公司乃至不同扫描项目，挂接软件都会所不同。当然，挂接软件一般都是与档案系统直接相关联的，操作人员只需选择要上传事务文件夹即可。工作人员登录如图 4-2-8 所示的挂接软件后，按批次选中需要上传的文件夹，选中后点击上传就可。

挂接完成后，填写纸质档案数字化转换过程交接登记表，记录数据挂接后的页数，核对每一份文件挂接后的页数与档案整理、扫描时填写的页数是否一致，不一致时应注明具体原因和处理办法，并打印出相应的档案目录、案卷目录与卷内目录，对应放置。

（七）数据验收

数据的验收，应采用计算机自动检验与人工检验相结合的方式对纸质档案数字化成

图 4-2-8 挂接软件登录界面

果进行验收检验,包括数字图像、档案目录数据、元数据、数字化过程中产生的工作文件、存储载体等。以抽检的方式检查已完成数字化转换的所有数据,包括目录数据库、图像文件及数据挂接的总体质量。目录数据库与图像文件挂接错误,或目录数据库、图像文件之一出现不完整、不清晰、有错误等质量问题时,抽检标记为"不合格"。一个全宗的档案,数字化转换质量抽检的合格率达到95%以上(含95%)时,予以验收"通过"。合格率=抽检合格的文件数/抽检文件总数×100%。验收"通过"的结论,必须经审核、签署后方有效。验收后,还需认真填写如表4-2-9所示的纸质档案数字化验收登记表和如表4-2-10所示的纸质档案数字化成果移交清单。

(八)数据备份

经验收合格的完整数据应及时进行备份。为保证数据安全,备份载体的选择应多样化,可采用在线、离线相结合的方式实现多套备份,并注意异地保存。备份数据也应进行检验,备份数据的检验内容主要包括备份数据能否打开、数据信息是否完整、文件数量是否准确等。数据备份后应在相应的备份介质上做好标签,登记备份数据,以便查找和管理。

(九)档案的归还与入库

纸质档案数字化工作完成后,应清点每件档案,确保没有掉页、缺失、乱序等问题。然后将拆除过装订物的档案原样装订,按原来装订位置打孔、装订,不得使用金属装订物。还原过程中要注意保持档案原貌,做到安全、准确、无遗漏,并填写装订还原工作单(表4-2-11)。所有完成数字化、装订还原以及贴好条形码的档案统一清点并送往档案库房

表 4-2-9　纸质档案数字化验收登记表

验收人：　　　　　　　　　　　　　　　　　　　　　　　　　　　　　验收时间：　年　月　日

批次																												
全宗号	总卷数	图像数据					目录数据						元数据				数据挂接				工作文件			载体			验收意见
		图像总数	计算机全检项	全检结果	抽检数	抽检项	抽检结果	条目总数	计算机全检项	全检结果	抽检条目数	抽检项	抽检结果	计算机全检项	全检结果	抽检项	抽检结果	计算机全检项	全检结果	抽检条数	抽检项	抽检结果	总册数	抽检测试	抽检项	抽检结果	载体类型	载体数量	检验项	检验结果	
合计																															

表 4-2-10　纸质档案数字化成果移交清单

批　　次				
全宗号				
内容描述				
移交数字图像数量(页)		移交条目数(条)		数字化工作文档(件、册)
载体起止顺序号		移交载体类型、规格		
检验内容	单位名称			
	移交单位：		接收单位：	
准确性检验				
完整性检验				
可用性检验				
安全性检验				
载体外观检验				
填表人(签名)	年　月　日		年　月　日	
审核人(签名)	年　月　日		年　月　日	
单位(印章)	年　月　日		年　月　日	

表 4‑2‑11　装订还原工作单

全宗号_____　保管期限目录号_____

案卷号	装订完成时间	特殊情况记录	质检情况说明
装订人：　　　　　　　　完成时间：			
质量检验人：　　　　　　完成时间：			

登记签收。在库房，与库房工作人员进行交接时，由工作人员现场确认档案情况，如有问题，须当场提出。没有问题，由工作人员根据系统预先指定的密集柜位置将档案对号入座、存储保管，并登记签收档案移交表。

第三节　纸质档案数字化扫描设备

 知识目标

(1) 了解纸质档案数字化扫描仪的基本类型。
(2) 掌握纸质档案数字化扫描仪的操作规范。

能力目标

(1) 能够正确区分不同扫描仪的适用情况。
(2) 能够正确进行数字化扫描仪的扫描操作。

案例导入

档案新产品新技术展示会在石家庄举办

2017年8月16日,由中国档案学会、河北省档案学会主办的"档案新产品新技术展示会"在石家庄举办,来自全国多个省市的20多家与档案产品有关的企业参加了展示会。制作电子档案的扫描产品成为展示会的一大热点,由北京参展商带来的一款德国产不拆封扫描仪引起与会人员的极大兴趣,该产品将图书放置区设计成V形,从而实现原书不拆封、扫描图片不变形。

纸质档案是指以纸张为载体的档案,占据了我国馆(室)藏档案的绝大多数,因此,对其进行数字化加工是档案数字化的主要任务。纸质档案数字化设备一般为平板扫描仪、高速扫描仪、大幅面扫描仪与数码翻拍仪(书刊扫描仪)。扫描仪的使用一般分为硬件和软件,硬件部分主要是设备的启动与扫描物的摆放。软件部分则是软件的安装、参数的设置和扫描的启动。

一、平板扫描仪

平板扫描仪主要用于破旧、易损坏的A3幅面纸质档案的数字化作业。平板扫描仪分辨率在100—2 400 dpi之间,色彩位数从24位到48位,扫描幅面一般为A4或A3纸张,其优点是扫描图像清晰、色彩逼真、不易损坏纸张,缺点是扫描速度比较慢、图像处理功能比较弱。下面以柯达扫描仪Legal Size平板为例,介绍平板扫描仪的基本操作方法。

使用扫描仪需要电脑配合,所以首次使用需要安装与扫描仪配套的驱动程序。扫描仪一般都有配套的软件安装光盘,即使没有光盘,也可根据型号去厂商官网下载相应的驱动程序。驱动程序安装好后,将扫描仪插上电源并打开电源,当开始按钮为绿色且稳定亮起时,表示扫描仪已准备就绪(图4-3-1、图4-3-2)。

通过USB连接线连接电脑和扫描仪,打开扫描驱动软件,设置扫描的参数及保存格式(具体参数参见本章第二节中的"档案扫描"内容)。一般而言,扫描驱动的默认扫描参数基本与数字化要求一致,故驱动安装使用时,只需检查参数是否符合要求以及设置保存为PDF格式和保存地址即可(图4-3-3、图4-3-4)。

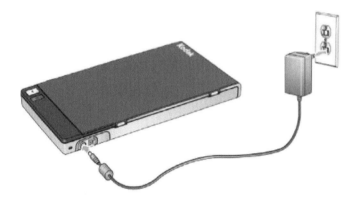

图 4-3-1　安装完成驱动程序后将扫描仪连接电源

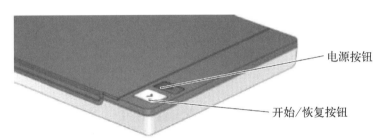

图 4-3-2　打开电源后开始按钮变为绿色

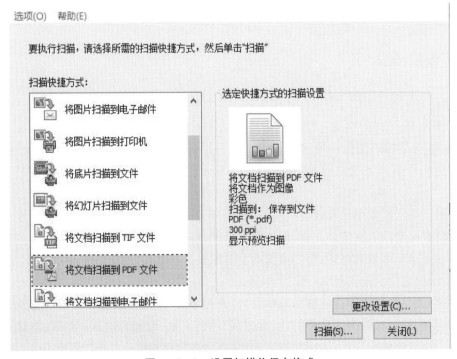

图 4-3-3　设置扫描仪保存格式

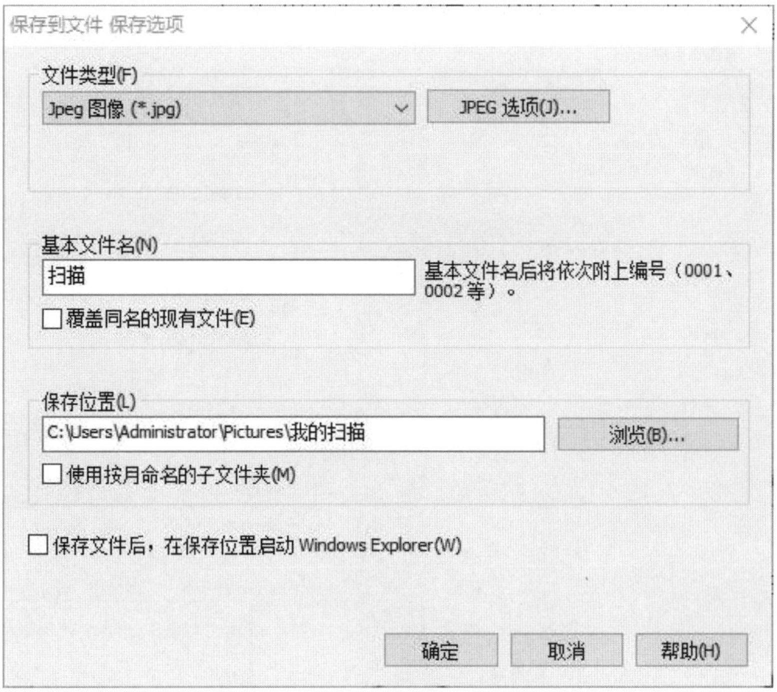

图 4-3-4　设置扫描仪保存地址

打开扫描仪的盖,将需扫描的纸张文档面朝下放置在玻璃压板上,将文档对齐右下角箭头(图 4-3-5)。

图 4-3-5　扫描件的放置

平板盖上的白色背景必须保持清洁和通畅,扫描时,确保平板盖是关闭的且自动文档进纸器中没有其他纸张。在平板上放置文档(或书籍)时,文档可能会一直展开到平板的边缘。

合上平板盖后,可使用平台或扫描仪上的"开始/恢复"按钮,或点击驱动程序的确认按钮,开始扫描。

扫描完成后,会弹出扫描文件预览页面(图 4-3-6),使用人员可以在该页面进行一些简单的图片处理。

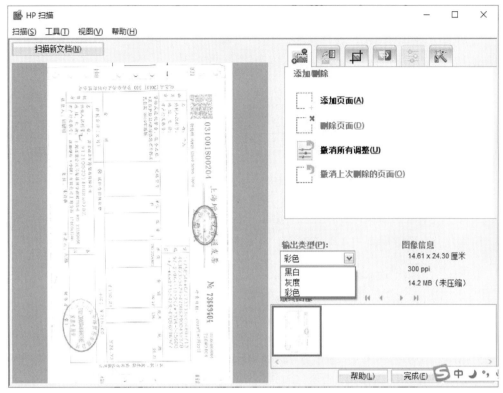

图 4-3-6　扫描文件预览页面

平板的玻璃压板会聚集指印和灰尘,所以需要经常清洁。清洁平板玻璃时,必须用专门的防静电布和光纤清洁垫清洁玻璃压板(图4-3-7)。

需提请注意的是静电抹布含有异丙醇,会导致眼睛不适及皮肤干燥。执行维护步骤后,务必使用肥皂和水清洁双手。

二、高速扫描仪

图 4-3-7　清洁扫描仪玻璃压板

高速扫描仪主要用于政府、银行、企业相关票据和文档的数字化作业,是档案数字化中使用最多的扫描仪,其扫描分辨率在 50—600 dpi 之间。在 200 dpi 以下、黑白或灰度扫描时,每分钟可扫描 90 多幅影像;彩色扫描时,每分钟可扫描 60 多幅影像。扫描幅面从小卡片至 A3 纸张均适用,既可单面扫描,也可双面同时扫描。它的优点是扫描速度快、图像处理功能强;缺点是扫描时容易卡纸,易损坏档案,对字迹质量较差的档案不易扫清楚,扫描后的图像处理工作量比较大。下面以柯达 i3250 高速扫描仪为例进行介绍。

(一) 设备介绍

高速扫描仪的使用与平板扫描仪的使用步骤大致相同，只不过由于机器更加精密复杂，注意事项较多，在使用前，需要先了解该设备的基本结构。

1. 设备正面（图 4-3-8、图 4-3-9）

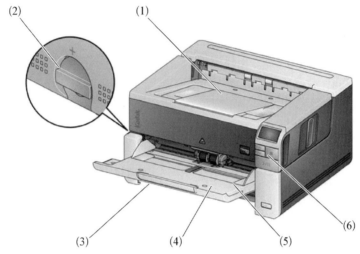

图 4-3-8　高速扫描仪正面视图 1

（1）输出托盘扩展器：可打开以容纳长达 17 英寸/43.2 厘米的文档。

（2）间隙释放：垂直旋转拨盘以调整用于需要特别处理的文档的进纸模块和分纸模块之间的间距。

（3）输入托盘扩展器：拉出扩展器以容纳长达 11 英寸/27.94 厘米的文档。

（4）输入托盘：可容纳多达 250 份文档（75 g/m²），以供扫描。不使用时可将它折叠。

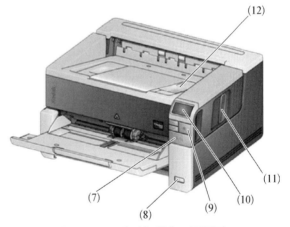

图 4-3-9　高速扫描仪正面视图 2

（5）侧导板：向内或向外滑动这些导板以适应您要扫描的文档尺寸。

（6）滚动按钮：按"向上"或"向下"滚动按钮滚动查找预定义的扫描功能或应用程序。

（7）开始/恢复/暂停按钮：按住以开始（>）扫描、恢复（/）扫描或暂停（||）扫描。还包括绿色 LED，指示扫描仪的状态（即电源已开启并准备扫描）和红色 LED，指示扫描仪状态（未准备就绪或可能的错误情况，即文档卡纸）。

（8）电源按钮：按住电源按钮持续几秒后，扫描仪将关闭。

（9）停止按钮：停止扫描。

（10）操作员控制面板：显示（1）—（9）功能菜单和其他消息。这些编号对应于预先定义的功能。U 或 E 将会在出现错误时显示。另外，也可显示如下图标之一：

▭ 表示文档在输入托盘中，扫描仪将从输入托盘扫描。

◁▭ 表示如果扫描仪连接到可选柯达 A3 或 Legal 平板附件，并且输入托盘中有文档，扫描仪将从输入托盘扫描。

◁▭ 表示如果输入托盘中没有文档，平板图标将突出显示。如果在扫描应用程序中配置该选项，将从平板扫描文档。

（11）扫描仪护盖释放栓锁：将释放栓锁向正面拉即可打开扫描仪护盖。

（12）输出托盘：收集扫描后的原文档。

2. 设备内部（图 4-3-10）

（1）进纸模块：提供顺畅的进纸。

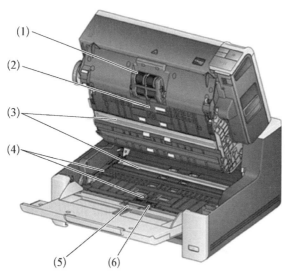

（2）传感器：用于检测重张进纸和传送错误。

（3）成像导轨：保持成像导轨清洁可获得最佳影像质量。

（4）前传送（单个）滚筒/（多个）滚筒：可使文档在扫描仪中的顺畅传输。

（5）纸张存在传感器：检测输入托盘中是否存在文档。

（6）分纸模块和预分纸垫片：分开各种尺寸、厚度和纹理的文档。

图 4-3-10 高速扫描仪的内部视图

（二）扫描使用

使用该扫描仪，仍需要先安装配套的驱动程序和应用软件，将扫描仪安装光盘放入光盘驱动器，安装程序即自动启动。在显示"欢迎使用"画面时，单击下一步阅读并同意"软件许可协议"中的条款后，单击"我同意"，将会开始安装并显示数个安装进展画面（图 4-3-11）。完成安装时，单击完成，并从光盘驱动器内取出安装光盘。该驱动软件随附 Smart Touch 和柯达 Capture Pro Limted Software 两个扫描程序，可以根据实际需要及使用说明选择扫描程序。

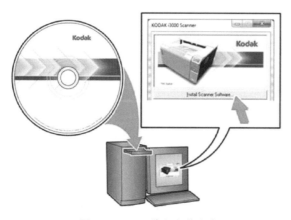

图 4-3-11 放入安装光盘

安装软件后，将电源线和 USB 电缆连接到扫描仪，按下电源按钮。打开扫描仪电源时，输入托盘将打开（如果尚未打开），位于"开始/恢复/暂停"按钮上的绿色指示灯将会在扫描仪进行一系列的开机自检时闪烁（图 4-3-12）。

图 4-3-12　高速扫描仪的接线

扫描仪处于就绪状态时，"开始/恢复/暂停"按钮上的绿色 LED 将会停止闪烁并保持稳定亮起，并且智能触控扫描仪图标 显示在系统托盘中，扫描仪就绪。

然后准备文档以进行扫描。标准 A4 尺寸的文档可以很轻松地送进扫描仪，可堆叠文档，使前缘在输入托盘中对齐并居中。这样即可使进纸器一次将文档送入扫描仪（扫描之前取下所有钉书钉和回形针且纸张上的所有墨水和修正液必须已干）。

将要扫描的文档放入输入托盘。如果您要扫描单面文档，请确定您要扫描的那一面朝上。对于一些非常厚和/或僵直的文档，如装运信封等，可能需要执行如下操作：

一是使用背面文档出口；二是使用间隙释放（图 4-3-13）；三是在 400 dpi 或更高精度下扫描以降低扫描仪的传输速度。

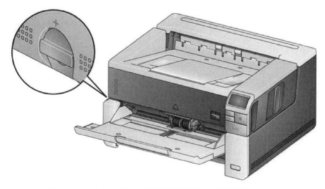

图 4-3-13　特殊情况下可使用间隙释放功能

在电脑中打开扫描程序，当 1-彩色 PDF 显示在操作员控制面板上时，按下"开始/恢复/暂停"按钮。文档扫描完成后，将显示"另存为"对话框，输入一个文件名（例如，My First Scan.pdf），然后选择要将文件保存到的位置（如在桌面上），然后单击保存。单击保存后，将会显示文档以供查看（图 4-3-14）。

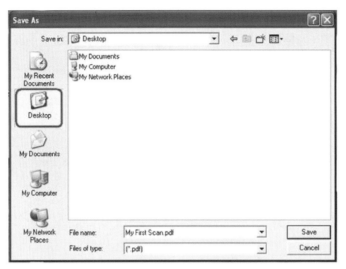

图 4-3-14 扫描生成的文档保存

(三) 托盘调整

扫描仪输入和输出托盘可以调整以满足不同的扫描需求。

1. 调整侧导板

可移入或移出侧导板以适合文档尺寸。调整侧导板时,请将手放在侧导板底部,高于托盘中的插槽,以将导板滑入或滑出(图 4-3-15)。

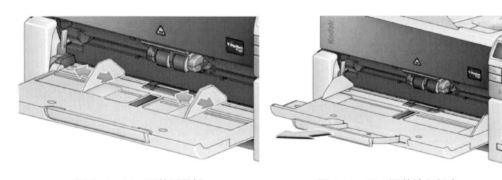

图 4-3-15 调整侧导板　　　　图 4-3-16 调整输入托盘

2. 根据文档长度调整输入托盘

输入托盘扩展器有两个位置。当以横向模式扫描 letter 大小或 A4 文档时,无须拉出输入托盘扩展器。

当文档长度长达 11 英寸/27.94 厘米时,将该扩展器拉到第一个位置上;当文档长度从 11 到 17 英寸/27.94 到 43.2 厘米时,将扩展器拉至全开位置(图 4-3-16)。

当文档长度大于 17 英寸/43.2 厘米时,如果正在扫描长于 17 英寸/43.2 厘米的文档,则必须设置扫描仪驱动程序以容纳这些长文档。可选择"设备-常规"选项卡(TWAIN 数据源)上的大长度选项,或选择"扫描仪"选项卡(ISIS 驱动程序)上的长文档选项,设置相应的长文档。

如果要扫描长于 17 英寸/43.2 厘米的文档可能需要操作员帮助。

如果要扫描长于 17 英寸/43.2 厘米的文档,建议使用文档扩展器。

3. 根据文档长度调整输出托盘

如果要扫描长于 11 英寸/27.94 厘米的文档,请打开文档扩展器。

4. 文档重量

输入升降台能够支持约 250 张普通 20 克铜版纸的重量(图 4-3-17)。

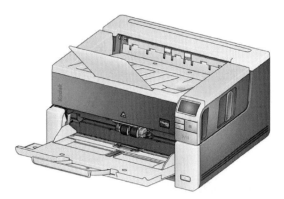

图 4-3-17 输入升降台示意

三、大幅面扫描仪

大幅面扫描仪是一种大型的扫描仪,又被称为工程扫描仪,主要应用于城建档案馆、设计院、工程项目等大幅面图纸的数字化作业,最大进纸宽度可达到 54 英寸,最大扫描宽度达到 51 英寸,扫描厚度达 1.5 毫米,幅面范围为 A0-B0。这种扫描仪分辨率在 50—800 dpi 之间,有黑白、灰度、彩色等扫描模式。自带扫描和图像处理系统,具有全面支持色彩管理、快速预览、处理大型文件、改进批量扫描等功能,能有效提升扫描的效率和品质。它的优点是能扫描 A0、B0 及以下的工程图纸和大幅的地图、字画,超长、超厚的文书档案等,缺点是扫描速度比较慢,价格比较昂贵。下面以 SmartLF SC Xpress 扫描仪为例介绍大幅面扫描仪的操作。

掀开扫描仪的上盖后可以检查和清洁扫描仪的光学玻璃。按下位于扫描仪上盖左右两端的卡扣。卡扣松开后双手慢慢将上盖掀开至最大程度,上盖会自行支撑在完全打开的位置。如果是第一次安装扫描仪,应在使用前先打开上盖确认取出了扫描仪内部用于保护扫描玻璃的泡膜纸(图 4-3-18)。

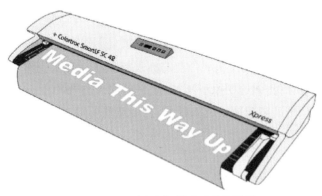

图 4-3-18 取出扫描玻璃的泡膜纸

在进行扫描时扫描仪上盖必须盖紧,平时也不要随意打开上盖,关闭时勿撞击机箱,在关闭扫描仪上盖之前,一定要确认扫描仪内部没有遗留其他物品,否则可能会给扫描仪内部的光学部件造成永久性的损坏。

扫描仪接上电源,并连接电脑,如果是第一次扫描,电脑会自动检测到扫描仪,并提示"找到新硬件",插入扫描仪驱动安装光盘开始驱动程序的安装,通常只需要按照提示自动安装,无须调整参数,点击 OK 即可完成。然后是按照扫描操作软件,将软件安装光盘插入光驱,光盘会自动运行,指导用户连接扫描仪并安装操作软件和校准工具软件(图 4-3-19)。

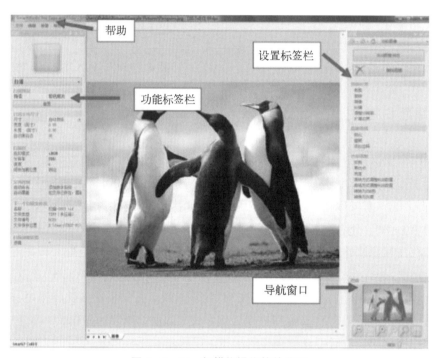

图 4-3-19　扫描仪操作软件界面

注意软件界面的功能按钮是灰色时(如图 4-3-20),说明扫描仪没有加电或者 USB 电缆没有连接。

初次开机后,只要显示屏显示 READY 状态后就可以为扫描仪加载图纸开始扫描了。通过扫描仪控制面板上的前进 ⬆、后退 ⬇ 和取消 ⬥(红色)按钮,对文件进行加载、传送和退出(图 4-3-21)。扫描仪送纸台上的标尺提供了常见的图纸尺寸信息,在自动探测图纸尺寸方式不适合(比如透明原稿)时方便手动输入图纸尺寸。

用两只手将图纸平铺在扫描仪进稿台上,将最宽的一边(如果有)首先送入进纸通道,这将有助于获得最佳的文件对齐精度。用双手把文件平推进扫描仪的进通道并停留片刻,扫描仪检测到文件并完成加载过程时,显示灯会闪黄灯并进行加载。约 1 秒钟后扫描仪会完成加载(重新定位)文件,进入准备扫描状态,显示灯会再次出现绿灯(图 4-3-22)。之后在电脑的扫描软件中点击确认扫描,开始扫描。

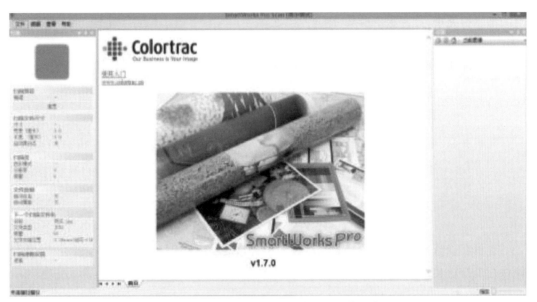

图 4-3-20 功能按钮为灰色时的状态示意

图 4-3-21 扫描仪控制面板

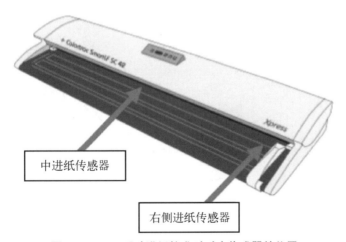

图 4-3-22 手动进纸校准时对应传感器的位置

准备好之前,不要试图通过软件开始扫描操作,否则软件会显示"请加载介质"的错误信息。

图纸加载扫描后,电脑中的扫描软件会显示出扫描后的图像,操作人员可在软件页面对图像进行处理,设置相应参数(图4-3-23)。

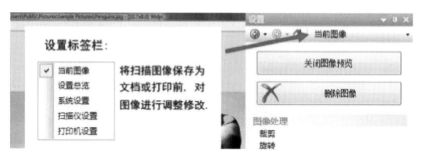

图4-3-23　对图像设置相应参数

也可在确认扫描前通过扫描预设,预先设置扫描参数(图4-3-24)。扫描完成,将图像保存至指定文件夹。

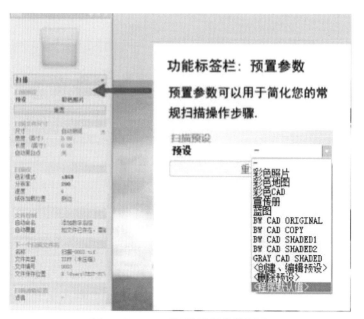

图4-3-24　对图像进行参数预设

四、数码翻拍仪

数码翻拍仪又称为书刊扫描仪、非接触扫描仪,主要用于不可拆卸、线性封装、胶装书籍的扫描作业。数码翻拍仪是一种将数码相机安置在可垂直调节高低的支架上,用以拍摄文件材料或其他实物的数字化设备。目前,市场上数码翻拍仪按照翻拍性能、翻拍对象、尺寸等分为多种,常用的是如图4-3-25所示的两种。

图4-3-25　常用的数码翻拍仪样式

数码翻拍仪与一般的扫描仪相比,具有数字化速度快、对档案材料损害小、加工对象直观、加工对象不限于纸张、便于调节扫描幅面等优势,且后期图像处理便捷。目前,该技术已经广泛用于政务领域红头文件、往来信函等文件翻拍;银行票证、合同、抵押担保、会计凭证和信用卡等文件翻拍;证券期货行业股东账户开户、买卖合同、股东身份等文件翻拍;保险行业合同、发票、身份证等文件翻拍;工商税务行业税务年检等业务文件翻拍。在档案领域,数码翻拍仪也逐渐应用于书刊的扫描。虽然当前由于价格等原因,档案数字化使用最多的仍是高速扫描仪而不是数码翻拍仪,但鉴于数码翻拍仪应用广、拍摄精度高、速度快、操作简便,又便于做OCR字符识别和其他图像处理等特点,将来必定会吸引越来越多的档案用户。随着数码翻拍仪应用范围的扩大,数码翻拍仪的功能和性能将会不断改进和完善,因此,它有可能在近几年中逐步取代扫描仪,成为纸质档案数字化的得力工具。

以富士通的 ScanSnap SV600 为例(图4-3-26),介绍数码翻拍仪的使用。ScanSnap SV600 最大可扫描A3的书籍或小册子而不需要切割纸页,且一次可扫描多张文档,比如名片或其他类型的卡片。能自动修正通过扫描文档创建的扫描图像,自动修正页面的变形。当同时扫描多页文档时,扫描图像自动被剪裁为单个图像。扫描书刊时,翻页后 ScanSnap 会自动开始连续扫描。

此外,ScanSnap 还有定时模式,到了设定的时间便自动开始扫描。这个功能对连续扫描多张文档(任意类型)也很有用。

使用 ScanSnap 前,仍然要先在电脑上安装扫描软件,且注意在未安装软件前不要连接 ScanSnap 和电脑,没有光驱来安装光盘的,可到厂商官网下载相应驱动软件(图4-3-27)。软件安装好后,还需设置扫描参数。右击 ,进入扫描仪软件窗口,进行参数设置(图4-3-28、图4-3-29)。

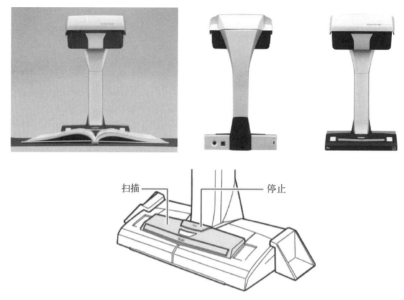

图 4-3-26　数码翻拍仪的使用

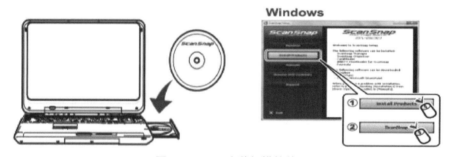

图 4-3-27　安装扫描软件

图 4-3-28　参数设置菜单按钮

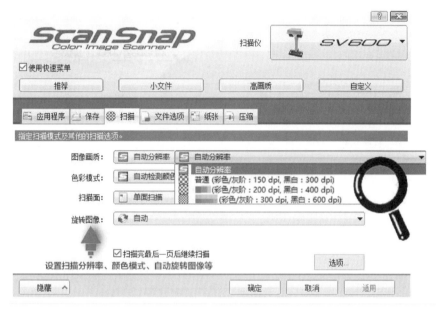

图 4-3-29 具体参数设置

如果是要扫描书刊，另需设置翻页模式，具体步骤如下：

软件安装设置（图 4-3-30、图 4-3-31）完成后，将 ScanSnap 插上电源，摆放整齐，背景垫放在 ScanSnap 正面，并连接电脑，打开扫描软件（图 4-3-32）。

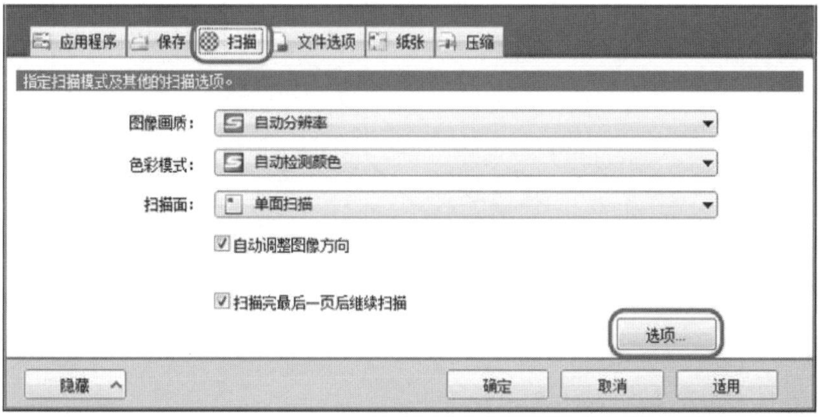

图 4-3-30 设置翻页模式的菜单按钮

图 4-3-31　设置翻页模式

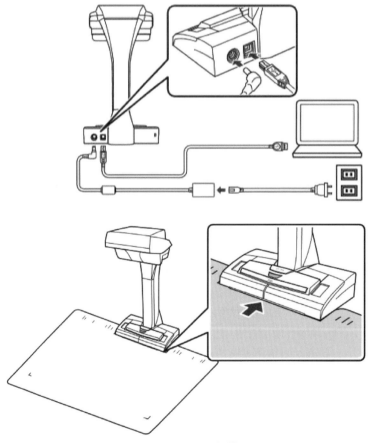

图 4-3-32　连接扫描仪

然后将要扫描文档的扫描面朝上放进扫描区域(图4-3-33)。

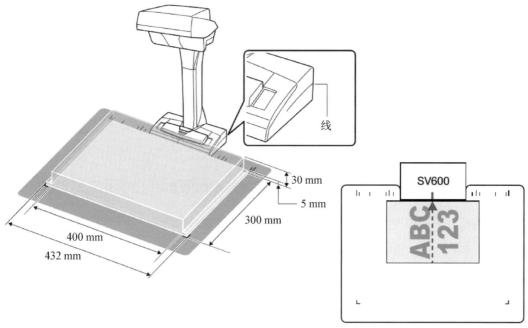

图4-3-33 放置扫描对象

当放置书刊时,将书水平地打开,将打开的书面朝中央标记并将书的中心与其对齐。手指伸直按压住书刊,保持每个手指之间的距离起码为20 mm,且扫描时请勿压住文档的角(图4-3-34)。

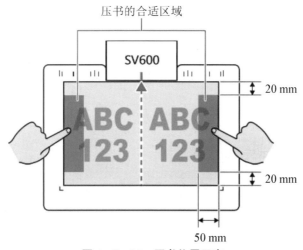

图4-3-34 压书位置示意

当一次放置多张文档时,文档之间的距离起码为15 mm,且放置的文档总数不超过10份(图4-3-35)。

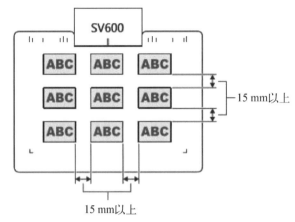

图 4-3-35　多文档扫描时的放置位置

文档摆放进扫描区域后,按下"Scan"按钮,扫描开始(图 4-3-36)。

图 4-3-36　按下按钮开始扫描

扫描文档时,ScanSnap 上的 LED 电源以蓝光闪烁(图 4-3-37)。

图 4-3-37　扫描时状态灯蓝光闪烁

扫描完成后,扫描软件中会显现出扫描图像(图4-3-38)。

图4-3-38　扫描完成后自动弹出界面

如果要继续扫描可点击"继续扫描"按钮,不要继续扫描,则点击"停止扫描"按钮(图4-3-39)。

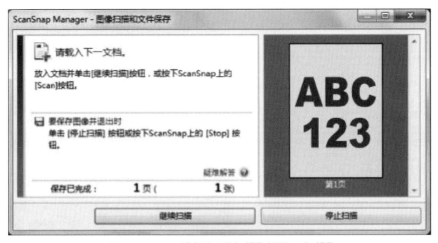

图4-3-39　选择"继续扫描"或"停止扫描"

如果是单份文档或一次多份文档的,点击第一栏"按原样裁剪和保存平整文档图像"按钮,然后点击检查修正或保存图像(图4-3-40);如果是书刊,则点击第二栏的"修正和保存对页展开的文档图像(书籍/杂志)"按钮(图4-3-41),再进行修正或图像保存(图4-3-42)。

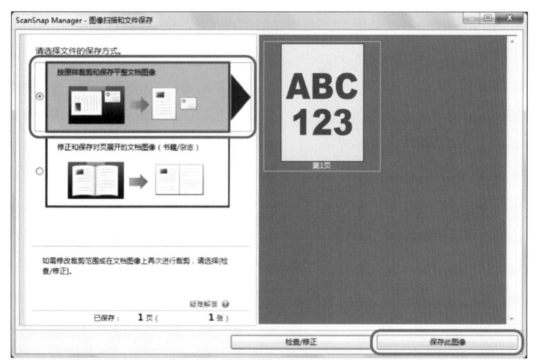

图 4-3-40　单页面图像的保存

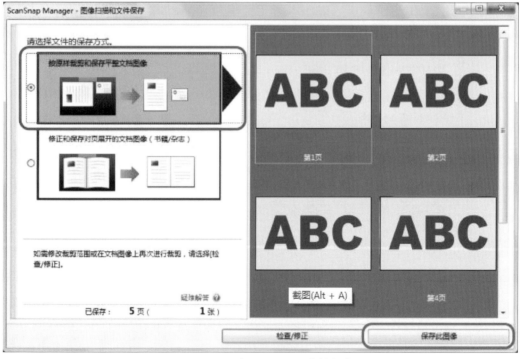

图 4-3-41　多页面展开图像的保存

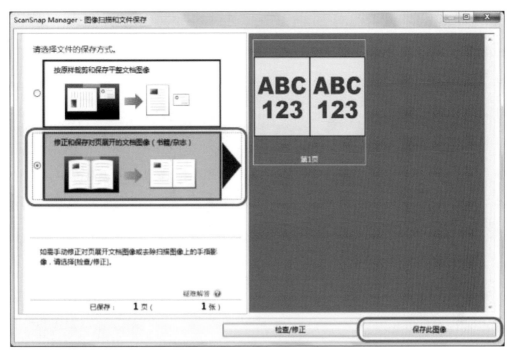

图 4-3-42　修正完成后预览并保存

如要进行图像修正,点击"检查/修正"按钮(图 4-3-43)后,即显示查看裁剪图像窗口,可进行相应的图像处理(图 4-3-44、图 4-3-45、图 4-3-46)。

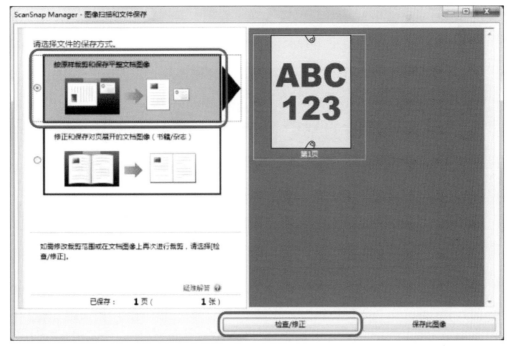

图 4-3-43　点击进入图像修正

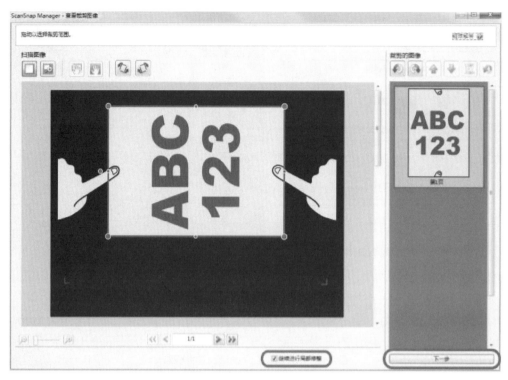

图 4-3-44　单对象图像修正

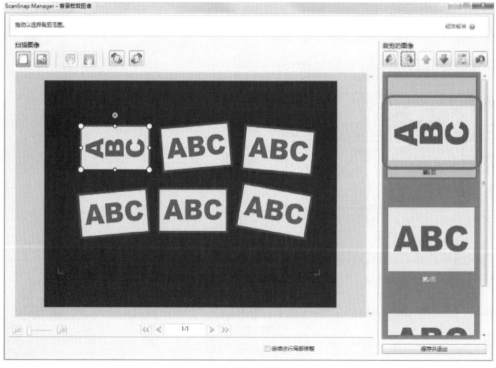

图 4-3-45　多对象图像修正

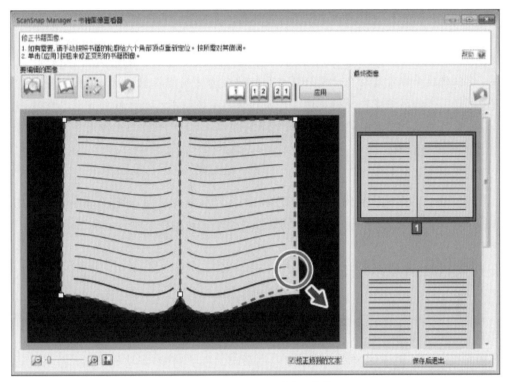

图 4-3-46 跨页面对象图像修正

第四节 档案管理信息系统的应用

知识目标

(1) 了解档案管理信息系统的概念。
(2) 掌握以顺秋档案管理系统为代表的信息系统的操作。

能力目标

(1) 能够正确理解档案管理信息系统的作用。
(2) 能够正确操作运行档案管理信息系统。

案例导入

广西壮族自治区高级人民法院的档案信息管理系统

"想不到 30 多年前的案件材料在这里还能找到,你们真是帮了我的大忙!"一位

> 专程从国外赶来广西壮族自治区高级人民法院处理案件的阿姨感慨道。原来,这位阿姨因多年前的一桩离婚案件,致使子女在遗产继承方面纠纷不止。2014年11月,这位阿姨专程带着两个子女来到广西壮族自治区高级人民法院,请求查阅其20世纪70年代的离婚案件资料。通过广西壮族自治区高级人民法院档案信息管理系统,这位阿姨找到了资料,还原了当时的真实情况。30多年前的一份老档案保障了当事人的合法权益。

档案信息化的实现需要借助先进、实用的档案管理信息平台,即档案管理信息应用系统。我国档案信息化起步以来,档案部门研制开发了大量的档案管理应用系统。

一、档案管理信息系统的概念

档案管理信息系统是指各机关、团体、企事业单位和各级各类档案馆用于对档案信息和档案实体进行辅助管理的各类计算机应用软件系统。

档案管理信息系统的应用价值来自应用系统的各项功能,其功能是指计算机应用软件系统辅助档案工作的某种能力,其实质是档案工作职能在计算机平台上的延伸。档案管理信息系统一般分为两大类:一类是档案宏观管理信息系统,用于辅助档案工作者对整个档案工作的管理,又称档案行政管理系统,这类系统的建设主体主要是各级档案行政管理部门。另一类是档案微观管理信息系统,又称为档案管理业务系统,用于辅助具体的档案管理业务工作,包括档案的收集、整理、鉴定、保管、统计和利用等,这类系统的建设主体主要是各级各类的档案业务科室。本节所介绍的档案管理信息系统为档案管理业务系统。

档案管理应用软件种类很多,如电子文件归档管理系统、数字档案室系统、数字档案馆系统等。依据档案工作的基本职能,任何档案管理应用软件都应既能管理档案目录信息,又能管理档案全文(内容)信息,并基本上覆盖档案各项管理业务。《档案管理软件功能要求暂行规定》明确提出:"档案管理软件应具备数据管理、整理编目、检索查询、安全保密、系统维护等基本功能,并能辅助实体管理及根据用户特殊需求增扩其他相应功能。"

档案管理业务系统对于以纸质档案为代表的实体档案而言是一个辅助管理的角色,通过档案管理系统对实体档案进行收集、整理、目录信息、库房保管、借阅、归还等各个环节进行信息记录,便于各个环节的系统化管理。故对实体档案管理而言,档案管理系统管理的是档案业务工作的流程信息,而不是实体档案本身。但对电子档案而言,档案管理系统不仅是对业务流程信息的管理,更包括对电子档案本身的管理。

二、档案管理系统的基本功能——以顺秋档案管理系统为例

档案管理系统作为档案业务工作的应用软件,一般都具有档案分类、档案导入、档案编目、检索查询、档案存储借阅等功能,基本涵盖档案工作的各个环节,但不同的系统开发者、档案工作主体、档案类型,促使各个企事业单位的档案管理系统在页面风格、模块设计、操作习惯上各有不相同。

下面就以顺秋档案系统为例,介绍档案管理系统的基本功能与操作步骤。顺秋档案系统是为有档案管理需要的单位及个人开发的,针对档案的收集、存储、检索、借阅、归还等环节的业务管理系统。图4-4-1为顺秋档案系统的首页截图,由该图可知顺秋档案系统有档案收集、档案存储、档案借阅、基础信息、系统设置五大模块,位于系统页面的最上端。此外,还有档案数量、电子文件数、电子借阅、纸质借阅、外部借阅、档案库房分布、档案利用率等可视化信息。

图4-4-1 顺秋档案系统主界面

(一)系统设置模块

系统设置是在使用系统之前,对系统进行初始化的配置操作,主要包括公司信息、部门信息、员工信息、角色信息、系统日志等功能。

1. 公司信息

公司信息是用来设置使用该系统的公司的信息,包括基本信息、联系方式、邮箱设置和公司简介,其中基本信息又包括公司编号、公司名称、公司属性、注册地址、公司管理员、网址、注册资金等。如图4-4-2所示。

2. 部门信息

部门信息是设置系统使用者公司的部门信息,用户点击右上角"新增"按钮,打开"添加部门"页面,填写部门信息后,点击"确认"即可新增一条部门信息。如图4-4-3、图4-4-4所示。

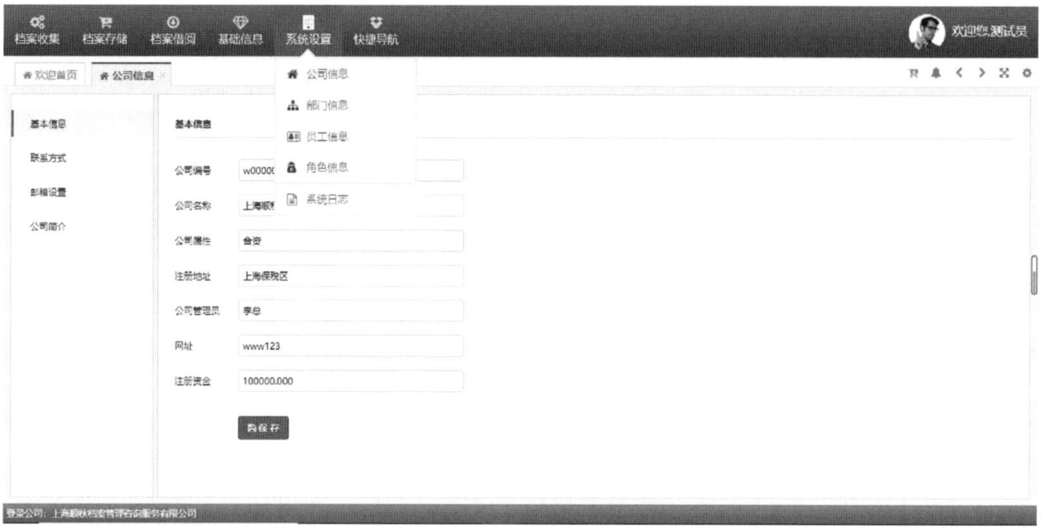

图 4-4-2　公司信息设置

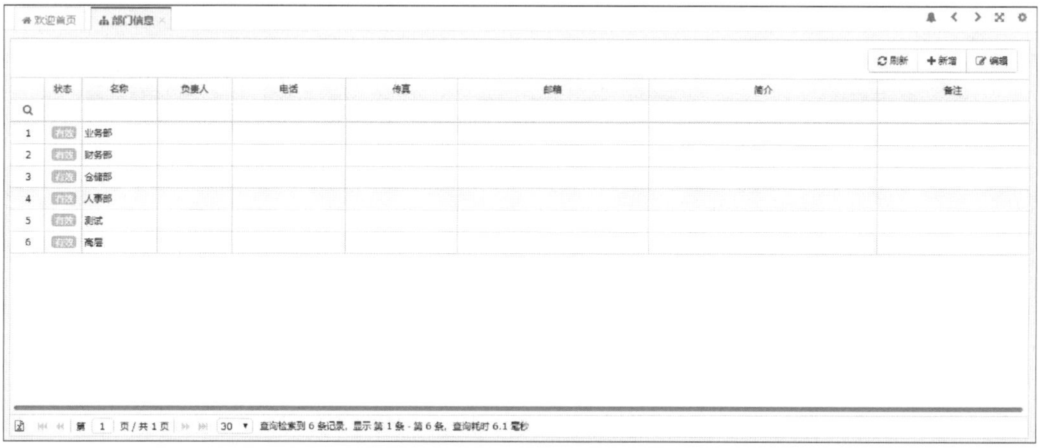

图 4-4-3　部门信息设置

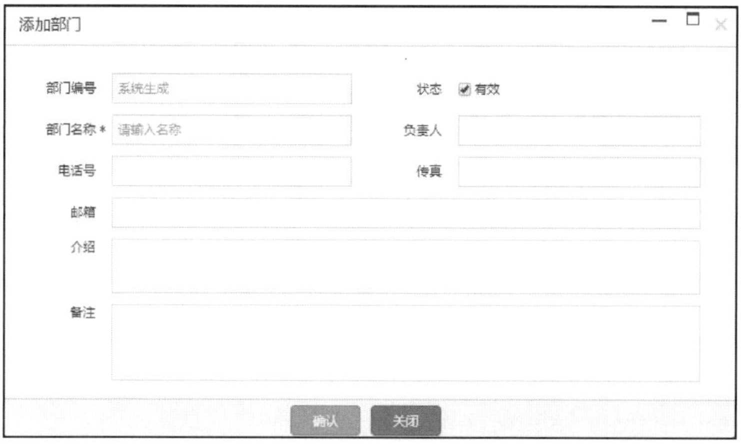

图 4-4-4　添加新的部门及其信息

3. 员工信息

员工信息是用来设置部门的员工以及员工登录账户的。与部门信息一样,点击右上角"新增"按钮,打开"添加用户"页面,填写用户信息后,点击"确认"即可新增一条用户信息。如图4-4-5所示。

图4-4-5 员工信息设置

4. 角色信息

角色信息是用来设置系统的登录账户有哪些角色以及每种角色有哪些操作权限和成员的。通过角色信息页面右上角的"新增""编辑""角色授权""角色成员"和"首页授权"等按钮实现。如图4-4-6所示。

图4-4-6 角色信息设置

5. 系统日志

系统日志是用来查看系统的登录日志的,即每天的账号登录情况。如图4-4-7所示。

图4-4-7 系统日志查阅

(二) 基础信息模块

基础信息模块是用来设置档案业务工作的一些基本信息的,有档案分类、档案库房、库位设置和通用字典。如图4-4-8所示。

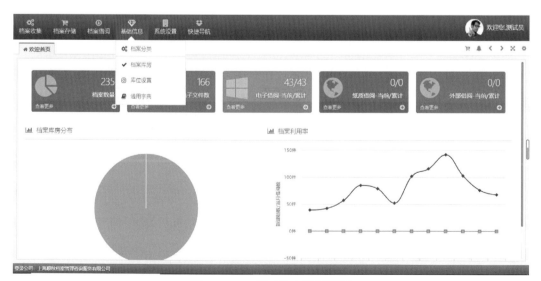

图4-4-8 基础信息设置界面

1. 档案分类

档案分类是用来设置档案分类方案的,即档案有哪些类型。如图4-4-9所示。

图4-4-9 档案分类方案设置

如果要在左边的栏目内新增一条大类,则单击选中根目录"档案分类"再点击右上角的"新增"按钮,会弹出如图4-4-10所示的"添加分类"页面。

图4-4-10 新增档案分类

填写名称及排序,点击"确认"后即可新增一条大类,如果要在大类下面再新增一条小类,则在左边的大类记录里,单击鼠标,选中大类,再点击右边的"新增"按钮,还是弹出"添加分类"页面,按照上面的操作之后,即可在右边的列表内新增一条小类。

2. 档案库房

档案库房是用来记录、维护档案仓库的,包括仓库的名称、仓库联系人、仓库电话、仓库地址、仓库面积、创建时间、创建人员等信息。如图4-4-11所示。

图4-4-11　档案库房设置

档案库房的增加和修改也是通过右上角的"新增"与"编辑"按钮,与系统设置里"部门信息"的操作类似。

3. 库位信息

库位信息是用来记录、维护每个档案库房内部位置信息的,为便于库房的管理,每个库房通常会被划分成多个库位,每个库位都有相应的位置信息,这样就便于掌握档案在库房的具体位置。如图4-4-12所示。

图4-4-12　库位信息设置

库位信息的维护和仓库信息的维护类似,只是要先选择好具体的库房库位(图4-4-12左栏的库房列表),再进行相应的"新增"和"编辑"(图4-4-12右上角按钮)即可。

4. 通用字典

通用字典是用来设置系统在其他地方会用到的辅助信息的,比如:标签类型和保密级别、阅读权限、编辑权限、保管期限、档案属性、年份、月份等。如图4-4-13、图4-4-14所示。

图4-4-13 通用字典中标签的设置

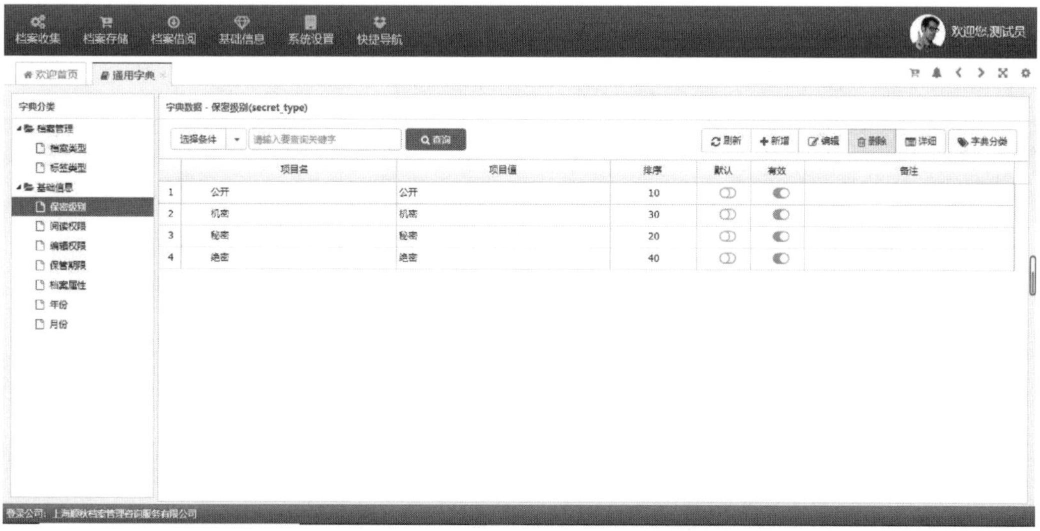

图4-4-14 通用字典中密级的设置

信息的修改、维护仍是通过右上角的"刷新""新增""编辑""删除"等实现,只不过必须先选中需维护的条目。如需变更、编辑通用字典的分类,点击页面右上角的字典分类,进入"字典分类"编辑框,再对字典分类进行"新增""编辑"和"删除"操作。如图4-4-15所示。

图4-4-15 变更、编辑通用字典的分类

(三) 档案收集模块

档案收集模块主要是档案的日常整理(不涉及入库和出库操作),主要有档案导入、文件导入、档案新增、档案编辑、档案发布、销毁建册、销毁清册、清册作废、编辑日志等。如图4-4-16所示。

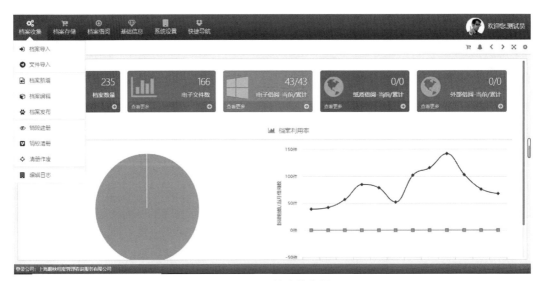

图4-4-16 档案收集界面

1. 档案导入

档案导入是用来导入档案卷宗记录即档案卷册目录的。如图 4-4-17 所示。

图 4-4-17　档案导入界面

操作时,先在左上角的下拉框里选择要导入的是"档案信息",还是"档案卷内目录"。如图 4-4-18 所示。

图 4-4-18　档案导入的操作选择

下面以导入档案信息为例进行介绍,先选择如图 4-4-19 所示的"档案信息",点击右边的"下载模板"按钮,弹出如图 4-4-20 所示的"导出模板"页面。

图 4-4-19　进入档案信息功能界面

图 4-4-20　导出相应模板

在页面中选择需要的栏目,点击"导出"按钮,将模板保存到电脑中,然后在模板里面录入需要导入的档案信息,点击"选择文件"按钮。

找到之前保存的模板文件,点击"打开"按钮,即可将要导入的文件加载到当前页面,在列表内,勾选要导入的记录,点击"保存"即可将档案文件记录导入到系统里(图4-4-21)。

图 4-4-21 将本地的档案记录导入系统

卷内目录的导入操作同档案信息导入操作类似,此处就不再赘述。

2. 文件导入

文件导入是将档案内容文件即全文导入系统中的操作。如图 4-4-22 所示。

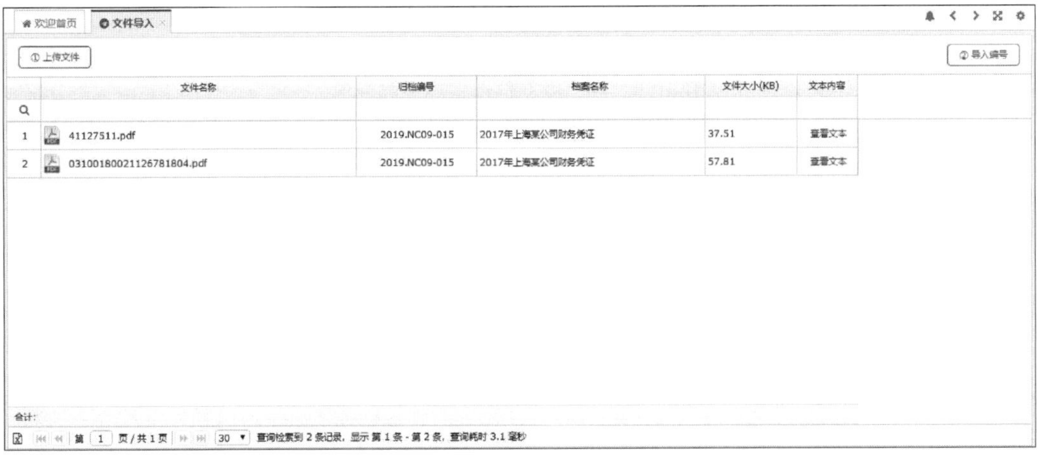

图 4-4-22 文件导入

文件的导入分为两步:第一步是导入文件,即将档案信息里包含的文件先导入系统(只导入图片、PDF 等);第二步是导入编号,即将文件对应档案的归档号进行导入,通过归档号实现档案卷宗记录与全文文件的匹配。导入编号即档案归档号的导入,需提前手工建立相应的 Excel 文件,文件中需排列档案编号(即档案归档号)与对应档案 PDF 文件名称。具体如图 4-4-23 所示。

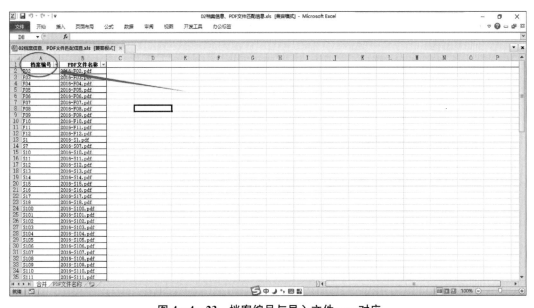

图 4-4-23　档案编号与导入文件一一对应

需注意的是在编号导入的 Excel 文件中,归档号一列信息必须命名为"档案编号",否则系统无法识别匹配。

文件和档案编号导入完成后,就可将文件挂在档案记录下面,一个档案记录可包含多个文件。

3. 档案新增

档案新增是对已经导入系统的电子档案添加新的内容和卷内目录。如图 4-4-24 所示。

图 4-4-24　档案新增功能界面

用户先点击右上角"新增"打开如图 4-4-25 所示的"添加档案"页面。填写添加档案的相关信息后,点击"确认"即可新增一条档案信息。

图 4-4-25　添加档案功能界面

然后单击鼠标选中新增的档案信息,点击"新增卷内目录"弹出如图 4-4-26 所示的"添加卷内"页面。

图 4-4-26　添加卷内功能界面

填写相关信息后,点击"确认"即可新增卷内目录。如果要编辑档案信息,则在"档案收集"列表内,单击鼠标选中要编辑的档案记录,点击"编辑"弹出"编辑档案"页面,修改完相关信息后,点击"确认"即可编辑成功。如图 4-4-27 上半部分所示。

图 4-4-27 对每条档案记录均可编辑

如果要编辑卷内目录,则点击档案记录左边的加号(+)展开卷内目录,在直接下拉的列表内修改,点击"编辑"如图 4-4-27 的下半部分所示。

弹出"编辑卷内"修改完相关信息后,点击"确认"即可完成卷内信息的修改。

4. 档案编辑

档案的编辑主要是做档案卷宗信息的编辑和卷内信息的新增、编辑操作。如图 4-4-28 所示。

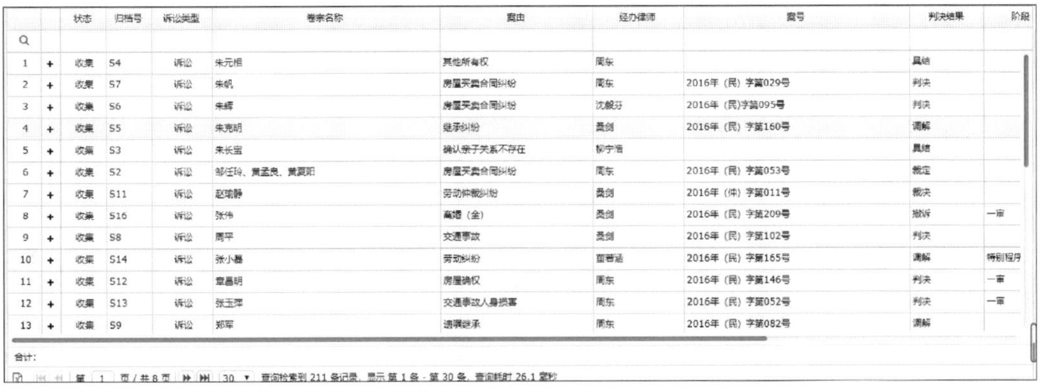

图 4-4-28 档案编辑功能模块界面

档案编辑的操作与档案新增的操作类似,只是少了档案信息的新增操作而已,此处不再赘述。

5. 档案发布

档案发布是指档案对外公布的操作,即代表档案是可以对外公开、借阅的。在如图4-4-29所示的"待发布"列表内,单击鼠标勾选要发布的档案记录,点击右上角的"发布确认"弹出提示,点击"确认"即发布成功。

图 4-4-29 档案发布功能界面

6. 销毁建册

销毁建册是对要销毁档案的建册登记。如图4-4-30所示。

图 4-4-30 销毁建册功能界面

在档案列表内,勾选要销毁的档案记录,在图4-4-30页面的右上角点击"新建清册",弹出如图4-4-31所示的"建立清册"页面,填写清册名称,点击"确认"即建册成功。

图 4-4-31 建立清册功能界面

7. 销毁清册

销毁清册是在销毁建册后，对销毁清册内的档案进行销毁的操作。如图 4-4-32 所示。

图 4-4-32 销毁清册功能界面

在图4-4-32的清册列表内,勾选要销毁的档案清册,点击"确认销毁"按钮,弹出如图4-4-33所示的"档案确认销毁"页面,填写审批领导、批复文件,点击"确认"按钮即可完成系统内的档案销毁操作。

图4-4-33　档案确认销毁界面

8. 清册作废

清册作废是对已经建立的销毁清册进行取消的操作(如图4-4-34所示),在清册列表内,勾选要取消的清册记录,点击"作废"按钮,弹出提示框,点击"确认"按钮,即可完成作废操作。

图4-4-34　清册作废功能界面

9. 编辑日志

编辑日志是用来查询档案的修改记录的。如图 4-4-35 所示。

图 4-4-35　编辑日志功能界面

（四）档案存储模块

档案存储模块主要是档案的入库、库房以及利用等情况，分为库存查询、档案入库、库房利用率和档案利用率等。如图 4-4-36 所示。

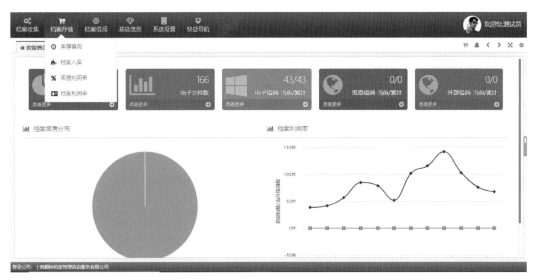

图 4-4-36　档案存储功能模块界面

1. 库存查询

库存查询是用来查询当前库房内的档案数量以及存放位置的。如图 4-4-37 所示。

图 4-4-37 库存查询功能界面

2. 档案入库

档案入库是对档案实物在仓库的存放位置进行登记的操作,比如档案存放在哪个仓库、哪个库位,第几层,第几格,A 面还是 B 面,什么时间存放的,存放的数量是多少,操作人员是谁等信息。在如图 4-4-38 所示的"待入库"列表内,勾选要入库的档案记录,点击"分配库位"按钮,会弹出如图 4-4-39 所示的"选择库位"页面。选择仓库、库位后,点击"确认"即入库成功。

图 4-4-38 档案入库功能界面

借阅归还的操作类似。实体档案归还后,在系统中选中需要归还的档案,点击"档案归还",并把实体档案放回对应位置。如图 4-4-40 所示。

3. 库房利用率和档案利用率

库房的利用率是用来统计仓库的已使用库位占仓库总库位比例的。如图 4-4-41 所示。

第四章 档案工作的信息化 241

图 4-4-39 选择库位功能界面

图 4-4-40 档案归还功能界面

图 4-4-41 库房利用率功能界面

档案利用率是用来统计一段时间内被借阅的档案数量占总的档案数量比例的。如图4-4-42所示。

图4-4-42　档案利用率功能界面

(五) 档案借阅模块

档案借阅主要是档案的检索、收藏、借阅、审批、归还等操作,具体分为全文检索、我的收藏、我的借阅、电子借阅领导审批、电子借阅管理员审批、正在借阅和借阅到期等。如图4-4-43所示。

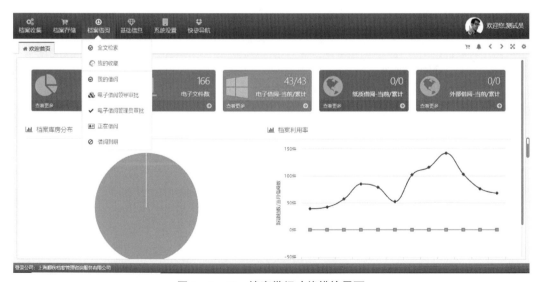

图4-4-43　档案借阅功能模块界面

1. 全文检索

全文检索可在整个系统的档案库里按照档案的名称或者档案的内容(如文字介绍、照片等)检索要找的档案信息,检索的条件比一般的查询条件更加复杂,更耗时、耗资源。在如图4-4-44所示的"查阅"框内可以输入条件进行搜索,在列表框上面也可以输入条件进行筛选,在右上角有"借阅申请"和"添加收藏"按钮,可以进行借阅申请和添加收藏。

图4-4-44 全文检索功能界面

2. 我的收藏

我的收藏是用来查看添加进收藏档案的信息的操作。在我的收藏列表内,可以选中档案记录进行"借阅申请"。如图4-4-45所示。

图4-4-45 我的收藏功能界面

3. 借阅申请

借阅申请是对要借阅的档案进行申请登记的操作。进入借阅申请的页面后,在档案列表内,勾选需借阅的档案记录,点击右上角的"借阅申请"按钮,会弹出如图 4-4-46 所示的借阅申请框。

图 4-4-46　借阅申请功能界面

填写归还日期及借阅说明,点击"确认",即可完成借阅申请登记。如图 4-4-47 所示。

图 4-4-47　借阅申请操作界面

4. 电子借阅领导审批

电子借阅领导审批是借阅电子档案(无纸质资料)的员工所在部门的领导对借阅档案的申请进行审批的操作,即确认员工是否有权限借阅、能否下载打印等。部门领导在"待审核"列表内,勾选待审批的借阅记录,点击如图 4-4-48 所示的右上角的"借阅审批"按钮,弹出提示框,点击"确认",即可完成审批。

图 4-4-48　电子借阅领导审批功能界面

5. 电子借阅管理员审批

电子借阅管理员审批是由管理员对电子档案(无纸质资料)借阅申请进行审批的操作,而且必须是经过电子借阅领导审批通过的借阅申请单才能流转到电子借阅管理员审批这一步。管理员在"待审核"列表内,勾选要审批的借阅记录,点击如图 4-4-49 所示的右上角的"借阅审批"按钮,弹出提示框,点击"确认",即可完成审批。

图 4-4-49　电子借阅管理员审批界面

6. 我的借阅

我的借阅是用来查询和记录登录人员的档案借阅情况，具体有待领导审批、待管理员审批、正在借阅、借阅已到期、申请已驳回等情况。如图4-4-50所示。

图4-4-50 我的借阅功能界面

7. 正在借阅和借阅到期

正在借阅是用来查看处于借阅中、但未到归还日期的档案。如图4-4-51所示。

图4-4-51 正在借阅功能界面

借阅到期是用来查询已经到了归还日期、但仍处于借阅中的档案信息,以便提醒档案管理人员催促借阅人员及时归还。如图4-4-52所示。

图4-4-52 借阅到期功能界面

8. 纸质借阅的申请与审批

借阅纸质档案的申请与审批流程同借阅电子档案的申请与审批流程基本一致。在全文检索中,选中需要借阅的纸质档案后,点击借阅申请,然后便是纸质借阅领导审批和管理员审批。如图4-4-53、图4-4-54所示。

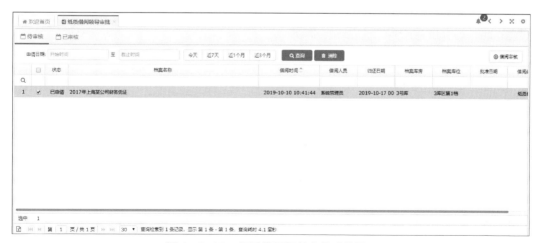

图4-4-53 纸质借阅领导审批功能界面

图 4-4-54　纸质借阅管理员审批功能界面

(六) 其他功能

除上述介绍的五大模块外,顺秋档案管理系统还有检索、数据导出、档案车、消息中心等功能。

1. 检索

检索功能是档案管理系统必备的基础功能之一。

检索栏有两种:一种是集成式检索,随意输入与检索档案相关的词即可检索;另一种是字段式检索,根据某一特点字段进行检索,分别如图 4-4-55、图 4-4-56 所示。

图 4-4-55　集成式检索

图 4-4-56　字段式检索

顺秋档案管理系统以字段式检索为主，五个模块都有各自的检索栏。如图4-4-57、图4-4-58、图4-4-59、图4-4-60所示。

图4-4-57　档案新增功能中的检索栏

图4-4-58　库存查询功能中的检索栏

图4-4-59　全文检索功能中的检索栏

图4-4-60　档案库房功能中的检索栏

2. 数据导出

数据导出是顺秋档案管理系统除五大功能模块外的又一重要功能。在档案管理中，有时候需要将相关的档案信息从系统中导出。

在顺秋档案管理系统每个模块的栏目左下角都有一个如图4-4-61所示的Excel图标。点击该图标，打开如图4-4-62、图4-4-63所示的"导出档案列表"并选择需要的栏目，点击"导出"按钮，便可以Excel文件的形式导出该模块栏目的档案信息。如图4-4-64所示。

图4-4-61 导出档案功能按钮

图4-4-62 导出档案界面

图4-4-63 导出档案信息列表

图 4-4-64　导出后的档案信息

3. 档案车

档案车是顺秋档案管理系统中用于申请和查看档案借阅的栏目,类似于购物网站中的购物车,档案车的图标也与购物车图标一致,在如图 4-4-65 所示的页面的右上角。

图 4-4-65　档案车功能图标

在档案车中进行档案借阅,首先要在档案借阅模块的全文检索中,选中需要借阅的档案,并"添加档案车"。如图 4-4-66 所示。

图 4-4-66　选中条目后可添加入档案车

点击"确定"按钮后,再点击右上角的档案车标识,便弹出如图4-4-67所示的档案车页面框,可查看档案车中添加的档案。

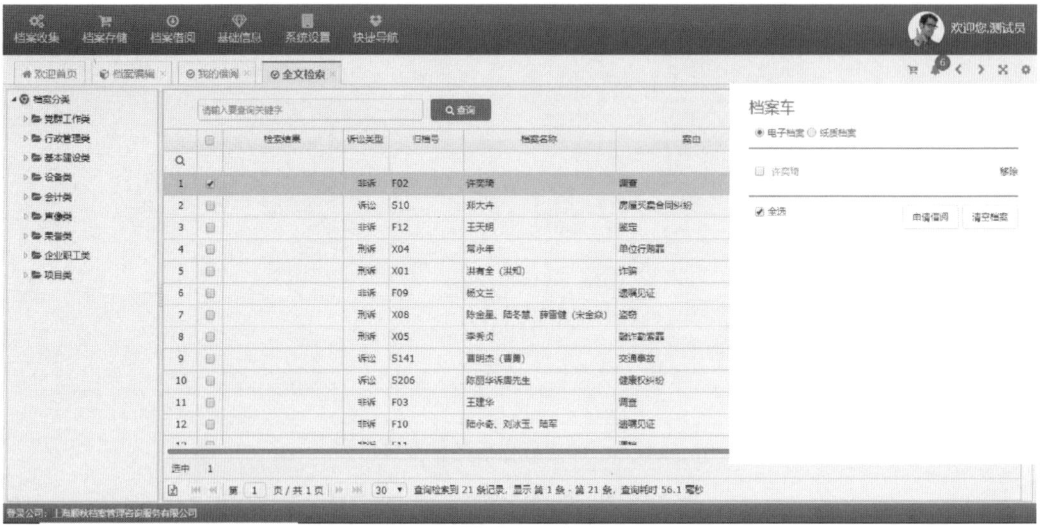

图4-4-67　在档案车中可查看到已添加的档案

在档案车中勾选要借阅的档案并点击"申请借阅"按钮,会弹出如图4-4-68所示的"借阅申请"页面,填写到期日期及借阅说明,点击"确认"按钮,即可完成借阅申请登记。

图4-4-68　在档案车中进行借阅申请操作

4. 消息中心

消息中心是一个铃铛图标,位于顺秋档案管理系统的右上角,即档案车图标的右侧,具有信息通知的功能。点击消息中心,可以查看系统通知。如图4-4-69所示。

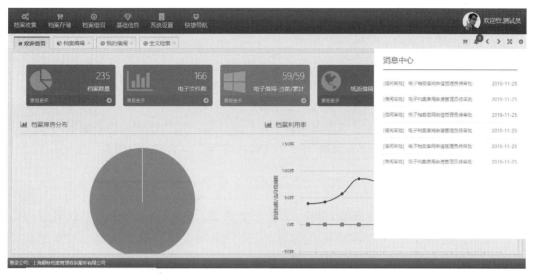

图 4-4-69 主界面右上方的消息中心

三、档案管理系统的业务工作流程

通过档案管理系统进行档案业务工作,包括基本设置、档案导入、档案入库、档案公布、档案借阅、档案销毁、档案利用等环节。

(一) 基本设置

基本设置是对档案管理的基本参数进行设置,明确档案管理系统的使用单位、各人员权限、档案类型、库房位置、保管期限等情况,是档案管理系统开展日常业务工作的前提。基本设置一般由单位主管、档案工作负责人及相关领导共同确定(普通工作人员不涉及),在单位引进档案管理系统时进行,具体通过系统的系统设置和基础信息两大模块实现。系统设置和基础信息两大模块的使用,具体可参见本章第四节第二部分中的"系统设置"模块和"基础信息"模块。

(二) 档案导入

档案业务工作的第一步就是档案的收集与整理,反映在档案管理系统中就是档案导入工作。

档案导入工作,对于纸质档案而言,是指档案卷宗信息的导入,通过档案收集模块的档案导入即可实现。如果纸质档案经过数字化,有具体的档案内容文件,则同电子档案的导入工作相同。

电子档案的导入,首先仍然是档案卷宗信息的导入。通过档案收集模块的档案导入界面下载模板,根据模板录入档案的卷宗信息(包括卷内目录),然后导入系统中,形成相应的档案信息,具体步骤可参见本章第四节第二部分"档案收集模块"中的档案导入介绍。其次是档案全文的导入。通过档案收集中的文件导入,将档案的全文文件导入系统,并与相应的档案卷宗对应。具体操作可参见本章第四节第二部分"档案收集模块"中的文件导入介绍。

在档案导入和文件导入后,如果发现有漏上传文件的或者缺失信息的档案,可通过"档案收集模块"中的档案新增和档案编辑进行补充处理。档案新增和档案编辑的操作具体参见本章第二部分"档案收集模块"中的"档案新增"和"档案编辑"介绍。

(三) 档案公布

档案公布是指档案保管期限到期后,经过档案负责人鉴定,对可以公开的档案进行公开。档案公布,通过"档案收集模块"中的档案发布功能来实现公布,具体操作可参见本章第二部分"档案收集模块"中的"档案发布"介绍。

(四) 档案入库

档案入库是指将已经导入系统的档案存放进库房,这主要针对的是有纸质载体的档案。因为现在很多地方实行的是纸质与电子的双套制,即既有电子档案、又有对应的纸质载体,所以除了纯纸质档案外,许多电子档案也有对应的纸质部分。档案入库针对的就是纯纸质档案和电子档案的纸质部分。

档案入库的操作通过档案存储的档案入库页面实现。在待入库列表上,勾选要入库的档案,点击"分配库位",选择要存放的库房、库位,点击"确认"即可。具体操作可参见本章第二部分"档案存储模块"中的"档案入库"介绍。当然在档案系统内完成入库的同时,必须将对应的纸质档案存放到相应的库房、库位中。

(五) 档案借阅

在档案公布后,单位如有查看档案的需要,可通过档案借阅对已公布的档案进行借阅。档案借阅既可借阅纸质档案,又可借阅电子档案。档案借阅的实现,主要通过系统的"档案借阅"模块,在档案借阅的全文检索中查询到需借阅的档案后,直接点击借阅申请进行借阅,也可添加进档案车后再行借阅申请。具体操作可参见本章第二部分中的"档案借阅模块"以及"其他功能"中的"档案车"介绍。

(六) 档案销毁

档案销毁是指保管期限到期后,经过档案负责人鉴定,对需要销毁的档案进行销毁。档案销毁,首先是确定需要销毁的档案,然后进行销毁,具体步骤可参见本章第二部分"档案收集模块"中的"销毁建册""销毁清册""清册作废"介绍。在档案管理系统内对档案进行销毁的同时,也要将相应的纸质部分进行处理,可派专人登记销毁。

(七) 档案利用

档案利用是指对档案的利用情况的查看,通过系统的"档案存储模块"中的"库房利用率和档案利用率",即可查看单位对档案的利用情况。具体操作可参见本章第二部分"档案存储模块"中的"库房利用率和档案利用率"介绍。

第五节　新型档案管理设备

知识目标

(1) 了解当前新型档案管理设备的发展趋势。
(2) 掌握一些新型档案管理设备的基本状况。

能力目标

(1) 能够正确理解新型档案管理设备的价值。
(2) 能够正确认识新型档案管理设备的基本功能。

案例导入

> **福州震旦科技亮相档案新技术新产品展示会**
>
> 由国家档案局批准,中国档案学会主办的"档案新技术新产品展示会"于2019年10月23日至25日在北京大红门国际会展中心举行。展示会内容丰富,有大量的新技术新产品推出,如福州震旦科技在展会上展示了数据校验、实体安全认证技术、区块链安全存储技术、智能数字档案馆技术、RFID应用技术、库存管理、影像扫描技术、全文检索技术等多项核心成果和自助式智能利用终端、不拆卷扫描仪、档案智能机器等产品。

经过21世纪头20年的发展,特别是互联网技术和人工智能技术的进步,涌现出一批新型档案管理设备,这些新设备具有两大特征:智能化和一体化。新设备虽尚未普及,却代表着档案管理设备的未来发展趋势。

一、智能化设备

智能化是指事物在网络、大数据、物联网和人工智能等技术的支持下,所具有的能动地满足人的各种需求的属性。比如无人驾驶汽车,就是一种智能化的事物,它将传感器物联网、移动互联网、大数据分析等技术融为一体,从而能动地满足人的出行需求。它之所以是能动的,是因为它不像传统的汽车,需要被动地人为操作驾驶,智能化是自动化的进一步发展。

智能化是现代人类文明发展的趋势之一,现在一些住宅、家具、医院已开始尝试智能化发展。而在档案领域,除档案管理系统外,一些新型设备也日趋智能化。以下简要介绍一些智能化设备。

(一)智能档案盒打印终端

智能档案盒打印终端是一款针对档案盒打印专门研发的设备,其具备自动化程度高、操作简单、打印速度快、打印效果好、模板创建方便、数据导入便捷等优点,可满足档案服务公司大批量打印、企事业单位差异化打印的需求。该设备采用喷墨打印技术,可达到A4幅面档案盒动态数据打印、动态数据及静态内容同步打印的目的。该设备是对大批量档案盒印刷的一个补充,同时也是对传统"手写、纸贴"模式的一种变革。如图4-5-1所示。

图4-5-1 智能档案盒打印终端

智能档案盒打印终端适用于如图4-5-2所示的多种档案盒打印：文书档案盒、科技档案盒、通用档案盒、会计凭证盒、档案盒封面脊背。

图4-5-2 智能档案盒打印终端适用范围

(二)自动打孔机

自动打孔机由加工工作台、控制电脑、旋转电机、振动电机、加工工具头、气动装置、自动转盘、固定夹具等组成,是用于档案装订打孔的自动化设备。自动打孔机是适应制造业应用自动化设备替代人工的趋势而发展起来的,用来解决传统打孔、钻孔、扩孔、铣孔等加工环节中的手工打孔问题(如图4-5-3所示)。随着自动化技术和网络技术的发展应用,自动打孔机逐渐向无人值守和远程控制发展。其操作流程如下:

图4-5-3 自动打孔机

(1)根据加工的尺寸大小,加工孔的数量,加工孔的尺寸,加工孔的位置数据等制作固定夹具,把夹具和自动转盘紧固。

(2)在控制电脑内设定好加工数据。

(3)把需加工的材料固定在自动转盘上。

(4)启动机器,机器根据电脑指令和加工数据一次性完成打孔、钻孔、铣孔、通孔、盲孔、多孔、高低孔等加工程序。

(5)一个孔加工完毕,自动钻盘会根据设定的程序转动一定角度,把下一个加工孔位置对准加工头,重新开始加工;待整个转盘全部加工完毕,一次加工流程就完成;取下加工好的材料,重新装料。

(6)加工过程中,遇到卡料、缺料等情况,机器会及时报警并停止工作,等待处理。

(7)加工过程中,加工刀具头不锋利时,机器也会及时报警,通知更换刀具。

(三)档案库管机器人

档案库管机器人是用于档案库房管理的智能设备,实现档案管理的人机隔离作业和智能化、数字化管理。库管机器人可通过机械臂移动抓取和放置档案,配合自主导航盘,实现库房档案管理的全程无人化。如图4-5-4、图4-5-5、图4-5-6所示。

库管机器人具有如下五大功能:

(1)提高存储效率,针对档案管理及时盘点存取,快速取送到指定地点,降低人工成本,降低档案管理人员的工作量。

图 4-5-4 档案库管机器人

图 4-5-5 档案库管机器人存取档案

图 4-5-6 档案库管机器人盘点

（2）实现人机隔离,减少机密档案存储区人员流动,从源头防止档案泄密。

（3）提高存储物流准确率,机器人直接点对点地运输,可以降低错误概率。

（4）人机隔离,减少作业难度,全部为机器人运输配合简单人工辅助,实现智能化数字化管理。

（5）配合 RFID 库存盘点机器人,实现盘点＋抓取移动,自动调整库存排布顺序。

(四) 智能保密资料柜

智能保密资料柜是用来保存资料的智能设备。资料文件是各政府机关、企事业团体等各种机构重要的智力资产,资料文件的实体管理是必须的、重要的行政办公手段。智能保密资料柜和其配套的资料文件智能管理系统通过"一体化智能管理、分级部署、权限控制、资料定位、生物识别、互联网访问、流程管控视频监控、异常报警、审批流程管理"等功能,可有效地解决各种机构人员沟通困难、实体文件查找不易、纸质文档存储混乱、文件审批周期长等问题,能帮助各机关单位有效地实现资源整合利用、减少实体文件信息安全隐患、促进团体协作、提高工作效率,从而实现机构的高效运转和利润最大化。

　　智能保密资料柜管理系统结合人工智能技术,通过多种技术手段,将使用人员、资料文件与智能保柜管控流程融为一体,不但实现了"人防、物防、技防"三防一体的安全防护体系,而且极大地提高各类资料文件的实体管理:实时可知、实时可查,迅速存取,准确定位。如图4-5-7、图4-5-8所示。

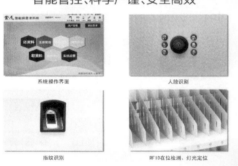

图4-5-7　智能保密资料柜细节

图4-5-8　智能保密资料柜外观

(五) R8 型智能密集架

R8 型智能密集架是融安特档案公司通过参与制定国家行业标准《档案密集架智能管理系统技术要求》(DA/T 65—2017),自主研发的智能密集架。该智能密集架拥有依托物联网、大数据的智能控制系统,实现了密集架的智能化和人机交互,体现了"专注于实体档案信息安全,档案智能设备运营安全"的产品理念。

R8 型智能密集架正面采用点阵屏、灯带、触摸屏的全新侧面板显示模组,可直观显示架体状态、区列号、架体运动状态等信息,其中点阵屏可显示中文标签,查询档案时可显示档案所在位置,使操作反馈更清晰、直观,优化使用体验。密集架采用了 Android 平台固定架工控机,充分利用了 Android 系统与触摸屏的特点,通过丰富的状态变化和动画效果来响应用户的触碰、滑动等操作,加强了人机互动效果。如图 4-5-9、图 4-5-10、图 4-5-11 所示。

图 4-5-9　R8 型智能密集架外观

图 4-5-10　R8 型智能密集架侧面板

图 4-5-11 R8 型智能密集架功能

二、一体化设备

一体化设备是指集多个功能为一体,能满足多种工作需要的档案设备。现代社会的技术发展,使得技术与功能越来越集成化,往往一个设备就具有多种功能,就如我们现在使用的智能手机,除通电话、收发短信外,还具有上网、办公、游戏、影视、音乐等功能。当然,一体化有时候会与智能化交织在一起,因为两者是相互促进补充的,一体化需要智能化来协调统筹,而智能化的实现又往往表现为一体化。档案管理新型设备中的不少都具有一体化的特征。

(一)讯飞档案机

讯飞档案机是一款应用人工智能为档案工作赋能的一体化终端,本地化存储,安全可靠,携带方便,可为口述征集、重大活动等场景提供全貌建档、语音转写、字幕辅助等服务,同时可为馆藏音频、视频档案提供数据化服务。如图 4-5-12 所示。

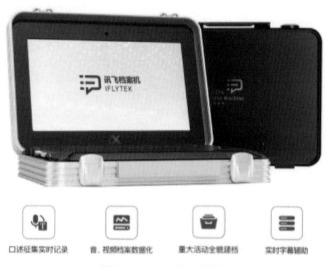

图 4-5-12 讯飞档案机

(二) 档案一体式喷雾脱酸机

BookSaver 一体式喷雾脱酸机是图书馆、档案馆、博物馆等馆藏单位对已酸化的纸质文献进行脱酸从而延长该类物品保存时间的专用设备(如图4-5-13所示)。该机优选高质量配件,主要部件均采用进口原件,采用全电脑微控与多项专利技术相结合的方式,通过精密的控制和智能监控全面提高了脱酸喷雾颗粒的均匀性,使脱酸液中的碱性纳米粒子更好地与纸张中的酸性物质接触反应,大幅度地提高脱酸效果,降低脱酸成本,且工作效率高,A4 纸张脱酸速度可达每小时 400 余张。此外,电脑微控使得脱酸工作变得更简便智能,减少了脱酸人员对脱酸设备的频繁操作,同时还降低了设备噪音,给脱酸工作人员提供了更安静、更舒适的使用环境。

图 4-5-13 一体式喷雾脱酸机

BookSaver 一体式喷雾脱酸机适用于所有的纸质文献,包括装订的和散页的、打印品和手稿,如图书、古籍、档案、字画、报纸、书信、邮票、地图、图纸等。对修复后的纸质文献、敏感的银盐照片等也可以安全地进行脱酸保护。

(三) 缩微数字一体化工作站

缩微数字一体化工作站是国家档案局档案科学技术研究所与湖南琴海数码股份有限公司合作研发的,是档案缩微数字一体化技术的重要代表,也是对过去数转胶或胶转数技术的革新(如图 4-5-14 所示)。

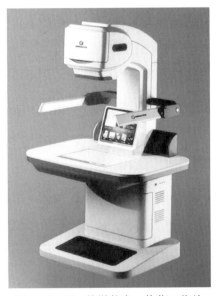

图 4-5-14 缩微数字一体化工作站

档案缩微数字一体化技术是一项对我国档案安全、档案利用都能产生很大促进作用的新技术,是一项在国际上技术比较先进、应用比较广泛、投入比较经济、效果比较理想的新技术,这种技术主要通过 MD2012 这种全新的缩微数字化设备(纸质档案缩微数字一体化工作站)实现,是一种将缩微影像技术与数字影像技术合二为一、一次完成两份影像(即缩微影像和数字影像)的创新型技术设备。两份影像完全相同,相互印证。缩微影像可作为具有法律效力的凭证永久保存,其寿命长达 500 年以上;数字影像则可上网传输阅读,这样既解决了档案的异地、异质备份等保存问题,又解决了其信息的广泛应用和服务问题。

(四)恒湿净化一体机 3.0

恒湿净化一体机 3.0 是针对档案库房环境治理所研发的智能型专用一体化设备(如图 4-5-15、图 4-5-16、图 4-5-17 所示)。该设备集智能恒湿、消毒灭菌、六重净化三位于一体,拥有五路空气质量传感器,可实现空气质量的智能管理,一步到位,使档案保存更长久、库房环境更健康。

图 4-5-15 恒湿净化一体机外观

图 4-5-16 恒湿净化一体机及其组件

图 4-5-17 恒湿净化一体机功能模块

恒湿净化一体机 3.0 优势具体如下:

(1)专为档案库房量身定制,适用于大空间恒湿、净化、消毒,节能环保。

(2)该设备通过六重空气净化,有效抑制库房内微尘的沉降,降低打扫库房的频率,节省人力。

(3)采集分析温度数据,智能切换加除湿功能,可实现远程监控无人值守。

(4) 高精度的恒湿及消毒净化控制,给档案及档案人全面保护。

(5) 设备智能断电,具备断电重启、重要信息断电保护功能,无须重新设置。

(6) 自动采集温湿度及空气质量数据并实时存储,可生成报表,便于长期统计。

(7) 选配移动式水车及净水过滤系统,解决上下水及水质问题,延长加湿模块寿命。

试一试

实　验　一

学习任务	掌握纸质档案扫描前的准备工作		指导老师	
学生姓名		实训场地	学时	日期
实验材料				
实验设备	档案清单、签字笔、起钉器、电脑、条码生成软件、条码打印机、页码机、纸张档案数字化前处理工作单等			
实验任务	(1) 档案清点 (2) 条码生成与粘贴 (3) 去除装订物 (4) 核对登记档案情况 (5) 修整补编页码 (6) 填写纸张档案数字化前处理工作单			
一、知识准备 　　纸质档案数字化流程;档案条码信息的录入;档案装订工作;档案修整工作;编订页码				
二、实验步骤及注意事项 　　(1) 交接清点档案 　　(2) 在条码生成软件中输入档案信息,打印条码,并对应粘贴 　　(3) 去除装订物 　　(4) 核对登记档案情况,将破损、缺漏、颠倒、页码不齐等情况登记 　　(5) 对需要修整、补编页码的档案进行修整补编,有序整理 　　(6) 根据修整情况填写纸张档案数字化前处理工作单				
三、实验评分 (总分100分)	交接清点(16分)			
	条码录入(16分)			
	条码打印与粘贴(12分)			
	去除装订物(12分)			
	核对登记档案完整情况(16分)			
	修整补编页码(16分)			
	填写纸张档案数字化前处理工作单(12分)			
	实验总得分			

实 验 二

学习任务	掌握档案扫描基本操作		指导老师	
学生姓名		实训场地	学时	日期
实验材料	A4 大小且韧性较好的纸张,较薄较软的 A4 纸张,超过 A3 大小的纸张,书刊图书			
实验设备	电脑、平板扫描仪、高速扫描仪、大幅面扫描仪、数码翻拍仪			
实验任务	(1) 扫描仪的选用 (2) 扫描参照的设置与检查 (3) 平板扫描仪的使用 (4) 高速扫描仪的使用 (5) 大幅面扫描仪的使用 (6) 数码翻拍仪的使用			

一、知识准备
　　档案扫描仪的种类与适用条件;档案扫描的参数设置;四种档案扫描仪的基本性能与使用

二、实验步骤及注意事项
(1) 根据档案材料选择不同的档案扫描仪
(2) 选择好档案扫描仪后,启动扫描仪,检查设置扫描仪的扫描参数
(3) 将不同类型的档案材料放在相应扫描仪上进行扫描
(4) 将扫描后的 PDF 文件保存至指定文件夹

三、实验评分(总分100分)	扫描仪的选用(5 分)	普通 A4 纸张材料	
		较薄较软 A4 纸张	
		超过 A3 大小的纸张	
		书刊图书	
	扫描参数的设置(15 分)	色彩模式	
		分辨率	
		图像存储格式	
	平板扫描仪的使用(20 分)		
	高速扫描仪的使用(20 分)		
	大幅面扫描仪的使用(20 分)		
	数码翻拍仪的使用(20 分)		
	实验总得分		

实 验 三

学习任务	掌握档案扫描后的处理工作		指导老师	
学生姓名		实训场地	学时	日期
实验材料				
实验设备	电脑、图像处理软件、挂接软件、档案清单、打孔机、订书机、蜡线			

续　表

实验任务	(1) 图像处理软件的批量操作(拥有建立目录数据库功能) (2) 图像处理质量检验 (3) 数据挂接 (4) 档案清点 (5) 档案装订还原 (6) 档案归还		
一、知识准备 　　档案扫描图像质量要求；档案挂接导入；档案装订工作			
二、实验步骤及注意事项 　　(1) 在图像处理软件中设置好图像处理事项,建立数据库选项和保存路径 　　(2) 将扫描后的图像文件导入图像处理软件中 　　(3) 根据图像扫描质量要求,对处理好的图像进行检验,填写质检表 　　(4) 利用挂接软件将图像文件和数据库文件导入档案管理系统 　　(5) 清点完成扫描的档案,确保没有缺失 　　(6) 将完成扫描的档案装订还原并归还保管单位库房			
三、实验评分(总分100分)	图像处理(图像处理软件)(40分)	调整方向	
		纠偏、去污	
		裁边	
		画质调整、修复	
	检验核对(30分)	图像偏斜度、清晰度、失真度	
		空白页、无效页、多余图像	
		漏扫与图像文件顺序错乱	
	数据挂接(数据挂接软件)(10分)		
	清点档案(10分)		
	档案装订还原(5分)		
	档案归还(5分)		
	实验总得分		

实　验　四

学习任务	档案管理系统的基本操作		指导老师	
学生姓名		实训场地	学时	日期
实验材料				
实验设备	电脑、档案管理系统、Excel 软件			
实验任务	(1) 将电子档案上传导入系统 (2) 在档案管理系统中操作纸质档案的入库 (3) 在档案管理系统中完成电子档案的对外发布 (4) 在档案管理系统中完成档案借阅归还手续 (5) 在档案管理系统中完成档案销毁			

续　表

一、知识准备			
档案管理系统；电子档案；档案导入；档案借阅；档案销毁；Excel软件			
二、实验步骤及注意事项 (1) 在档案管理系统的"档案收集模块"的"档案导入"中下载 Excel 模板，在模板中录入档案卷宗目录信息，然后导入系统 (2) 将档案的 PDF 文件通过系统文件管理上传文件，导入系统 (3) 人工建立新的 Excel 文件，输入档案编号（即档案归档号）与对应档案 PDF 文件名称，并通过系统文件管理导入编号，将 Excel 文件上传系统 (4) 通过"档案新增"与"档案编辑"，对已经上传系统的档案进行增加或编辑 (5) 通过"档案入库"，完成纸质档案入库的系统操作。 (6) 通过"档案收集模块"的"档案发布"，实现档案的对外发布和可借阅 (7) 通过"档案借阅"，实现档案借阅与归还的系统操作 (8) 通过"档案收集模块"中的"销毁建册""销毁清册"和"清册作废"，实现档案的销毁			
三、实验评分（总分100分）	档案上传(50分)	档案导入(卷宗目录)	
		文件导入	
		档案新增与编辑	
	档案入库(10分)		
	档案发布(10分)		
	档案借阅手续(15分)	全文检索	
		借阅申请	
		借阅归还	
	档案销毁(15分)	销毁建册	
		销毁清册	
		销毁作废	
	实验总得分		

答一答

1. 什么是信息化、数字化和网络化？
2. 纸质档案数字化的基本环节有哪些？
3. 在扫描前，需要对出库的档案进行哪些处理？
4. 当前数字化扫描设备主要有哪些？选择不同设备的依据是什么？
5. 扫描时需要设置或者注意哪些参数？
6. 扫描完成后需要对图像进行哪些处理？
7. 什么是档案管理信息系统？
8. 顺秋档案管理系统有哪几大模块？它们分别具备怎样的功能？

附录：法规选读

电子公文归档管理暂行办法

（2003年7月22日国家档案局令第6号发布 2018年12月14日国家档案局第14号令《国家档案局关于修改〈电子公文归档管理暂行办法〉的决定》修改）

第一条 为了加强对电子公文的归档管理，有效维护电子公文的真实性、完整性、安全性和可识别性，根据《中华人民共和国档案法》《中华人民共和国档案法实施办法》和《国家行政机关公文处理办法》，制定本办法。

第二条 本办法所称的电子公文，是指各地区、各部门通过由国务院办公厅统一配置的电子公文传输系统处理后形成的具有规范格式的公文的电子数据。

第三条 电子公文形成单位应指定有关部门或专人负责本单位的电子公文归档工作，将电子公文的收集、整理、归档、保管、利用纳入机关文书处理程序和相关人员的岗位责任。

机关档案部门应参与和指导电子公文的形成、办理、收集和归档等各工作环节。

第四条 副省级以上档案行政管理部门负责对电子公文的归档管理工作进行监督和指导。

电子公文的真实性、完整性、安全性和可识别性，移交前由形成部门负责，移交后由档案部门负责。

第五条 电子公文参照国家有关纸质文件的归档范围进行归档并划定保管期限。

第六条 电子公文一般应在办理完毕后即时向机关档案部门归档。

第七条 符合国家有关规定要求的电子公文可以仅以电子形式归档。电子公文归档应当符合电子文件归档和电子档案管理的要求。

第八条 需要永久和长期保存的电子公文，应在每一个存储载体中同时存有相应的符合规范要求的机读目录。

第九条 电子公文的收发登记表、机读目录、相关软件、其他说明等应与相对应的电子公文一同归档保存。

第十条 电子公文的归档应在"全国政府系统办公业务资源网电子邮件系统"平台上进行，各电子公文形成单位档案部门应配置足够容量和处理能力及相对安全的系统设备。

第十一条 电子公文形成单位应在运行电子公文处理系统的硬件环境中设置足够容量、安全的暂存存储器，存放处理完毕应归档保存的电子公文，以保证归档电子公文的完整、安全。

第十二条 电子公文形成单位应在电子公文处理系统中设置符合安全要求的操作日志，随时自动记录对电子公文实时操作的人员、时间、设备、项目、内容等，以保证归档电子公文的真实性。

第十三条 电子公文形成单位应在电子公文归档时按照国家有关要求对其真实性、

完整性、可用性和安全性进行检查。

第十四条　归档电子公文的移交形式可以是交接双方之间进行存储载体传递或通过电子公文传输系统从网上交接。

第十五条　通过存储载体进行交接的归档电子公文,移交与接收部门均应对其载体和技术环境进行检验,确保载体清洁、无划痕、无病毒等。

第十六条　归档电子公文应存储到符合保管要求的脱机载体上。归档保存的电子公文一般不加密,必须加密归档的电子公文应与其解密软件和说明文件一同归档。

第十七条　归档的电子公文,应按本单位档案分类方案进行分类、整理,并拷贝至耐久性好的载体上,一式 3 套,一套封存保管,一套异地保管,一套提供利用。

第十八条　档案部门应加强对归档电子公文的管理,提供利用有密级要求的归档电子公文,应严格遵守国家有关保密的规定,采用联网的方式提供利用的,应采取稳妥的身份认定、权限控制及在存有电子公文的设备上加装防火墙等安全保密措施。

第十九条　超过保管期限的归档电子公文的鉴定和销毁,按照归档纸质文件的有关规定执行。对确认销毁的电子公文可以进行逻辑或物理删除,并应由档案部门列出销毁文件目录存档备查。

第二十条　其他类型电子公文的归档管理可参照本办法。

第二十一条　本办法未尽事宜,参照国家其他有关电子文件的标准和规定。

第二十二条　本办法由国家档案局负责解释。

第二十三条　本办法自 2003 年 9 月 1 日起施行。

第五章
档案馆建设及规章制度

本章摘要

　　档案工作是一项有严格纪律的工作,档案工作人员应该遵循各项档案法律法规和规章制度,确保档案工作的科学规范。档案保管是档案管理工作的基础,主要是借助一定的物质条件(库房、保管设备、装具等)来保管档案,确保档案实体的完整和信息的安全,延长档案的寿命。本章将重点介绍档案馆建设、档案保管的物质条件、库内档案保管环境与秩序管理、特殊载体档案的保管,具体内容适用于各类单位档案室及档案馆的保管工作。

学习目标

　　(1) 知识要求:通过本章的学习,了解各项档案工作纪律及保密制度;掌握档案馆建设标准、档案库房要求和管理制度以及档案销毁制度和销毁原则。

　　(2) 能力要求:通过本章的学习与任务训练,能够正确规范地建设档案馆;能够按照各项档案工作纪律及保密制度做好档案工作;能够按照各项库房标准要求管理档案库房;能够按照正确的程序销毁档案。

第一节 档案馆建筑设计规范

◎ 知识目标

(1) 掌握档案库房的设计要求和标准。
(2) 明确档案库房管理制度。

◎ 能力目标

(1) 能够根据库内档案保管环境要求判断档案库房环境是否规范。
(2) 能够分析档案日常保管工作在档案整体工作中的地位。

◎ 案例导入

> ××公司把档案库房设置在办公楼最顶层的一个房间里,这个房间虽然偏僻但光线很好,一天内有五个小时可以接触到阳光。由于档案库房外阳光太充足,而库房内没有空调等恒温、恒湿设备,所藏纸质档案开始变脆,严重影响了档案的利用。

案例中把阳光充足的房间作为档案库房的做法是不科学的,因为库房防光是档案保管工作的要求之一,光线中的紫外线对档案实体会产生一定的损伤。

一、总则

(1) 为适应档案馆建设的需要,使档案馆建筑设计满足功能、安全、节能环保等方面的基本要求,制定本规范。
(2) 本规范适用于新建、改建、扩建的档案馆建筑设计。
(3) 档案馆可分特级、甲级、乙级三个等级,不同等级档案馆的适用范围及耐火等级要求应符合表5-1-1的规定。

表5-1-1 档案馆等级与适用范围及耐火等级

等级	特级	甲级	乙级
适用范围	中央级档案馆	省、自治区、直辖市、计划单列市、副省级市档案馆	地(市)及县(市)档案馆
耐火等级	一级	一级	不低于二级

(4) 特级、甲级档案馆的抗震设计应符合现行国家标准《建筑工程抗震设防分类标准》(GB 50223)的规定。位于地震基本烈度七度及以上地区的乙级档案馆应按基本烈度

设防,地震基本烈度六度地区重要城市的乙级档案馆宜按七度设防。

(5) 档案馆建筑的节能设计应符合现行国家标准《公共建筑节能设计标准》(GB 50189)的规定。

(6) 档案馆建筑设计除应符合本规范外,尚应符合国家现行有关标准的规定。

二、术语

(一) 档案馆 Archives

集中管理特定范围档案的专门机构。

(二) 中央级档案馆 National Archives

收藏党和国家中央机构的以及具有全国意义档案的、并经国家有关部门批准建立的档案馆。

(三) 档案库区 Area of Repository

档案库及为其服务的更衣室、缓冲间和交通通道占用区域的总称。

(四) 馆区 Archives Area

档案馆各类业务用房及附属公共设施所占的整个区域。

(五) 档案库 Archival Repository

收藏档案的专门用房。

(六) 对外服务用房 Opening Areas for Public

档案馆中对公共开放的用房,包含阅览室、展览厅、报告厅等。

(七) 利用者 User

查阅利用档案的人员。

(八) 缓冲间 Buffer Room

在进入档案库区或档案库的入口处,为减少外界气候条件对库内的直接影响而建的沟通库内外并能密封的过渡房间。

(九) 封闭外廊 Closed Corridor

为减少外界气候对档案库的直接影响,在档案库外建的、用墙和窗与外界隔开的走廊

（一面或多面以及绕一圈的环廊）。

（十）档案装具 Archives Container

用于存放档案的器具，包括档案柜、档案架、密集架等。

（十一）主通道 Main Passageway

档案库内的主要交通、运输通道。

（十二）密集架 Compact Shelving

为节省空间而设计的可沿轨道水平移动的活动储存装置。

（十三）消毒室 Disinfection Room

用化学或物理方法杀虫、灭菌工作的专设房间。

（十四）珍贵档案 Precious Archives

具有重要凭证作用和价值的、不可替代的、年代久远的档案。

（十五）特藏库 Repository for Precious Archives

存放珍贵档案的高标准的档案库。

（十六）母片库 Repository for Master

专门存放微缩母片的档案库。

三、基地和总平面

（一）基地

（1）档案馆基地选址应纳入并符合城市总体规划的要求。
（2）档案馆的基地选址应符下列规定：
① 应选择工程地质条件和水文地质条件较好的地段，并宜远离洪水、山体滑坡等自然灾害易发生的地段；
② 应远离易燃、易爆场所和污染源；
③ 应选择交通方便、城市公用设施较完备的地段；
④ 应选择地势较高、场地干燥、排水通畅、空气流通和环境安静的地段。

（二）总平面

档案馆的总平面布置应符合下列规定：

① 档案馆宜独立建造。当确需与其他工程合建时，应自成体系并符合本规范的规定。

② 总平面布置宜根据近远期建设计划的要求，进行一次规划、建设，或一次规划、分期建设。

③ 基地内道路应与城市道路或公路连接，并应符合消防安全要求。

④ 人员集散场地、道路、停车场和绿化用地等室外用地应统筹安排。

⑤ 基地内建筑及道路应符合现行行业标准《城市道路和建筑无障碍设计规范》(JGJ 50)的规定。

四、建筑设计

(一) 一般规定

(1) 档案馆建筑应根据其等级、规模和功能设置各类用房，并宜由档案库、对外服务用房、档案业务和技术用房、办公用房和附属用房组成。

(2) 档案馆的建筑布局应按照功能分区布置各类用房，并应达到功能合理、流程便捷、内外相互联系又有所分隔，避免交叉。各类用房之间进行档案传送时，不应通过露天通道。

(3) 档案馆建筑设计应使各类档案及资料保管安全、调阅方便；查阅环境应安静；工作人员应有必要的工作条件。

(4) 四层及四层以上的对外服务用房、档案业务和技术用房应设电梯。两层或两层以上的档案库应设垂直运输设备。

(5) 锅炉房、变配电室、车库等可能危及档案安全的用房不宜毗邻档案库。

(二) 档案库

(1) 档案库可包括纸质档案库、音像档案库、光盘库、微缩拷片库①、母片库、特藏库②、实物档案库、图书资料库、其他特殊载体档案库等，并应根据档案馆的等级、规模和实际需要选择设置或合并设置。

(2) 档案库应集中布置，自成一区。除更衣室外，档案库区内不应设置其他用房，且其他用房之间的交通也不得穿越档案库区。

(3) 档案库区的平面布局应简洁紧凑。

(4) 档案库区或档案库入口处应设缓冲间，其面积不应小于 6 m²；当设专用封闭外廊时，可不再设缓冲间。

(5) 档案库区内比库区外楼地面应高出 15 mm，并应设置密闭排水口。

---

① 即拷贝档案资料的库房。
② 即特藏档案库。馆藏档案中用来保存具有特殊形式、内容和价值档案的档案库。

(6) 每个档案库应设两个独立的出入口,且不宜采用串通或套间布置方式。

(7) 档案库净高不应低于 2.60 m。

(8) 档案库内档案装具布置应成行垂直于有窗的墙面。档案装具间的通道应与外墙采光窗相对应,当无窗时,应与管道通风孔开口方向相对应。

(9) 档案装具排列的各部分尺寸应符合下列规定:

① 主通道净宽不应小于 1.20 m;

② 两行档案装具间净宽不应小于 0.80 m;

③ 档案装具端部与墙的净距离不应小于 0.6 m;

④ 档案装具背部与墙的净距离不应小于 0.1 m。

(10) 档案装具的档案存储定额的计算指标应符合下列规定:

① 当采用五节档案柜时,库房每平方米(使用面积)存储档案长度不小于 2.70 延长米;

② 当采用双面档案架时,库房每平方米(使用面积)存储档案长度不小于 3.30 延长米;

③ 当采用密集架时,库房每平方米(使用面积)存储档案长度不小于 7.20 延长米。

(11) 档案库楼面均布活荷载标准值不应小于 5 kN/m^2,采用密集架时不应小于 12 kN/m^2(kN 即千牛,是力的单位)。

(12) 当档案库与其他用房同层布置且楼地面有高差时,应满足无障碍通行的要求。

(13) 母片库不应设外窗。

(14) 珍贵档案存储应专设特藏库。

(三) 对外服务用房

对外服务用房可由服务大厅(含门厅、寄存处等)、展览厅、报告厅、接待室、查阅登记室、目录室、开放档案阅览室、未开放档案阅览室、缩微阅览室、音像档案阅览室、电子档案阅览室、政府公开信息查阅中心、对外利用复印室和利用者休息室、饮水处、公共卫生间等组成。规模较小的档案馆可合并设置。

(1) 阅览室设计应符合以下规定:

① 自然采光的窗地面积比不应小于 1∶5;

② 应避免阳光直射和眩光,窗宜设遮阳设施;

③ 室内应能自然通风;

④ 每个阅览座位使用面积:普通阅览室每座不应小于 3.5 m^2;专用阅览室,每座不应小于 4.0 m^2;若采用单间时,房间使用面积不应小于 12.0 m^2;

⑤ 阅览桌上应设置电源;

⑥ 室内应设置防盗监控系统。

(2) 缩微阅览室设计应符合下列规定:

① 应避免阳光直射;

② 宜采用间接照明,阅览桌上应设局部照明;

③ 室内应设空调或机械通风设备。

(四) 档案业务和技术用房

档案业务和技术用房可由中心控制室、接收档案用房、整理编目用房、保护技术用房、翻拍洗印用房、缩微技术用房、音像档案技术用房、信息化技术用房组成,并应根据档案馆的等级、规模和实际需要选择设置或合并设置。

(1) 中心控制室设计应符合下列规定:

① 室内应设空调;

② 与其他用房的隔墙的耐火极限不应低于 2.0 h,楼板的耐火极限不应低于 1.5 h,隔墙上的门应采用甲级防火门。

(2) 接收档案用房可由接收室、除尘室、消毒室等组成。

消毒室设计应符合下列规定:

① 应采用单独的密闭门;

② 应设有单独的直达屋面外的排气管道,废气排放应符合国家现行有关环境保护标准的规定;

③ 室内顶棚、墙面及楼、地面材料应易于清洁;

④ 消毒室应在室内外分设控制开关,其排气管道不应穿越其他用房。

(3) 整理编目用房可由整理室、编目室、修史编志室、展览加工制作室、出版发行室组成。

(4) 保护技术用房可由去酸室、理化试验室、档案有害生物防治室、裱糊修复室、装订室、仿真复制室等组成。

① 裱糊修复室内应设电热装置、给水排水设施,并应采取相应的安全防护措施。

② 装订室内应设摆放裁纸设备、压力机及装订机的位置。

(5) 翻拍洗印用房应由翻拍室、冲洗室、印象放大室、水洗烘干室、翻版胶印室组成,其中翻拍室和冲洗室可与缩微用房的缩微摄影室和冲洗处理室合用。

(6) 缩微技术用房可由资料编排室、缩微摄影室(分大型机室和小型机室)、冲洗处理室、配药和化验室、质量检测室、校对编目室、拷贝复印室、放大还原室和备品库组成。缩微技术用房宜设于首层,应自成一区,并应符合下列规定:

① 缩微摄影室应远离振源及空气污染源。各设备之间严禁灯光干扰。室内地面应坚实平整,便于清洗,墙面不宜采用强反射材料。

② 拷贝复印室应环境清洁,地面应防止产生静电,门窗应密闭、防紫外光照射,并应有强制排风和空气净化设施。

③ 冲洗处理室应严密遮光;室内墙面、地面和管道应采取防腐措施,并应有满足冲洗要求的水质、水压、水温和水量的设施设备;冲洗池污水应单独集中处理。

(7) 音像档案技术用房可由音像档案技术处理室、编辑室等组成。

(8) 信息化技术用房可由服务器机房、计算机房、电子档案接收室、电子文件采集室、数字化用房组成。数字化用房由档案前期处理室、纸质档案扫描室、其他载体档案数字化室、数字化质量检测室、档案中转室组成。

服务器机房和计算机房的设计应符合现行国家标准《电子信息系统机房设计规范》(GB 50174)的规定。

(五) 办公用房和附属用房

(1) 办公用房应符合现行行业标准《办公建筑设计规范》(JCJ 67)的规定。

(2) 附属用房可包括警卫室、车库、卫生间、浴室、医务室、变配电室、水泵房、电梯机房、空调机房、通信机房、消防用房等,并应根据档案馆的等级、规模和实际需要选择设置或合并设置。

五、档案防护

(一) 一般规定

(1) 档案防护内容应包括温湿度要求,外围护结构要求,防潮、防水、防日光及紫外线照射,防尘、防污染、防有害生物和安全防范等。

(2) 温湿度要求应根据档案的重要性和载体等因素确定。

(3) 音像、缩微、电子文件等非纸质档案储存库设计,除应符合本规范有关规定外,尚应满足使用保管的特殊要求。

(二) 温湿度要求

(1) 纸质档案库的温湿度要求应符合表 5-1-2 的规定。

表 5-1-2 纸质档案库的温湿度要求

用 房 名 称	温度(℃)	相对湿度(%)
纸质档案库	14~24	45~60

(2) 特藏库、音像磁带库、胶片库等特殊档案库温湿度要求应符合表 5-1-3。

表 5-1-3 特殊档案库的温湿度要求

用 房 名 称		温度(℃)	相对湿度(%)
特藏库		14~20	45~55
音像磁带库		14~24	40~60
胶片库	拷贝片	14~24	40~60
	母 片	13~15	35~45

(3) 档案库在选定温、湿度后,每昼夜温度波动幅度不得大于±2℃,相对湿度波动幅度不得大于±5%。

（4）部分技术用房和对外服务用房温湿度要求应符合表 5-1-4 的规定。

表 5-1-4　部分技术用房和对外服务用房温湿度要求

用 房 名 称	温度（℃）	相对湿度（%）
裱糊室	18～28	50～70
保护技术试验室	18～28	40～60
复印室	18～28	50～65
音像档案阅览室	20～25	50～60
阅览室	18～28	—
展览厅	14～28	45～60
工作间（拍照、拷贝、校对、阅读）	18～28	40～60

（三）外围护结构要求

（1）档案库应减少外围护结构面积。外围护结构应根据其使用要求及室内温湿度、当地室外气象计算参数和有无采暖、通风、空调设备等具体情况，通过技术经济比较，合理确定其构造，并符合下列规定：

① 当需要设置采暖设备时，外围护结构的传热系数应在现行国家标准《公共建筑节能设计标准》（GB 50189）规定的基础上再降低 10%；

② 当需要设置空气调节设备时，外围护结构的传热系数应符合现行国家标准《公共建筑节能设计标准》（GB 50189）的规定。

（2）库房屋顶应采取保温、隔热措施，并应符合下列规定：

① 平屋顶上采用架空层时，基层应设保温、隔热层；架空层应通风流畅，其高度不应小于 0.30 m。

② 炎热多雨地区的坡屋顶其下层为空间夹层时，内部应通风流畅。

（3）档案库门应为保温门；窗的气密性能、水密性能及保温性能分级要求应比当地办公建筑的要求提高一级。

（4）档案库每开间的窗洞面积与外墙面积比不应大于 1∶10，档案库不得采用跨层或跨间的通长窗。

（四）防潮和防水

（1）馆内应排水通畅，不得出现积水。

（2）室内外地面高差不应小于 0.50 m，室内地面应有防潮措施。

（3）档案库应防潮、防水。特藏库和无地下室的首层库房、地下库房应采取可靠的防潮、防水措施。屋面防水等级应为Ⅰ级；地下防水等级应为一级，并应设置机械通风或空调设备。

(五)防日光直射和紫外线照射

(1)档案库、档案阅览、展览厅及其他技术用房应防止日光直接射入,并应避免紫外线对档案、资料的危害。

(2)档案库、档案阅览、展览厅及其他技术用房的人工照明应选用紫外线含量低的光源。当紫外线含量超过 $75\ \mu W/lm$ 时,应采取防紫外线的措施。

(六)防尘和防污染

(1)档案馆区内的绿化设计,应有利于满足防尘、净化空气、降温、防噪声等要求。

(2)档案库应防止有害气体和颗粒物对档案的危害。

(3)锅炉房、除尘室、消毒室、试验室以及洗印暗室等的位置应合理安排,并应结合需要设置通风设备。

(4)档案库楼、地面应平整、光洁、耐磨。档案库内部装修、档案装具和固定家具等应表面平整、构造简洁,并应选用环保材料。

(七)有害生物防治

(1)管道通过墙壁或楼、地面处均应用不燃材料填塞密实,其他墙身孔洞也应采取防护措施,底层地面应采取坚实地坪。

(2)库房门与地面的缝隙不应大于 5 mm,且宜采用金属门。

(3)档案馆应设消毒室或配备消毒设备。

(4)档案库外窗的开启扇应设纱窗。

(八)安全防范

(1)档案馆建筑的外门及首层外窗均应有可靠的安全防护措施。

(2)档案馆应设置入侵报警、视频监控、出入口控制、电子巡查等安全防范系统。

(3)档案馆的重要电子档案保管和利用场所应满足电磁安全屏蔽要求。

六、防火设计

(1)档案馆建筑防火设计,应符合现行国家标准《建筑设计防火规范》(GB 50016)、《高层民用建筑设计防火规范》(GB 50045)和《建筑内部装修设计防火规范》(GB 50222)的有关规定。

(2)档案库区中同一防火分区内的库房之间的隔墙均应采用耐火极限不低于 3.0 h 的防火墙,防火分区间及库区与其他部分之间的墙应采用耐火极限不低于 4.0 h 的防火墙。其他内部隔墙可采用耐火极限不低于 2.0 h 的不燃烧体。档案库中楼板的耐火极限不应低于 1.5 h。

（3）供垂直运输档案、资料的电梯应邻近档案库，并应设在防火门外；电梯井应封闭，其围护结构应为耐火极限不低于2.0 h的不燃烧体。

（4）特藏库应单独设置防火分区。

（5）特级、甲级档案馆和属于一类高层[①]的乙级档案馆建筑均应设置火灾自动报警系统。其他乙级档案馆的档案库、服务器机房、缩微用房、音像技术用房、空调机房等房间应设置火灾自动报警系统。

（6）馆区应设室外消防给水系统。特级、甲级档案馆中的特藏库和非纸质档案库、服务器机房应设惰性气体灭火系统。特级、甲级档案馆中的其他档案库房、档案业务用房和技术用房，乙级档案馆中的档案库房可采用清洁气体灭火系统或细水雾灭火系统。

（7）档案库内不得设置明火设施。档案装具宜采用不燃烧材料或难燃烧材料。

（8）档案馆库区建筑及每个防火分区的安全出口不应少于2个。

（9）档案库区缓冲间及档案库的门均应向疏散方向开启，并应为甲级防火门[②]。

（10）库区内设置楼梯时，应采用封闭楼梯间，门应采用不低于乙级的防火门。

（11）档案馆建筑应配置灭火器，并应符合现行国家标准《建筑灭火器配置设计规范》（GB 50140）的规定。

七、建筑设备

（一）给水排水

（1）馆内应设给水排水系统。

（2）档案库区不应设置除消防以外给水点，且其他给水排水管道不应穿越档案库区。

（3）给水排水立管不应安装在与档案库相邻的内墙上。

（4）各类用房的污水排放，应符合国家规定的排放标准。

（二）采暖通风和空气调节

（1）档案库及档案业务和技术用房设置空调时，室内温湿度要求应符合本规范表5-1-2、表5-1-3和表5-1-4的规定。

（2）档案库不宜采用水、汽为热媒的采暖系统。确需采用时，应采取有效措施，严防漏水、漏气，且采暖系统不应有过热现象。

（3）每个档案库的空调应能够独立控制。

（4）通风、空调管道应有气密性良好的进、排风口。

（5）母片库应设独立的空调系统。

---

① 建筑高度高于50 m的称为一类建筑，超过50 m的为二类建筑。

② 甲级防火门是最高等级的防火门。防火门是消防设备中的重要组成部分，分为甲级、乙级、丙级，是社会防火中的重要一环。

(三) 电气

（1）档案馆供电等级应与档案馆的级别、建设规模相适应。

（2）特级档案馆应设自备电源。

（3）特级档案馆档案库、变配电室、水泵房、消防用房等的用电负荷不应低于一级。

（4）甲级档案馆宜设自备电源，且档案库、变配电室、水泵房、消防用房等的用电负荷不宜低于一级。乙级档案馆的档案库、变配电室、水泵房、消防用房等的用电负荷不应低于二级。

（5）库区电源总开关应设于库区外，档案库的电源开关应设于库房外，并应设有防止漏电、过载的安全保护装置。

（6）档案馆的电源线、控制线应采用铜质导体。

（7）档案库、服务器机房、计算机房、缩微技术用房内的配电线路应穿金属管保护，并宜暗敷。

（8）空调设备和电热装置应单独设置配电线路，并应穿金属管槽保护。

（9）档案库灯具形式及安装位置应与档案装具布置相配合。缩微阅览室、计算机房照明宜防止显示屏出现灯具影像和反射眩光。

（10）档案馆照明的照度标准应符合表5-1-5的规定。

表5-1-5 档案馆照明的照度标准

房 间 名 称	参考平面及高度	照度标准值(lx)(米烛光)
阅览室	0.75 m 水平面	300
出纳台	0.75 m 水平面	300
档案库	0.25 m 垂直面	≥50
修裱、编目室	0.75 m 水平面	300
计算机房	0.75 m 水平面	300

（11）档案馆建筑防雷设计应符合现行国家标准《建筑物防雷设计规范》(GB 50057)的规定，且特级、甲级档案馆应为第二类防雷建筑物，乙级档案馆应为第三类防雷建筑物。

（12）档案馆应适应档案信息化建设的要求，并应根据办公自动化及安全、保密等要求进行综合布线、预留接口，通信与计算机网络设施应满足工作需要。

第二节 档案馆建设标准

知识目标

（1）掌握档案馆建设规模和项目构成。

（2）掌握档案馆的选址、规划布局以及建筑设计。

◎ 能力目标

(1) 能够选出适于建设档案馆的地理位置。
(2) 能够合理规划档案馆内部的各个结构。

◎ 案例导入

> 小王负责××公司的档案库的选址以及内部设计,在档案库按照小王的设计建造完工后,公司发现档案库房与公司的行政部用房之间出现了冲突,并且档案在传送过程当中要经过很多其他无关部门,使得档案传送的路线阻塞,并且极有可能出现机密档案泄露的情况,设计极为不合理。

案例中并没有将档案库房与其他各类用房隔开,使得各部门之间的档案传递运送路线出现交叉,这样的档案库房设计是不合理的,给公司的日常工作带来了不便。

一、总则

(1) 为加强和规范我国的档案馆建设,提高工程项目投资决策和建设管理水平,维护档案的完整与安全,便于社会各方面利用,制定本标准。

(2) 本标准是档案馆建设的全国统一标准,是编制、评估和审批档案馆建设项目建议书、可行性研究报告和初步设计的依据,也是有关部门对档案工程项目建设全过程监管检查的依据。

(3) 本标准适用于省(自治区、直辖市、计划单列市、副省级市)、市(地、州、盟)、县(市、区、旗)三级综合档案馆的新建、扩建、改建工程项目。

(4) 档案馆建设必须遵守《中华人民共和国档案法》《中华人民共和国档案法实施办法》等有关法律法规,从我国国情出发,因地制宜,合理确定建设规模和水平,做到功能齐全,设施完善,经济实用,满足档案收集、整理、保管、利用等工作需要。

(5) 档案馆建设应满足档案馆作为安全保管党和国家重要档案的基地、爱国主义教育基地、档案信息服务中心、已公开现行文件利用中心和政府信息查阅的法定场所的设置要求,同时要满足社会公共文化服务的要求。

(6) 政府投资的档案馆建设应纳入当地的国民经济和社会发展规划,城市总体规划和政府投资计划。

(7) 档案馆建设应统筹规划,立足长远。资金投入确有困难的可一次规划,分期建设。

(8) 档案馆建设除遵守本标准外,还应符合国家现行的其他有关标准、规范和定额、指标的规定。

二、建设规模和项目构成

（1）档案馆建设规模按行政区划分级，以应保存的馆藏档案数量为基本依据分类，参照辖区人口数量并综合辖区经济、地理等因素合理确定。馆藏档案数量是指现存和今后30年应进馆档案、资料的数量之和。

（2）档案馆建设按照省、市、县三级作如表5-2-1所示的分类。

表5-2-1 档案馆建设三级分类

级　　别	类　　次	馆藏档案数量
省　级	一　类	90万卷以上
	二　类	70万～90万卷
	三　类	70万卷以下
市　级	一　类	40万卷以上
	二　类	30万～40万卷
	三　类	30万卷以下
县　级	一　类	20万卷以上
	二　类	10万～20万卷
	三　类	10万卷以下

（3）档案馆建设项目由房屋建筑、场地和档案馆专用设施组成。

（4）档案馆房屋建筑由档案库房、对外服务用房、档案业务和技术用房、办公室用房等主要功能用房和附属用房及建筑设备组成。

（5）档案库房由纸质档案库、音像档案库、光盘库、缩微拷贝片库、母片库、珍藏库、实物档案库、图书资料库、其他特殊载体档案库和过渡间组成。省级档案馆需设置异地备份库时，应根据备份档案数量参照标准执行，其建筑面积一般不计入标准。

（6）对外服务用房由服务大厅（含门厅、寄存处、饮水处等）、接待室、查阅登记室、目录室、开放档案阅览室、未开放档案阅览室、缩微档案阅览室、音像档案阅览室、现行文件阅览室、现行文件保管室、展览厅、报告厅、对外利用复印室和利用者休息室、餐厅、公共卫生间组成。

（7）档案业务和技术用房由中心控制室[①]、接收档案用房、整理编目用房、保护技术用房、翻拍洗印用房、缩微技术用房、信息化技术用房组成。

① 接收档案用房由接收室、除尘室、消毒室组成。

② 整理编目用房由整理室、编目室、修史编志室、展览加工制作室、出版发行室组成。

---

① 指对系统状态进行集中显示和控制的场所，主要包括控制台和显示屏。

③ 保护技术用房由去酸室、理化试验室、档案有害生物防治室、档案保护静电复印室、裱糊修复室、装订室、仿真复制室、音像档案处理室组成。

④ 翻拍洗印用房由翻拍室、冲洗室、印像放大室、水洗烘干室、翻版胶印室组成。

⑤ 缩微技术用房由资料编排室、缩微摄影室（分大型机室和小型机室）、冲洗处理室、配药和化验室、质量检测室、校对编目室、拷贝复印室、放大还原室和备品库组成。

⑥ 信息化技术用房由服务器机房、计算机房、电子档案接收室、电子文件采集室、数字化用房组成。数字化用房由档案前期处理室、纸质档案扫描室、其他载体档案数字化室、数字化质量检测室、档案中转室组成。

⑦ 档案馆办公室用房和与档案馆并建的档案行政管理部门办公室用房的组成参照《党政机关办公用房建设标准》。

⑧ 附属用房及建筑设备包括警卫室、车库、卫生间、浴室、医务室和变配电室、水泵房、水箱间、锅炉房、电梯机房，制冷机房、通信机房、消防用房、安防用房等各类设备用房及相应的建筑设备。

⑨ 档案馆场地主要由人员集散场地、道路、停车场和绿化用地等组成。

⑩ 档案馆专用设施主要包括档案专用运输设备、档案装具、档案保护技术设备、缩微设备、专用信息化设备。

三、房屋建筑面积指标

（1）档案馆房屋建筑面积指标按照不同级别和类型予以确定。

（2）省级档案馆建筑面积指标应符合表5-2-2的规定。

表5-2-2 省级档案馆建筑面积指标

单位：m²

项目 面积指标	一类	二类	三类
档案库房	5 500～6 800	4 300～5 500	3 000～4 300
对外服务用房	5 500～6 500	4 600～5 500	3 700～4 600
档案业务和技术用房	6 500～7 400	5 500～6 500	4 600～5 500
办公室用房	1 500～1 700	1 200～1 500	900～1 200
附属用房	1 900～2 200	1 600～1 900	1 200～1 600
总计	20 900～24 600	17 200～20 900	13 400～17 200

注：表列各类用房指标分配见附录一，使用系数为0.7。

馆藏档案数量超过110万卷的省级档案馆，档案库房面积指标可在省级一类的基础上，按照本标准的计算方法等比增加。寒冷和严寒地区的总面积指标可以在原来基础上增加4%～6%。

(3) 市级档案馆建筑面积指标应符合表5-2-3的规定。

表5-2-3 市级档案馆建筑面积指标

单位：m²

面积指标 项目	一类	二类	三类
档案库房	3 100～3 800	2 300～3 100	1 500～2 300
对外服务用房	2 800～3 200	2 300～2 800	1 800～2 300
档案业务和技术用房	3 200～3 700	2 800～3 200	2 300～2 800
办公室用房	700～900	600～700	400～600
附属用房	1 000～1 200	800～1 000	600～800
总计	10 800～12 800	8 800～10 800	6 600～8 800

注：表列各类用房指标分配见附录二，使用系数为0.7。

馆藏档案数量超过50万卷的市级档案馆，档案库房面积指标可在市级一类的基础上，按照本标准的计算方法等比增加。寒冷和严寒地区的总面积指标可以在原来基础上增加4%～6%。

(4) 县级档案馆建筑面积指标应符合表5-2-4的规定。

表5-2-4 县级档案馆建筑面积指标

单位：m²

面积指标 项目	一类	二类	三类
档案库房	1 800～2 800	900～1 800	500～900
对外服务用房	1 100～1 400	800～1 100	300～800
档案业务和技术用房	900～1 400	500～900	200～500
办公室用房	400～600	200～400	100～200
附属用房	400～600	200～400	100～200
总计	4 600～6 800	2 600～4 600	1 200～2 600

注：表列各类用房指标分配见附录三，使用系数为0.7。

馆藏档案数量超过25万卷的县级档案馆，档案库房面积指标可在县级一类的基础上，按照本标准的计算方法等比增加。寒冷和严寒地区的总面积指标可以在原来基础上增加4%～6%。

(5) 档案馆办公室用房面积应按照《党政机关办公用房建设标准》执行。

(6) 附属用房按档案库房、对外服务用房、档案业务和技术用房、办公室用房总面积的10%计算。

四、选址与规划布局

(1) 档案馆的选址应符合下列要求：

① 应选择工程地质条件和水文地质条件较好地区；

② 应远离易燃、易爆场所，不应设在有污染腐蚀性气体源的下风向；

③ 应选择交通便利，城市公用设施比较完备的地区；

④ 应选择地势较高、排水通畅、空气流通和环境安静的地段。

(2) 档案馆建设应根据建筑要求因地制宜，科学合理确定用地面积及技术指标。

① 档案馆建筑用地覆盖率宜为30%~40%，绿地率宜为30%，或遵照当地规划部门的规定执行；

② 停车场用地面积根据工作人员和外来利用档案人员数量合理确定并符合当地规划部门的规定。

(3) 档案馆总平面应满足以下规划要点：

① 档案馆宜独立建设。县级档案馆可与其他功能相近的文化项目联合建设，但应有独立的管理区域；

② 档案馆建筑应根据功能要求和工作流程合理布局，做到基本功能完备、流程便捷；

③ 档案馆建筑用地应根据建筑要求，合理确定总平面规划的各项经济技术指标，应节约使用土地，并优先利用社会公共资源；

④ 档案馆建筑按照功能分为库房区、对外服务区、业务技术区、办公区和附属用房区、库房区应相对独立、对外服务区宜设置专用出入口；

⑤ 档案馆对外服务区、业务技术区、办公区应具有良好的自然采光和通风条件；

⑥ 锅炉房、变配电室等可能危及档案安全的用房，在布局中应与库房区保持距离；

⑦ 人员集散场地、道路、停车场和绿化用地等室外用地应统筹安排；

⑧ 馆区内的道路应与城市道路或公路连接，符合消防和疏散要求并便于档案的运送、装卸；

⑨ 档案馆室内外均应按《城市道路和建筑物无障碍设计规范》(JGJ 50—2001)要求进行无障碍设计，标识指示系统清晰明确；

⑩ 档案馆对外服务的车库(场)建设应符合当地规划条件的要求，宜将车库(场)设置于地下，本标准未包括这部分用房的构成、建筑面积指标；

五、建筑设计

(1) 档案库房与其他各类用房之间应有分隔，各部门间的档案传送线路应安全顺畅，内外联系应避免交叉。

(2) 四层及四层以上的对外服务用房、档案业务技术用房应设电梯，二层及二层以上的档案库房应单独设置垂直运输设备。

（3）档案馆围护结构应满足保温、隔热、温湿度控制、防潮、防水、防日光、防紫外线照射、防尘、防污染、防有害生物和防盗等防护要求。

（4）档案库房设计应符合以下原则：

① 库区应根据档案类别、保管要求和经济性，设置不同类型的库房和确定柱网、层高与载荷，珍贵档案存储应设珍藏库，档案库房层高应满足排架高度、管道安装维修的要求；

② 库区内应设工作人员更衣室，其余附属用房不应设在库区内；

③ 库区或库房入口处应设过渡间；

④ 档案库设于地下时，必须采取防潮、防水措施。

（5）档案馆重要电子档案保管和利用场所应满足安全屏蔽要求。

（6）档案馆建筑应严格执行现行防火规范，档案库等重要用房应设置火灾自动报警设施，并采用相应的灭火系统。

（7）各级档案馆要适应档案信息化建设的要求，根据办公自动化及安全、保密等要求综合布线、预留接口，通信与计算机网络设施应满足工作需要。

（8）档案馆建筑应符合国家公共建筑节能设计标准，并采用节能设备。

（9）档案馆建筑应设置门禁、报警、监视监控等安防系统。

（10）档案馆供电应满足设备和照明的需要，省级和市级档案馆应实行双路供电，如不能双路供电，可自备发电机组。

附录一：省市县各级各类档案馆用房指标

附表 1-1　省级档案馆档案库房使用面积指标分类表

单位：万卷（档案数量）　m²（面积）

面积指标	一 类		二 类		三 类		备 注
用房名称	档案数量	使用面积	档案数量	使用面积	档案数量	使用面积	
档案库房	90～110	3 600～4 400	70～90	2 800～3 600	50～70	2 000～2 800	按 40 m²/页卷计算
使用面积小计		3 600～4 400		2 800～3 600		2 000～2 800	

注：根据实际需要在表中所列用房总面积范围内按照标准正文分类要求合理确定各类用房面积。

附表 1-2　省级档案馆对外服务用房使用面积指标分类表

单位：m²（面积）

面积指标	一 类		二 类		三 类		备 注
用房名称	个数	使用面积	个数	使用面积	个数	使用面积	
服务大厅	1	300～350	1	250～300	1	200～250	
接待室	1	150～180	1	120～150	1	90～120	
查阅登记室	1	150～180	1	120～150	1	90～120	

续　表

面积指标 用房名称	一类		二类		三类		备注
	个数	使用面积	个数	使用面积	个数	使用面积	
目录室	1	150～180	1	120～150	1	90～120	
开放档案阅览室	1	350～400	1	300～350	1	250～300	按3.5 m²/人计算
未开放档案阅览室	1	150～180	1	120～150	1	90～120	按4 m²/人计算
缩微档案阅览室	1	100～120	1	80～100	1	60～80	
音像档案阅览室	1	150～180	1	120～150	1	90～120	
现行文件阅览室	1	150～180	1	120～150	1	90～120	按4 m²/人计算
现行文件保管室	1	150～180	1	120～150	1	90～120	
展览厅	2	1 200～1 400	2	1 000～1 200	2	800～1 000	
报告厅	1	280～300	1	250～280	1	220～250	
对外利用复印室	1	80～90	1	70～80	1	60～70	复印档案、装订档案复印件
利用者休息室	1	80～90	1	70～80	1	60～70	利用者休息场所
餐厅	1	80～90	1	70～80	1	60～70	利用者就餐场所
公共卫生间	1	80～90	1	70～80	1	60～70	
使用面积小计		3 600～4 200		3 000～3 600		2 400～3 000	

注：表中所列各项功能用房的个数、面积指标，可根据实际需要在总面积指标范围内作适当调整。

附表1-3　省级档案馆档案业务和技术用房使用面积指标分类表

单位：m²（面积）

面积指标 用房名称	一类		二类		三类		备注
	个数	使用面积	个数	使用面积	个数	使用面积	
中心控制室	1	150～160	1	120～150	1	90～120	
接收室	1	150～160	1	120～150	1	90～120	
除尘室	1	100～120	1	80～100	1	60～80	
消毒室	1	100～120	1	80～100	1	60～80	

续 表

面积指标 用房名称	一类		二类		三类		备注
	个数	使用面积	个数	使用面积	个数	使用面积	
整理室	1	100～120	1	80～100	1	60～80	
编目室	1	300～320	1	280～300	1	250～280	
修史编志室	1	140～160	1	120～140	1	100～120	
展览加工制作室	1	100～120	1	90～100	1	80～90	
出版发行室	1	200～220	1	180～200	1	160～180	
去酸室	1	100～120	1	90～100	1	80～90	
理化试验室	1	140～160	1	120～140	1	100～120	
档案有害生物防治室	1	100～120	1	90～100	1	80～90	
档案保护静电复印室	1	100～120	1	80～100	1	60～80	
裱糊修复室	1	200～220	1	180～200	1	160～180	
装订室	1	100～120	1	90～100	1	80～90	
仿真复印室	1	100～120	1	90～100	1	80～90	
音像档案处理室	1	140～160	1	120～140	1	100～120	
影像放大室	1	100～120	1	80～100	1	60～80	
水洗烘干室	1	100～120	1	80～100	1	60～80	
翻版胶印室	1	100～120	1	80～100	1	60～80	
资料编排室	1	100～120	1	80～100	1	60～80	
缩微摄影室（大型机）	1	180～200	1	140～180	1	120～140	
缩微摄影室（小型机）/翻拍室	1	100～120	1	80～100	1	60～80	
冲洗处理室/冲洗室	1	60～70	1	50～60	1	40～50	
配药和化验室	1	60～70	1	50～60	1	40～50	
质量检测室	1	60～70	1	50～60	1	40～50	
校对编目室	1	60～70	1	50～60	1	40～50	
拷贝复印室	1	60～70	1	50～60	1	40～50	

续 表

面积指标 用房名称	一类		二类		三类		备 注
	个数	使用面积	个数	使用面积	个数	使用面积	
放大还原室	1	60~70	1	50~60	1	40~50	
备品库	1	50~60	1	40~50	1	30~40	
服务器机房	1	140~160	1	120~140	1	100~120	
计算机房	1	150~160	1	120~150	1	90~120	
电子档案接收室	1	100~120	1	90~100	1	80~90	
电子文件采集室	1	100~120	1	90~100	1	80~90	
数字化用房	1	300~320	1	280~300	1	250~280	
使用面积小计		4 200~4 800		3 600~4 200		3 000~3 600	

注：表中所列各项功能用房的个数、面积指标，可根据实际需要在总面积指标范围内作适当调整。数字化用房按照正文合理划分房屋类型。

附表 1-4 省级档案馆办公室用房使用面积指标分类表

单位：人（人数） m²（面积）

面积指标 用房名称	一类		二类		三类		备 注
	人数	使用面积	人数	使用面积	人数	使用面积	
办公室用房	158~188	948~1 128	128~158	768~948	98~128	588~768	按 6 m²/人计算
使用面积小计		950~1 130		770~950		590~770	取整数

注：根据实际需要在表中所列用房总面积范围内按照标准正文分类要求合理确定各类用房面积。

附表 1-5 省级档案馆附属用房使用面积指标分类表

单位：m²（面积）

面积指标 用房名称	一类 使用面积	二类 使用面积	三类 使用面积	备 注
附属用房	1 240~1 450	1 020~1 240	800~1 020	按照档案库房、对外服务用房、档案业务和技术用房、办公室用房四类用房总面积10%计算
使用面积小计	1 240~1 450	1 020~1 240	800~1 020	

注：根据实际需要在表中所列用房总面积范围内按照标准正文分类要求合理确定各类用房面积。

附录二：市级各类档案馆用房指标

附表 2-1 市级档案馆档案库房使用面积指标分类表

单位：万卷（档案数量） m²（面积）

面积指标 用房名称	一类		二类		三类		备 注
	档案数量	面 积	档案数量	面 积	档案数量	面 积	
档案库房	40～50	2 000～2 500	30～40	1 500～2 000	20～30	1 000～1 500	按50m²/万卷计算
使用面积小计		2 000～2 500		1 500～2 000		1 000～1 500	

注：根据实际需要在表中所列用房总面积范围内按照标准正文分类要求合理确定各类用房面积。

附表 2-2 市级档案馆对外服务用房使用面积指标分类表

单位：m²（面积）

面积指标 用房名称	一类		二类		三类		备 注
	个数	使用面积	个数	使用面积	个数	使用面积	
服务大厅	1	120～140	1	100～120	1	80～100	
接待室	1	70～80	1	60～70	1	50～60	
查阅登记室	1	70～80	1	60～70	1	50～60	
目录室	1	70～80	1	60～70	1	50～60	
开放档案阅览室	1	200～250	1	150～200	1	100～150	按3.5 m²/人计算
未开放档案阅览室	1	70～80	1	60～70	1	50～60	按4 m²/人计算
缩微档案阅览室		30～40	1	20～30	1	10～20	
音像档案阅览室	1	70～80	1	60～70	1	50～60	
现行文件阅览室	1	70～80	1	60～70	1	50～60	按4 m²/人计算
现行文件保管室	1	70～80	1	60～70	1	50～60	
展览厅	2	600～700	2	500～600	2	400～500	
报告厅	1	180～210	1	160～180	1	120～160	
对外利用复印室	1	45～50	1	40～45	1	35～40	复印档案、装订档案复印件
利用者休息室	1	45～50	1	40～45	1	35～40	利用者休息场所

续表

面积指标 用房名称	一类		二类		三类		备注
	个数	使用面积	个数	使用面积	个数	使用面积	
餐厅	1	45～50	1	40～45	1	35～40	利用者就餐场所
公共卫生间	1	45～50	1	40～45	1	35～40	
使用面积小计		1 800～2 100		1 500～1 800		1 200～1 500	

注：表中所列各项功能用房的个数、面积指标，可以根据实际需要在总面积指标范围内作适当调整。

附表 2-3　市级档案馆档案业务和技术用房使用面积指标分类表

单位：m²（面积）

面积指标 用房名称	一类		二类		三类		备注
	个数	使用面积	个数	使用面积	个数	使用面积	
中心控制室	1	75～80	1	70～75	1	65～70	
接收室	1	75～80	1	70～75	1	65～70	
除尘室	1	55～60	1	50～55	1	45～50	
消毒室	1	45～50	1	40～45	1	35～40	
整理室	1	45～50	1	40～45	1	35～40	
编目室	1	230～240	1	220～230	1	200～220	
修史编志室	1	75～80	1	70～75	1	65～70	
展览加工制作室	1	55～60	1	50～55	1	45～50	
出版发行室	1	90～120	1	80～90	1	60～80	
去酸室	1	55～60	1	50～55	1	45～50	
理化试验室	2	75～80	1	70～75	1	65～70	
档案有害生物防治室	1	55～60	1	50～55	1	45～50	
档案保护静电复印室	1	40～50	1	30～40	1	20～30	
裱糊修复室	1	100～120	1	90～100	1	80～90	
装订室	1	55～60	1	50～55	1	45～50	
仿真复印室	1	55～60	1	50～55	1	45～50	
音像档案处理室	1	75～80	1	70～75	1	65～70	
影像放大室	1	40～50	1	30～40	1	20～30	
水洗烘干室	1	40～50	1	30～40	1	20～30	

续表

面积指标 用房名称	一类 个数	一类 使用面积	二类 个数	二类 使用面积	三类 个数	三类 使用面积	备注
翻版胶印室	1	40～50	1	30～40	1	20～30	
资料编排室	1	40～50	1	30～40	1	20～30	
缩微摄影室（大型机）	1	90～100	1	80～90	1	20～80	
缩微摄影室（小型机）/翻拍室	1	40～50	1	30～40	1	20～30	
冲洗处理室/冲洗室	1	20～30	1	15～20	1	0～15	
配药和化验室	1	20～30	1	15～20	1	0～15	
质量检测室	1	20～30	1	0～20			
校对编目室	1	20～30	1	0～20			
拷贝复印室	1	20～30	1	0～20			
放大还原室	1	20～30	1	0～20			
备品库	1	15～20	1	0～15			
服务器机房	1	75～80	1	70～75	1	65～70	
计算机房	1	75～80	1	70～75	1	65～70	
电子档案接收室	1	55～60	1	50～55	1	45～50	
电子文件采集室	1	55～60	1	50～55	1	45～50	
数字化用房	1	160～180	1	150～160	1	140～150	
使用面积小计		2 100～2 400		1 800～2 100		1 500～1 800	

注：表中所列各项功能用房的个数、面积指标,可以根据实际需要在总面积指标范围内作适当调整。

附表2-4 市级档案馆办公室用房使用面积指标分类表

单位：人（人数） m²（面积）

面积指标 用房名称	一类 人数	一类 使用面积	二类 人数	二类 使用面积	三类 人数	三类 使用面积	备注
办公室用房	80～95	480～570	65～80	390～480	45～65	270～390	按6 m²/人计算
使用面积小计		480～570		390～480		270～390	

注：各地可以根据实际需要在表中所列用房总面积范围内按照标准正文分类要求合理确定各类用房面积。

附表 2-5　市级档案馆附属用房使用面积指标分类表

单位：m²（面积）

面积指标 用房名称	一类 使用面积	二类 使用面积	三类 使用面积	备　注
附属用房	640～760	520～640	400～520	按照档案库房、对外服务用房、档案业务和技术用房、办公室用房四类用房总面积10%计算（取整数）
使用面积小计	640～760	520～640	400～520	

注：根据实际需要在表中所列用房总面积范围内按照标准正文分类要求合理确定各类用房面积。

附录三：县级各类档案馆用房指标

附表 3-1　县级档案馆档案库房使用面积指标分类表

单位：万卷（档案数量）　m²（面积）

面积指标 用房名称	一类		二类		三类		备　注
	档案数量	使用面积	个数	使用面积	个数	使用面积	
档案库房	20～30	1 200～1 800	10～20	600～1 200	5～10	300～600	按 60m²/万卷计算
使用面积小计		1 200～1 800		600～1 200		300～600	

注：根据实际需要在表中所列用房总面积范围内按照标准正文分类要求合理确定各类用房面积。

附表 3-2　县级档案馆对外服务用房使用面积指标分类表

单位：m²（面积）

面积指标 用房名称	一类		二类		三类		备　注
	个数	使用面积	个数	使用面积	个数	使用面积	
服务大厅	1	60～80	1	40～60	1	0～40	
接待室	1	30～40	1	20～30	1	0～20	
查阅登记室	1	30～40	1	20～30	1	0～20	
目录室	1	30～40	1	20～30	1	0～20	
开放档案阅览室	1	80～90	1	70～80	1	60～70	按 3.5 m²/人计算
未开放档案阅览室	1	30～40	1	20～30	1	0～20	按 4 m²/人计算
缩微档案阅览室							

续 表

面积指标 用房名称	一类 个数	一类 使用面积	二类 个数	二类 使用面积	三类 个数	三类 使用面积	备注
音像档案阅览室	1	30~40	1	20~30	1	0~20	
现行文件阅览室	1	30~40	1	20~30	1	0~20	按4 m²/人计算
现行文件保管室	1	40~50	1	30~40	1	20~30	
展览厅	2	160~200	2	120~160	2	80~120	
报告厅	1	60~80	1	40~60	1	0~40	
对外利用复印室	1	30~40	1	20~30	1	0~20	复印档案、装订档案复印件
利用者休息室	1	30~40	1	20~30	1	10~20	利用者休息场所
餐厅	1	30~40	1	20~30	1	0~20	利用者就餐场所
公共卫生间	1	30~40	1	20~30	1	0~20	
使用面积小计		700~900		500~700		200~500	

注：表中所列各项功能用房的个数、面积指标，可根据实际需要在总面积指标范围内作适当调整。

附表3-3 县级档案馆档案业务和技术用房使用积指标分类表

单位：m²（面积）

面积指标 用房名称	一类 个数	一类 使用面积	二类 个数	二类 使用面积	三类 个数	三类 使用面积	备注
中心控制室	1	30~50	1	0~30			
接收室	1	30~50	1	20~30	1	10~20	
除尘室	1	25~35	1	20~25	1	0~20	
消毒室	1	25~35	1	20~25	1	0~20	
整理室	1	0~20					
编目室	1	90~120	1	60~90	1	40~60	
修史编志室	1	30~50	1	20~30	1	10~20	
展览加工制作室	1	25~35	1	0~25			
出版发行室	1	20~40	1	0~20			

续 表

面积指标 用房名称	一类		二类		三类		备注
	个数	使用面积	个数	使用面积	个数	使用面积	
去酸室	1	25~35	1	0~25			
理化试验室							
档案有害生物防治室	1	25~35	1	20~25	1	10~20	
档案保护静电复印室	1	0~10					
裱糊修复室	1	45~55	1	40~45	1	30~40	
装订室	1	25~35	1	0~25			
仿真复印室	1	25~35	1	0~25			
音像档案处理室							
影像放大室							
水洗烘干室							
翻版胶印室							
资料编排室							
缩微摄影室（大型机）							
缩微摄影室（小型机）/翻拍室							
冲洗处理室/冲洗室							
配药和化验室							
质量检测室							
校对编目室							
拷贝复印室							
放大还原室							
备品库							
服务器机房	1	30~50	1	20~30	1	10~20	
计算机房	1	30~50	1	20~30	1	10~20	
电子档案接收室	1	25~35	1	20~25	1	0~20	

续 表

面积指标 用房名称	一类		二类		三类		备 注
	个数	使用面积	个数	使用面积	个数	使用面积	
电子文件采集室	1	25～35	1	20～25	1	0～20	
数字化用房	1	80～100	1	40～80	1	30～40	
使用面积小计		600～900		300～600		150～300	

注：（1）表中所列各项功能用房的个数、面积指标，可以根据实际需要在总面积指标范围内作适当调整。
（2）数字化用房按照正文要求合理划分房屋类型。

附表 3-4 县级档案馆办公室用房使用面积指标分类表

单位：人（人数） m²（面积）

面积指标 用房名称	一类		二类		三类		备注
	人数	使用面积	人数	使用面积	人数	使用面积	
办公室用房	43～63	258～378	23～43	138～258	13～23	78～138	按 6 m²/人计算
使用面积小计		260～380		140～260		80～140	取整数

注：各地可以根据实际需要在表中所列用房总面积范围内按照标准正文分类要求合理确定各类用房面积。

附表 3-5 县级档案馆附属用房使用面积指标分类表

单位：m²（面积）

面积指标 用房名称	一类 使用面积	二类 使用面积	三类 使用面积	备 注
附属用房	280～400	150～280	70～150	按照档案库房、对外服务用房、档案业务和技术用房、办公室用房四类用房总面积10%计算（取整数）
使用面积小计	280～400	150～280	70～150	

注：根据实际需要在表中所列用房总面积范围内按照标准正文分类要求合理确定各类用房面积。

第三节 规 章 制 度

知识目标

（1）明确档案工作人员的职责，掌握档案工作人员、文件收发人员以及打印、文印人员的保密要求。

（2）掌握档案工作人员的各项纪律要求。

◎ **能力目标**

能够按照档案工作人员制度以及保密制度进行各项档案工作。

◎ **能力目标**

能够设计单位档案室收集归档工作方案。

◎ **案例导入**

> 2018年5月,某事业单位新入职员工贺某被安排在秘书部门工作,由于初入职,对工作情况和相关法律法规不了解,未履行涉密文件销毁管理规定,将3本秘密级汇编书籍交给保洁人员处理,保洁人员将书籍当作废品,卖到了流动废品收购站,被保密行政管理部门工作人员及时发现,进行了收缴处理。事后,有关部门给予贺某记大过处分。

我国档案保密工作面临着严峻的形势,泄密可能就在我们身边。因此,档案工作人员做好档案保密及档案保密知识的普及,严格按照各项档案工作规定来执行,是十分必要的。

一、档案工作人员职责

（1）认真学习贯彻《档案法》及与档案管理有关的保密制度,严格执行档案工作的规章制度,了解档案工作的方针,掌握档案管理工作的基本技能。

（2）档案管理人员须签署保密协议。

（3）忠于职守,负责完成档案资料的收集、整理、保管、鉴定、统计等各项具体工作。

（4）积极开发档案信息,编制各类档案检索工具。

（5）负责档案借阅登记、利用和收集工作。

（6）负责档案库房的管理,做好"八防"工作,确保档案的完整与安全。

（7）熟悉馆藏,做好档案利用工作,积极主动热情为用户提供服务。

（8）积极参加各种档案培训活动,不断提高自身业务素质和岗位工作质量。

（9）加强团队协作,遵守工作纪律,严格执行各项工作制度。

（10）严格遵守保密制度,做好公司保密工作,保证公司机密安全。

二、档案库房人员职责

（1）认真学习贯彻《档案法》及以与档案管理有关的保密制度,严格执行档案工作的规章制度,了解档案工作的方针,掌握档案管理工作的基本技能。

(2) 库房人员须签署保密协议。

(3) 认真保管档案资料,未经批准不得将档案带出库房,严防遗失。

(4) 非档案管理人员不得进入档案库房,业务经办人员进入库房须有档案管理人员专人陪同并进行登记。

(5) 档案管理人员非工作时间一般不准进入库房,在库房内不允许从事与库房管理无关的活动。

(6) 定期做好库房温湿度记录。适时采取措施调控库房温湿度。温度保持在14℃~24℃,日变化幅度不超过±2℃;湿度保持在45%~60%,日变化幅度不超过±5%。

(7) 掌握消防知识,会使用各类消防器材,熟悉消防器材放置地点。严禁吸烟,保持库房柜架整洁整齐,定期对库房内电器、线路、消防设施进行检查。

(8) 严格照明管理,库内做到人走灯熄。根据需要加装遮光帘。

(9) 定期更换库房内防虫、防霉药物,防止档案虫蛀、霉变现象发生,发现虫蛀、霉变现象及时处理。

(10) 火种、食品和有毒、易燃等物品一律不得入库。

(11) 对库房应加强日常性安全维护,特别是门窗、开关。钥匙专人保管,专人负责。

(12) 下班后库房管理人员将所有档案入库;最后离开人员负责档案库房设备电源、门窗的关闭和检查,并将全部档案柜闭合上锁。

三、档案工作保密纪律

(一) 档案工作人员保密要求

(1) 严格遵守保密法规,认真执行各项保密规章制度。

(2) 档案人员凡离开档案室库房或办公室均应关好门窗;上下班时应对档案室、库房内外进行检查,及时发现并消除泄密漏洞,节假日期间要加强值班制度。

(3) 档案员不得在公共场所谈论档案秘密内容,不得在私人通信中涉及档案秘密内容,在任何情况下不得向任何人泄露档案秘密内容。

(4) 严格档案制度,凡查借阅档案、资料,必须严格按照制度和规定办事,不可自作通融。

(5) 严禁无关人员进入档案室、档案库,坚决同盗窃档案、出卖档案秘密行为作斗争。

(6) 销毁档案资料必须经过鉴定,造据清册,按有关规定,经单位领导或上级主管部门批准。销毁时,档案室和业务各部门或保密委员会应派出三人以上的监销人共同销毁。各种档案资料,一律不得当废纸出售。

(二) 文件收发员保密职责

(1) 严格遵守党和国家保密规定,认真执行各项保密制度。

(2) 送经外地的文件、资料，一律按规定包装密封并标明密级，由机要通信部门递送，不得使用普通邮政，更不得随意托人捎带。

(3) 在接收和发出秘密文件时，经办人均应严格执行签收手续。在拆封之前应详细核对文件的号码、件数、密级和收发对象是否相符。

(4) 凡收到秘密文件、资料时，均应按秘密文件的管理办法及时进行登记、编号并做好秘密的分递、传送等管理工作。

(5) 在发送秘密文件、资料时，不得带着文件资料去办理私事或在公共场所逗留。

(6) 一切秘密文件、资料，都应当放存在安全并具有保密设施的文件柜内。

(7) 严格执行借阅秘密文件的相关手续，凡借阅秘密文件、资料，必须经主管领导批准，办理借阅手续，定期清册催讨归还。

(8) 收发室为机密要害部门，禁止无关人员随意出入和逗留，非该室工作人员不得任意翻阅或取走室内文件。

(9) 收发人员离开办公室，要及时收拾好办公桌上的文件、资料和收发文簿，文件柜、门窗要锁好，严防密件被盗。

(三) 打字、文印人员保密职责

(1) 严格遵守与档案管理有关的保密制度，认真执行各项保密规章制度。

(2) 不得以任何方式泄露经办的秘密文件、资料的内容。

(3) 秘密文件、资料打印完后的软盘要及时加密存储，废弃稿纸要及时销毁。打印底稿要妥善保管，待全文打印好后，连并底稿一并退回制发文单位。交接时均应有签收手续。

(4) 严禁在打字室内接待客人和亲友，无关人员不得进入打字室。

(5) 不得允许到打字室取送文稿的人员擅自翻阅其他部门的文稿等。

(6) 打印好的文件、文稿等，不得在公共场所、宿舍等不利于保密的地方交接。

四、档案保管制度

(1) 严格执行档案收集、整理、保管、鉴定、提供利用与销毁等有关制度和规定，确保其完整、系统和安全。

(2) 档案按档号排放，档案柜编顺序号，库房内悬挂相关档案资料管理规章和制度。

(3) 借出的档案须按时归还，利用后的档案应即时放回原处。

(4) 不得窃取、出卖和涂改档案，违者追究法律责任。

(5) 切实做好防盗、防光、防火、防水、防潮、防尘、防虫、防霉工作。

(6) 做好库房温湿度的监控与登记工作。

(7) 定期对库房档案进行全面检查、清点，发现问题及时处理(表5-3-1)。

表 5-3-1　档案库房检查记录表

年度：

季度	检查项目		检查人
一季度	库房安全检查		
	案卷保管情况		
	温湿度调控措施		
	其他		
二季度	库房安全检查		
	案卷保管情况		
	温湿度调控措施		
	其他		
三季度	库房安全检查		
	案卷保管情况		
	温湿度调控措施		
	其他		
四季度	库房安全检查		
	案卷保管情况		
	温湿度调控措施		
	其他		

五、档案借阅管理制度

（1）各部门借阅档案，必须按照单位制定的各门类档案借阅管理标准办理借阅手续（表 5-3-2）。

表 5-3-2　档案查阅登记表

借阅人	日期	档案号	档案名	用途	方式		复印份数	借阅部门	部门负责人签字	主管领导签字	归还日期	备注
					查阅	借阅						

（2）外单位来人借阅本单位档案，需持单位介绍信并经本单位有关部门领导签字批

准,方可查阅,查阅期间不得抄录、拍摄或借出。

(3) 机密、秘密、绝密档案借阅一律按照与档案管理有关的保密制度中的要求办理。

(4) 查阅各门类档案应在阅览室内进行,不划道、涂改、折卷、剪裁、拍照、撕毁等。特殊情况需借出的,须经部门负责人批准,但借出时间不得超过一周,不得转借他人,需继续使用者要办续借手续,确保档案的完整与安全。

(5) 珍贵的实物档案、重要的照片、底片、缩微胶片等档案一律不准借出。

(6) 凡私自抄录、拍摄、描绘、拆散、删刮、撕毁档案的行为者,严格按照国家《档案法》、《保密法》予以追究法律责任。

六、档案库房管理制度

为确保库房档案资料安全,最大限度地防止自然或人为等因素对档案库房可能造成的损害,提高对各种险情的应急救援能力,达到快速有效救援,减少损失,维护档案库房实体安全的目的,各单位应健全档案库房的管理制度。

(一) 工作原则

以档案安全优先、以防为主,注重日常的工作原则来展开。

(1) 档案安全优先:面临其他财产损失和档案安全的选择时,要把保障档案的安全作为自然灾害紧急处置的首要任务,最大限度地减少自然灾害对档案材料的影响。

(2) 以防为主:把突发事件预防作为档案馆安全工作的中心环节和主要任务,完善工作机制,强化安全管理,完善防范手段,建立安全预报机制,提高对自然灾害的紧急处置能力。

(3) 注重日常:要把档案安全措施落实到日常工作中去,时刻保持警惕,杜绝人为原因造成档案资料缺失、破损等现象发生。管理制度包含库房日常安全管理、定期安全检查、每天温湿度控制、保持整洁卫生、遵守保密规定等内容。

(二) 安全管理措施

(1) 防高温、防潮、防水:档案库房温度控制在14℃~24℃,每昼夜波动幅度不大于±2℃;相对湿度控制在45%~60%之间,每昼夜波动幅度不大于±5%。特藏库、音像磁带库、胶片库等特殊档案库,应根据其行业标准都控制在相应范围内。

(2) 库房内应配备温湿度仪,应配备空调、除湿机、加湿器等调温调湿设施。当温湿度超过标准时,必须采取措施使之符合要求,大库房安装柜式或壁挂式空调为宜。库房的地面要抗渗透性能优异,要具有良好的防水、防潮、防腐的功能。

(3) 房日光直射和紫外线照射:采用人工照明时,宜选乳白色防爆灯罩的白炽灯。当采用荧光灯时,应有过滤紫外线和安全防护措施。窗户要安装防光窗帘,避免阳光直射档案。

(4) 防有害生物(防虫、防鼠):管道通过墙面或楼、地面处均应使用不燃材料填塞密实,其他墙身孔也应采取密封防护措施。库房安装金属门与地面的缝隙≤5 mm,库房内严格密封,防止鼠类进入,库房外围设有鼠药、鼠笼,杜绝鼠患。为应对鼠类、害虫类的进入,可以配备电子猫,以达到根除老鼠、害虫的目的。档案箱柜内应放置防虫、防霉药品,并及时更换。有条件的库房可配备臭氧发生器,净化库房空气。

(5)防尘、防污染、防霉:档案库房及箱柜保持整洁、干燥、无灰尘,箱柜、地面要用吸尘器、拧干的抹布拖把清洁。严禁将其他用品与档案一同存放。库房周围可以植树种草,不断扩大绿化面积,以达到防尘、净化空气、降温等要求。

(6)防火:抢险救灾小组成员应熟悉抢险岗位、职责及救灾设备存放位置、使用方法。要有完善的抢险救灾器材配置,保障后勤供给。档案库房应配备消防器材,采用气体或干粉型,并每半年安排专业人员对档案室各类仪器进行检测,每年更换一次,确保其正常运转。保证消防通道畅通。库房内严禁存放易燃易爆物品,严禁吸烟。库房内各类电器使用方法要规范,八小时以外及节假日或档案员外出时都要切断电源。要安装防火报警器。要做好每日下班前的安全检查,确保万无一失。

(7)防盗:档案库房应安装防盗报警器、防盗报警系统和可通过特定的通信格式与公安110报警监控中心计算机联网,组成一套先进的全方位可靠的安全防范网络。一旦发生警情,能把报警信息通过邮电通信网络瞬间远程传输到用户设定的电话、手机,同时向报警中心报告。联网中心可通过电子地图、数据库、电脑语音提示,监听现场情况,显示发生警情的单位、地点、方位,及时调动警力作出快速处理。档案库房、箱、柜门应及时上锁,钥匙由档案人员保管,非档案管理人员不得擅自进入库房。离开库房应及时关灯关门关窗。

(8)防磁:防磁柜针对外部磁场过大、热源太强或有强烈振源等原因引起的资料消磁现象,采用优质冷轧钢板,内部专业防磁构造设计,能有效地屏蔽磁场,阻隔热源,从而使音带、磁带、录音带、磁盘等资料存放更安全可靠。

七、档案销毁制度

(一)档案销毁制度

(1)档案销毁是指对没有保存价值的不归档文件和保管期限已满、无须继续保存的档案进行销毁的处理。

(2)档案销毁必须按照国家规定的档案销毁标准严格进行鉴定。

(3)经过鉴定确需销毁的档案,必须写出销毁档案内容分析报告,列出档案销毁清册。

(4)档案销毁必须严格执行审批制度,履行批准手续。

(5)批准销毁的档案应及时送造纸厂化为纸浆或焚毁,且要有三人监销;销毁完毕,监销人要在销毁清册上写明某日已销毁并签名盖章。

(6)档案的销毁必须在相应的案卷目录、档案总登记簿和案卷目录登记簿上注明已销毁。

(二) 档案销毁手续

(1) 编制销毁清册。由档案部门和有关业务部门人员共同组成的鉴定小组经过鉴定，对无保存价值的档案编制销毁清册，它是日后查找档案销毁情况的凭据。销毁清册的封面需设置全宗号、销毁档案的数量、鉴定小组负责人的签字及时间、批准人的签字及时间、监销人的签字及销毁时间等项目。清册中档案销毁登记表要设置序号、文件题名、所属年度、档号、应保管期限、已保管期限、文件页数、备注等栏目，准确描述每一份销毁文件的内容和成分，供领导审查。

(2) 鉴定报告，提出销毁意见。报告中对需销毁档案的数量及内容作简要介绍，并提出销毁意见，陈述销毁原因。

(3) 相关负责人审批。

(4) 销毁。领导批准后，一般由三人将需要销毁的档案送往指定的造纸厂做原料，数量较少也可自行焚毁，不得当作其他用途，更不许出卖。无论采取什么方法，必须指定三人以上监销，确已销毁后，监销人须在销毁清册(表5-3-3)上注明"已销毁"字样及销毁日期并签字，以示负责。

(5) 未批准销毁的档案，要拿出继续保存。

表 5-3-3　档案销毁清册

序号	案卷成文件题名	年度	目录号	卷(盒)号或文号	卷(盒)内文件页(件)数	原期限	销毁原因	销毁日期	销毁人	备注

(三) 档案销毁方式

1. 纸质档案销毁方式

(1) 一般情况下，档案可以送往指定的造纸厂，将废旧的纸再次融为纸浆，再造新纸。

(2) 对于机密以及绝密档案，采用专业的焚烧炉对资料进行焚烧(城区禁止随意在空地进行焚烧)。

2. 电子档案销毁方式

(1) 对于非机密性的文档，可以用逻辑删除的方式。

(2) 对于属于保密内的电子文件，电子档案储存在不可擦除载体上的，必须连同存储载体一起销毁。

答一答

一、填空题

1. (　　)层及以上的对外服务用房、档案业务和技术用房应设电梯。(　　)层及以上的档案库应设垂直运输设备。

2. 档案库净高不应低于（   ）。

3. 档案库房"八防"包括（   ）。

4. 纸质档案库的温度要求为（   ），湿度要求为（   ）。

5. 档案库在选定温湿度后，每昼夜温度波动幅度不得大于（   ），相对湿度波动幅度不得大于（   ）。

二、选择题

1. 设计档案阅览室时，自然采光的窗地面积比不应小于（   ）。
   A. 1∶5　　　　B. 1∶3　　　　C. 2∶3　　　　D. 1∶2

2. 在档案馆防火设计中，档案馆库区建筑及每个防火分区的安全出口不应少于（   ）个。
   A. 2　　　　　B. 3　　　　　C. 5　　　　　D. 7

3. 档案馆的电源线和控制线应采用（   ）导体。
   A. 铁　　　　　B. 铜　　　　　C. 铝　　　　　D. 以上都不对

4. 档案馆建筑用地覆盖率宜（   ），绿地率宜为30％，或遵照当地规划部门的规定执行。
   A. 20％～35％　B. 30％～40％　C. 1％～10％　D. 5％～15％

5. 在档案的有害生物防治中，库房门应选用（   ）材质。
   A. 木质　　　　B. 玻璃　　　　C. 金属　　　　D. 以上都不对

三、简答题

1. 简要论述档案工作人员保密要求。

2. 简要论述档案馆的基地选址条件。

3. 简要论述档案馆的总平面布置应符合的规定。

附录：法规选读

中华人民共和国保守国家秘密法（节选）

第二章　国家秘密的范围和密级

第十三条　下列涉及国家安全和利益的事项，泄露后可能损害国家在政治、经济、国防、外交等领域的安全和利益的，应当确定为国家秘密：

（一）国家事务重大决策中的秘密事项；

（二）国防建设和武装力量活动中的秘密事项；

（三）外交和外事活动中的秘密事项以及对外承担保密义务的秘密事项；

（四）国民经济和社会发展中的秘密事项；

（五）科学技术中的秘密事项；

（六）维护国家安全活动和追查刑事犯罪中的秘密事项；

（七）经国家保密行政管理部门确定的其他秘密事项。

政党的秘密事项中符合前款规定的，属于国家秘密。

第十四条　国家秘密的密级分为绝密、机密、秘密三级。

绝密级国家秘密是最重要的国家秘密，泄露会使国家安全和利益遭受特别严重的损害；机密级国家秘密是重要的国家秘密，泄露会使国家安全和利益遭受严重的损害；秘密级国家秘密是一般的国家秘密，泄露会使国家安全和利益遭受损害。

第十五条　国家秘密及其密级的具体范围（以下简称保密事项范围），由国家保密行政管理部门单独或者会同有关中央国家机关规定。

军事方面的保密事项范围，由中央军事委员会规定。

保密事项范围的确定应当遵循必要、合理原则，科学论证评估，并根据情况变化及时调整。保密事项范围的规定应当在有关范围内公布。

第十六条　机关、单位主要负责人及其指定的人员为定密责任人，负责本机关、本单位的国家秘密确定、变更和解除工作。

机关、单位确定、变更和解除本机关、本单位的国家秘密，应当由承办人提出具体意见，经定密责任人审核批准。

第十七条　确定国家秘密的密级，应当遵守定密权限。

中央国家机关、省级机关及其授权的机关、单位可以确定绝密级、机密级和秘密级国家秘密；设区的市级机关及其授权的机关、单位可以确定机密级和秘密级国家秘密；特殊情况下无法按照上述规定授权定密的，国家保密行政管理部门或者省、自治区、直辖市保密行政管理部门可以授予机关、单位定密权限。具体的定密权限、授权范围由国家保密行政管理部门规定。

下级机关、单位认为本机关、本单位产生的有关定密事项属于上级机关、单位的定密权限，应当先行采取保密措施，并立即报请上级机关、单位确定；没有上级机关、单位的，应当立即提请有相应定密权限的业务主管部门或者保密行政管理部门确定。

公安机关、国家安全机关在其工作范围内按照规定的权限确定国家秘密的密级。

第十八条　机关、单位执行上级确定的国家秘密事项或者办理其他机关、单位确定的国家秘密事项，需要派生定密的，应当根据所执行、办理的国家秘密事项的密级确定。

第十九条　机关、单位对所产生的国家秘密事项，应当按照保密事项范围的规定确定密级，同时确定保密期限和知悉范围；有条件的可以标注密点。

第二十条　国家秘密的保密期限，应当根据事项的性质和特点，按照维护国家安全和利益的需要，限定在必要的期限内；不能确定期限的，应当确定解密的条件。

国家秘密的保密期限，除另有规定外，绝密级不超过三十年，机密级不超过二十年，秘密级不超过十年。

机关、单位应当根据工作需要，确定具体的保密期限、解密时间或者解密条件。

机关、单位对在决定和处理有关事项工作过程中确定需要保密的事项，根据工作需要决定公开的，正式公布时即视为解密。

第二十一条　国家秘密的知悉范围,应当根据工作需要限定在最小范围。

国家秘密的知悉范围能够限定到具体人员的,限定到具体人员;不能限定到具体人员的,限定到机关、单位,由该机关、单位限定到具体人员。

国家秘密的知悉范围以外的人员,因工作需要知悉国家秘密的,应当经过机关、单位主要负责人或者其指定的人员批准。原定密机关、单位对扩大国家秘密的知悉范围有明确规定的,应当遵守其规定。

第二十二条　机关、单位对承载国家秘密的纸介质、光介质、电磁介质等载体(以下简称国家秘密载体)以及属于国家秘密的设备、产品,应当作出国家秘密标志。

涉及国家秘密的电子文件应当按照国家有关规定作出国家秘密标志。

不属于国家秘密的,不得作出国家秘密标志。

第二十三条　国家秘密的密级、保密期限和知悉范围,应当根据情况变化及时变更。国家秘密的密级、保密期限和知悉范围的变更,由原定密机关、单位决定,也可以由其上级机关决定。

国家秘密的密级、保密期限和知悉范围变更的,应当及时书面通知知悉范围内的机关、单位或者人员。

第二十四条　机关、单位应当每年审核所确定的国家秘密。

国家秘密的保密期限已满的,自行解密。在保密期限内因保密事项范围调整不再作为国家秘密,或者公开后不会损害国家安全和利益,不需要继续保密的,应当及时解密;需要延长保密期限的,应当在原保密期限届满前重新确定密级、保密期限和知悉范围。提前解密或者延长保密期限的,由原定密机关、单位决定,也可以由其上级机关决定。

第二十五条　机关、单位对是否属于国家秘密或者属于何种密级不明确或者有争议的,由国家保密行政管理部门或者省、自治区、直辖市保密行政管理部门按照国家保密规定确定。

参 考 答 案

第 一 章

1. 如何正确理解与认识档案的概念与内涵？文件如何才能转换为档案？

一、档案的概念与内涵：

概念：档案是指过去和现在的国家机构、社会组织以及个人从事政治、军事、经济、科学、技术、文化、宗教等活动直接形成的对国家和社会有保存价值的各种文字、图表、声像等不同形式的历史记录。

内涵：① 档案是国家机构、社会组织以及个人在社会活动中形成的；② 档案是保存备查的文件；③ 档案的形式是多种多样的；④ 档案是人类社会活动的原始记录。

二、文件如何才能转换为档案：

文件转化为档案是有条件的，不是所有的文件都可能转化为档案。文件转化为档案一般需要具备三个条件：① 办理完毕。办理完毕的文件才能作为档案保存，正在承办中的文件不是档案。所谓办理完毕是相对而言的，主要是指完成了文书处理程序。② 有保存价值。将国家机关、社会组织和个人在履行职能处理事务活动中形成的文件材料，有保存价值的文件才可称为档案。有的文件在办理完毕后就失去了保存的价值，也就不可能转化为档案。③ 按照一定的规律集中保存起来，才能最后成为档案。归档既是文件转化为档案的程序和条件，也是一般的标志和界限。文件是逐日逐件积累起来的，是比较分散和零散的，只有按照一定的要求并经过整理，保存下来的才能称为档案。

2. 档案可分为文书档案、科技档案和专门档案，请具体论述三者的内容与种类。

不同的划分标准和认识角度，档案的分类也各不相同。目前被大家普遍接受的档案分类方法是将档案分为文书档案、科技档案和专门档案。

一、文书档案

文书档案也称为党政档案，是反映党务和行政管理方面的档案，是党政机关、团体、企事业单位在党务和行政管理活动中形成的档案材料。

二、科技档案

科技档案的全称是科学技术档案，是指科学技术研究过程中形成的，具有保存价值的文字、图表、数据、声像等各种形式载体的文件材料。

三、专门档案

专门档案是指文书档案、科技档案之外的,所有在专业职能活动中形成的档案。如人事档案、会计档案、诉讼档案、病历档案、婚姻档案等。

3. 论述档案的价值。

档案的价值指的就是档案的利用价值,是档案能够满足社会需求的表现,一般可以概括为以下四个方面:

一、档案是机关行政管理和业务工作的查考凭据

档案是由机关、团体和社会组织在社会活动中形成的文件材料转化而来的,是机关公务活动的记录,反映了机关和社会组织活动的完整情况。是机关工作中不可缺少的辅助工具,是处理业务和履行职能的手段。

二、档案是生产活动的参考依据

档案来源于生产活动,可以为社会建设提供重要的依据和参考资料,特别是科技档案更是作为企业现代化生产和科学管理的重要条件,在企业经营管理和提高生产力方面发挥着重要的作用。

三、档案是科学研究的基础和条件

在科学研究中,档案一方面能提供原始的记录供直接借鉴,另一方面能提供大量的实验和观察中概括的基础材料供间接参考。

四、档案是宣传教育的生动素材

档案的内容极其丰富,记录了各个历史时期反动势力、进步势力以及各种英雄人物的事迹材料,是著书立说、文艺创作、举办各种展览和对人民进行革命传统教育、爱国主义教育的生动素材,具有较强的说服力和感染力。

4. 说明档案的作用。

档案的作用是多方面的,但最终可概括为两个基本方面,即档案的凭证作用和档案的参考作用。

一、档案的凭证作用

档案原始记录的特性决定了档案的凭证价值,它是其他材料所不能取代的,具有法律上的权威性。档案的凭证作用是由档案的形成规律和自身特点所决定的。第一,从档案的形成看,它是原始形态的记录品,是当时、当地、当事人留下的,未经过任何人改动的最为原始形态的记录,比较真实地记录了当时人们的思想和活动,可靠性强,是令人信服的证据。第二,档案记录着形成者的历史真迹,如各种手稿、合同、证书、录音、录像等,这些原始标记进一步证明了档案是确凿的原始材料和证据,是真实的历史凭证。

二、档案的参考作用

由于人类社会活动的多样性,所以档案所记录的信息和知识也是极其丰富的。档案中有成功的经验,也有失败的教训;有思想观点,也有实验观察数据;有社会变革,也有生产的发展。与图书情报资料相比,档案的参考价值更具有原始性和可靠性。

5. 什么是档案工作？档案的基础工作包括哪些内容？

一、档案工作的概念：

档案工作具有广义和狭义两种解释，从广义上说是指整个档案事业，它包括档案室工作、档案馆工作、档案行政管理工作、档案教育工作、档案宣传工作、档案科学研究工作和档案国际合作与交流工作等。而狭义的档案工作，则是指档案业务工作，也就是人们通常所说的档案工作，是专指档案室和档案馆围绕档案所进行的一系列业务工作，即用科学的原则和方法管理档案，为社会各项事业服务的工作。

二、基础业务工作：

1. 收集工作：收集是指按照一定规定和要求，通过例行的接收制度和专门的征集办法，将档案集中保存起来的过程。

2. 整理工作：整理是指对档案系统化、条理化、有序化的过程。

3. 鉴定工作：鉴定是指对档案的真伪和价值进行判定的过程。

4. 保管工作：保管是指维护档案完整与安全的过程。

5. 统计工作：统计是指对档案和档案管理有关状况进行数据的登记、统计和分析研究的过程。

6. 利用工作：利用是指档案部门向利用者和社会提供档案，实现档案信息的共享，满足社会对档案信息的需求的过程。档案工作的最终目的是要发挥档案的作用。

在实际工作中，除了上述"六个环节"外，也有人将档案业务工作划分为八个环节，即加入档案的编目工作和档案的编研工作。编目工作是指编制档案检索工具的过程。编研工作是指利用工作中，对档案史料进行编辑、研究，加工成各种信息材料提供给社会利用的过程。

6. 我国档案工作的基本原则是什么？

我国档案工作的基本原则是：档案工作实行统一领导、分级管理的原则，维护档案完整与安全，便于社会各方面的利用。

一、统一领导、分级管理

国家的全部档案由各级档案机构分别集中保存；全国档案工作由各级档案行政管理机关统一、分级、分专业负责监督和指导；实行党、政档案和党、政档案工作的统一管理。

二、维护档案的完整与安全

完整性包括：从数量上要保证档案的齐全；从质量上要维护档案的有机联系和历史真迹，不能人为地将其割裂或者零乱堆放。安全性包括：注意保护档案的实体安全，防止自然和人为的损坏，尽量延长档案的寿命；保证档案内容安全，确保档案不丢失、不泄密。

三、便于社会各方面的利用

便于社会利用是检验档案工作的主要标准，是整个档案工作的基本出发点，一切档案机构的设置、档案工作规章制度的建立和档案业务工作、业务环节的开展，都须服从、服务于这一根本目的。从这个意义上说，便于社会各方面利用，是档案工作原则的一个重要方面。

实行档案的集中统一管理，维护档案的完整与安全，都是为了便于社会各方面利用档案。同时,要做到便于社会各方面的利用,就必须实行统一领导、分级管理和维护档案的完整与安全。从这个意义上说,前两者是手段,后者是目的。没有档案的完整与安全,就不可能有档案的方便利用,便于社会各方面的利用是目的,离开了这个根本目的,护档案的完整与安全也就失去了意义和方向。

7. 论述档案室和档案馆的区别与联系。

档案室和档案馆都是直接保管档案的部门,两者之间有密切的联系,但也有明显的区别,主要体现在以下几点:

一是机构性质不同:档案室是一个机关单位内部机构的组成部分,而档案馆则是整个国家、地区或系统、专业的机构。档案室是国家档案事业的基础,档案馆是全国档案事业的主体。

二是所管理档案的范围不同:档案室集中统一保管本机关单位的全部档案,而档案馆则保管本地区、本系统、本专业的档案。

三是保管档案的期限有所不同:档案室只在一定时期内保管本机关形成的档案,对逾期的档案,或向档案馆移交,或予以销毁,而档案馆则是党和国家永久保管档案的基地。

四是档案的利用范围不同:档案是主要任务是为本机关单位提供服务,一般不与外界发生关系,而档案馆则是面对社会,提供档案为社会各项工作服务。

第 二 章

1. 列出档案管理工作的主要内容。

档案的收集、整理、保管、鉴定、统计和提供利用的活动。包括:档案收集、档案整理、档案价值鉴定、档案保管、档案编目和档案检索、档案统计、档案编辑和研究、档案提供利用。

2. 档案整理的方法分哪两种?

以"件"为单位的文件级整理和以"卷"为单位的案卷级整理。

3. 页码应标注在文件的什么位置?

页码应逐页编制,宜分别标注在文件正面右上角或背面左上角的空白位置。

4. 若文件的第22页发现重号,应该怎么补救?

可改为22(1)页、22(2)页,并在备考表中注明。

5. 若文件的第12页后面发现漏号,直接跳到第14页,应该怎么补救?

可将第12页改成12—13页,并在备考表中注明:第12—13页,共一页。

6. 题名即标题,完整的标题由哪三部分组成?

完整的题名由责任者、问题、文种3个部分组成。

7. 下面是小王需要处理的××市妇联的几份文件,请帮忙鉴别一下哪些需要立卷归档,哪些不需要立卷归档?理由是什么?

第①④两份文件必须归档,因这两份文件都是反映了市妇联的主要工作职能;第②③两份文件不必归档,因这两份文件跟市妇联的主要工作职能无关,并不反映市妇联的历史发展面貌。

8. ××建筑公司,有2018年度和2019年度的销售部、财务部、办公室档案,按"年度—组织机构—保管期限"分类法立卷,请设计分层结构图。

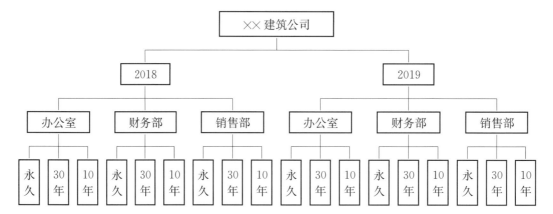

9. 下面是××公司的几份待归档文件,请判断一下应该放在哪一年度立卷并说明理由。

第①份文件归入2018年;第②份文件归入2018年;第③份文件归入2016年;第④份文件归入2018年;第⑤份文件归入2019年。

10. 下面选取的是××市卫生局某年度形成的10份文件材料,请按已学过的立卷方法,将其进行分类并组成案卷,拟写出案卷标题。

(1)将①②③⑥组成一卷,案卷标题是:××市卫生局关于干部职工培训学习、2020年卫生护校招生的意见、通知;(2)将④⑤组成一卷,案卷标题是:××市卫生局、市中心医院关于对余××所犯错误的处分决定、通知;(3)将⑦⑧⑨⑩组成一卷,案卷标题是:中共××市委、市人民政府、市卫生局关于刘×、王×、李×、钟×等同志职务任免的决定、通知。

11. ××单位实习秘书肖××在整理公司文件准备归档,她把文件按照不同文种加以分类,在每类中按时间排列,还把文件后的附件一一分离出来,单独装订。装订时,在每份文件上标上页号,文件左侧统一用订书机装订。最后把这些文件按照时间顺序一次装入档案盒中,填好档案案卷封面,然后移交给档案室。档案室管理员陆××看了后直摇头。

根据上述案例,请判断实习秘书肖××在文件归档整理过程中有哪些不妥之处?

(1)无需对文书进行文种的区分,因为文件在排列时只考虑事由、时间和重要程度等因素。

(2)文书整理中公文附件一般不单独成件,而是和公文正文一起成一件。

(3)取消立卷后,文件归档不需要再编页号。

(4)文件采用何种方式装订要考虑是否会破坏档案的原貌或能否长期保存,订书钉对永久或长期保存的档案不太合适,因为容易锈蚀。

(5)文件排列时,首先要考虑事由因素,同一事由的应排在一起,同一事由内部按时间顺序或重要程度排列,不同事由间按时间顺序或重要程度排列。

(6)文件排列好后要加盖归档章。

(7)文件装盒前要考虑档案的分类方案,不同保管期限的档案不能装入同一盒中。

第 三 章

1. 什么是人事档案？它有什么形成条件？

人事档案是组织、人事管理部门或其他有关部门在人事管理活动中形成的，关于个人经历和德才表现，并以个人为单位机长保存备查的各种方式和载体的历史记录。形成人事档案的条件有如下几点：办理完毕的文件材料才能归入档案；手续完备的文件材料才能归入人事档案；内容真实的文件材料才能归入人事档案。

2. 如何确定人事档案材料的收集范围？

收集工作必须根据各自的属性明确加以区分，划清各自的范畴，避免错收与漏收。人事档案部门应按照人事档案材料的价值，结合所管人员的具体情况，确定人事档案材料的收集范围。

3. 人事档案材料的收集渠道有哪些？

人事档案材料产生于不同的部门，渠道繁多，涉及面广。可通过组织、人事、劳动部门收集应归档的人事档案材料；可通过党团组织收集入党入团材料；可通过原工作单位收集过去形成的档案材料等。

4. 人事档案的编目应注意哪两点？

一要注意增加编码、贴类角号；二要注意档案目录的填写。

5. 什么是会计档案？会计档案的种类有哪些？

会计档案是指单位在进行会计核算等过程中接收或形成的，记录和反映单位经济业务事项的，具有保存价值的文字、图表等各种形式的会计资料，是记录和反映单位经济业务的重要史料和证据。会计档案的种类主要有会计凭证、会计账簿和会计报表等专业材料。

6. 对各单位每年形成的会计档案进行整理立卷的是哪个部门？

各单位的财务会计部门。

7. 每年形成会计档案数量较多的中大型企事业单位适合使用哪种会计档案排列方法？

会计文件形式—年度—保管期限分类排列法。

8. 黄花建筑公司，有一批2017年度的会计档案需要立卷归档，按照"年度—会计文件形式—保管期限"分类法立卷，请写出分层结构图。

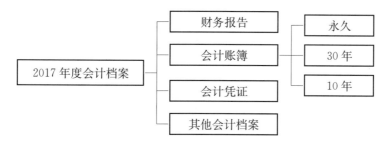

9. 什么是声像档案？

声像档案一般是指以磁性材料、感光材料为主要载体和以影像、声音、电子文件为主要反映方式的历史记录。包括照片、录音带、录像带、影视片、光盘、计算机磁带等。

10. 传统照片档案由哪几个部分构成？

传统照片档案一般包括底片、照片和说明三部分。

11. 光盘档案说明标签包含哪些要素？

全宗号、光盘号、光盘名称、播放时间、张数、形成时间、保管期限、套别。

12. 简述照片档案的整理步骤。

传统照片档案的底片应单独整理和存放，照片和说明一同整理和存放。

（1）对底片进行分类、编号、登录，装袋与标注，再进行入册，填写入册信息。（2）对照片进行分类、组卷，卷内照片排列、编写照片号、照片装册、编制照片说明、填写卷内备考表、填写照片册册脊信息、编制案卷目录。

13. 什么是财产保险业务档案？

财产保险业务档案是指公司在从事保险业务承保、理赔、防灾防损、为客户服务、再保险、市场开发等业务活动中形成的各种文件、材料、单证、报表、照片、图表、台账（登记簿）、录音带、录像带以及其他具有依据性、原始性、查考性、参考性的材料。

14. 财产保险业务档案一般采用哪种分类方法？

按照年度—保管期限进行归档整理。即将归档的财产保险业务档案按年度分类，每个年度下再按保管期限分类。

15. 请根据所学内容，编写北京分公司营业部 2019 年度第 3 卷第 6 件保管期限为 6 年的保全档案的流水号。

BQ—S8611002019003006

第 四 章

1. 什么是信息化、数字化和网络化？

信息化则是由信息技术所引发的社会经济结构从以物质与能源为重心向以信息与知识为重心的转化过程，是现代发展的重要趋势。进入 21 世纪，计算机技术和网络通信技术的成功融合和广泛应用，从根本上改变了信息产生、处理、传输、存储的方式，并以此推动社会经济结构、生产方式以及人们生活方式、工作方式的深刻变革。这个变革过程就是信息化。信息化有两大支柱——数字化和网络化。

数字化是将现实世界中的各种信息、文字内容等转变为电脑能识别的、用二进制代码表示的数字信息，从而方便计算机运算、处理与传输的过程。数字化是信息化的基础，没有数字化就没有计算机技术和信息技术。

网络化是指利用通信技术和计算机技术，把分布在不同地点的计算机及各类电子终端设备互联起来，按照一定的网络协议相互通信，以达到所有用户都可以共享软件、硬件和信息资源的目的。网络化是信息化的手段，没有网络化，计算机终端就成为"信息孤岛"，难以提升数字信息的价值。

档案管理的信息化就是档案管理工作的信息化，即充分利用现代信息技术和设备，与档案管理流程相结合,有效提高档案管理的工作效率,为社会提供档案信息服务的过程。

2. 纸质档案数字化的基本环节有哪些?

纸质档案数字化的基本环节主要包括:档案出库、数字化前处理、档案扫描、目录数据库建立、图像处理、数据挂接、数字备份、数字化成果验收与移交等。其中目录数据库既可在扫描前建立,也可在扫描后建立;数字化成果质量的检验,除最后验收外,在扫描与图形处理完成也可进行。

3. 在扫描前,需要对出库的档案进行哪些处理?

数字化前的预处理,具体包括生成识别条码,拆除装订,整理排序,剔除无关及重复文件,登记破损、缺失及错乱情况,对混乱及严重破损、褶皱不平、字迹模糊的档案,请专业技术人员进行修复处理。

4. 当前数字化扫描设备主要有哪些?选择不同设备的依据是什么?

当前数字化使用的扫描设备主要为平板扫描仪、高速扫描仪、大幅面扫描仪与数码翻拍仪(书刊扫描仪)。选择不同设备的依据主要是扫描档案的幅面大小(A4、A3、A0等)和纸张保存情况选择相应规格的扫描仪。

(1)纸张小于等于A4幅面、平整度较高、纸张韧性好、无虫蛀霉变的档案,使用自动进纸的高速扫描仪扫描;(2)纸张容易产生褶皱、撕裂、破损或超厚、幅面大于A4的档案,使用手动送纸的平板扫描仪进行扫描;(3)较薄、较软纸张扫描时,先在纸张下加入白色打印机作衬底,将扫描仪自动进纸器设置为厚纸模式并采用中、低速档自动进纸扫描,或使用快速平板扫描仪扫描。破损纸张,夹入透明塑料薄膜后,用快速平板扫描仪扫描。(4)对于纸质幅面较长但不超过A3的档案纸张,可使用扫描仪长纸扫描功能;(5)超过A3的可采用分区扫描后拼接的方式或使用大幅面扫描仪、工程扫描仪扫描(最大可到A0)。若后期采用软件自动拼接的方式,重叠尺寸建议不小于单幅图像对应原件尺寸的1/3。(6)不易拆卷的珍贵档案或装订成册的书刊、图书等,选用非接触式或专业无边距的数码翻拍仪(书刊扫描仪)扫描。

5. 扫描时需要设置或者注意哪些参数?

扫描时需要注意的参数有色彩模式、分辨率和文件存储格式。

扫描色彩模式有两种:一是扫描形成黑白二值图像,适用于扫描字迹、线条质量清晰的文字或图纸档案。二是扫描形成连续色调静态图像,这种图像又分为灰度图像和彩色图像两种,灰度模式适用于扫描黑白照片、图像档案,彩色模式适合扫描页面中有红头、红印章的档案或彩色照片档案。需永久或长期保存,或向国家档案馆移交的档案,一般应采用彩色模式扫描。

扫描分辨率参数大小的选择,原则上以扫描后的图像清晰、完整、不影响图像的利用效果为准。采用黑白二值、灰度、彩色几种模式对档案进行扫描时,其分辨率一般均建议选择大于或等于200 dpi。特殊情况下,如文字偏小、密集、清晰度较差等,可适当提高分辨率。需要进行OCR汉字识别的档案,扫描分辨率建议选择300 dpi,需要进行高精度仿真复制的档案,扫描分辨率建议不小于600 dpi。

存储格式。扫描后,从扫描仪获得的静态图像文件,应以不压缩格式——TIFF格式保存一份以作永久保存，并另外转换成 PDF 或 JPEG 格式一份提供网络下载和在线浏览。同一批档案应采用相同的存储格式。

6. 扫描完成后需要对图像进行哪些处理？

图像处理包括了图像数据质量检查、图像顺序、图像名称、方向调整、纠偏、画质调整、去污、图像拼接、裁边、图像修复等。

7. 什么是档案管理信息系统？

档案管理信息系统是指各机关、团体、企事业单位和各级各类档案馆用于对档案信息和档案实体进行辅助管理的各类计算机应用软件系统。档案管理信息系统一般有两大类：一类是档案宏观管理信息系统，用于辅助档案工作者对整个档案工作的管理，又称档案行政管理系统，这类系统的建设主体主要是各级档案行政管理部门。另一类是档案微观管理信息系统，又称为档案管理业务系统，用于辅助具体的档案管理业务工作，包括档案的收集、整理、鉴定、保管、统计和利用等，这类系统的建设主体主要是各级各类的档案业务科室。

档案管理业务系统对于以纸质档案为代表的实体档案而言是一种辅助管理的角色，通过档案管理系统对实体档案进行收集、整理、目录信息、库房保管、借阅、归还等各个环节进行信息记录，便于各个环节的系统化管理。故对实体档案管理而言，档案管理系统管理的是档案业务工作的流程信息，而不是实体档案本身。但对电子档案而言，档案管理系统不仅是业务流程信息的管理，更包括了电子档案本身的管理。

8. 顺秋档案管理系统有哪几大模块？它们分别具备怎样的功能？

顺秋档案管理系统有档案收集、档案存储、档案借阅、基础信息、系统设置五大模块，位于系统页面最上端，分别具有基础设置、档案编辑、档案入库、库房分配、档案借阅等功能。具体而言，系统设置模块是在使用系统之前，对系统进行初始化的配置操作，主要包括：公司信息、部门信息、员工信息、角色信息、系统日志等功能，即哪个公司使用这个系统进行档案工作；

基础信息模块是用来设置本单位档案业务工作的一些基本信息，有档案分类、档案库房、库位设置和通用字典。

档案收集模块主要是档案的日常整理（不涉及入库和出库操作），主要有：档案导入、文件导入、档案新增、编辑、发布、销毁建册、清册维护、销毁清册、编辑日志等。

档案存储模块主要是档案的入库、库房以及利用等操作，分为库存查询、档案入库、库房利用率和档案利用率。

档案借阅主要是档案的检索、收藏、借阅、审批、归还等操作，具体分为全文检索、我的收藏、我的借阅、电子借阅领导审批、电子借阅管理员审批、正在借阅和借阅到期。

此外，系统还有档案数量、电子文件数量、电子借阅、纸质借阅、外部借阅、档案库房分别、档案利用率等可视化信息。

第 五 章

一、填空题

1. 四、二

2. 2.40 m

3. 防高温、防潮湿、防盗、防火、防霉菌、防光、防尘、防虫

4. 14℃～24℃　　45%～60%

5. ±2℃　　±5%

二、选择题

1. A　2. A　3. B　4. B　5. C

三、简答题

1.（1）严格遵守保密法规,认真执行各项保密规章制度。

（2）档案人员凡离开档案室库房或办公室均应关好门窗;上下班时应对档案室、库房内外进行检查,及时堵塞失泄密漏洞,节假日期间要加强值班制度。

（3）档案员不得在公共场所谈论档案秘密内容,不得在私人通信中涉及档案秘密内容,在任何情况下不得向任何人泄露档案秘密内容。

（4）严格档案化工部制度,凡查借阅档案、资料,必须严格按照制度和规定办事,不可自作通融。

（5）严禁无关人员进入档案室、库,坚决同盗窃档案、出卖档案秘密的行为作斗争。

（6）销毁档案资料必须经过鉴定,造具清册,按有关规定,经单位领导或上级主管部门批准。销毁时,档案室和业务各部门或保密委员会应派出三人以上监销人共同销毁。各种档案资料,一律不得当废纸出售。

2.（1）应选择工程地质条件和水文地质条件较好的地段,并宜远离洪水、山体滑坡等自然灾害易发生的地段;

（2）应远离易燃、易爆场所和污染源;

（3）应选择交通方便、城市公用设施较完备的地段;

（4）应选择地势较高、场地干燥、排水通畅、空气流通和环境安静的地段。

3.（1）档案馆宜独立建造。当确需与其他工程合建时,应自成体系,并符合本规范的规定。

（2）总平面布置宜根据近远期建设计划的要求,进行一次规划、建设或一次规划、分期建设。

（3）基地内道路应与城市道路或公路连接,并应符合消防安全要求。

（4）人员集散场地、道路、停车场和绿化用地等室外用地应统筹安排。

（5）基地内建筑及道路应符合现行行业标准《城市道路和建筑无障碍设计规范》(GJG 50)的规定。

参 考 文 献

［1］丁耀琪,吴红红.档案整理跟我学：基层单位档案工作实用指南［M］.上海：上海社会科学院出版社,2009
［2］广州市档案局.档案整理技巧与图解［M］.北京：中国档案出版社,2008.
［3］刘承志.现代档案管理百图解［M］.成都：四川大学出版社,1991.
［4］吴晓红.档案工作综合实践教程［M］.北京：首都经济贸易大学出版社,2017.
［5］肖秋惠.档案管理概论［M］.武汉：武汉大学出版社,2009.
［6］陈智为,邓绍兴,刘越男.档案管理学［M］.北京：中国人民大学出版社,2008.
［7］陈兆祦,和宝荣,王英玮.档案管理学基础［M］.北京：中国人民大学出版社,2005.
［8］张端,刘璐璐,杨阳.新编档案管理实务［M］.成都：电子科技大学出版社.2017.
［9］刘家真.档案管理实务（上·教材）［M］.北京：中国广播电视出版社.2004.
［10］王艳明.档案管理实务（下·学习指导书）［M］.北京：中国广播电视出版社.2004.
［11］何屹主编.档案管理实务（第二版）［M］.北京：北京大学出版社,2020.
［12］潘玉民,杨小红.专门档案管理［M］.沈阳：辽宁大学出版社,1993.
［13］王英玮.专门档案管理［M］.北京：中国人民大学出版社,2004.
［14］刘家真.声像档案管理与保护［M］.武汉：武汉大学出版社,1993.
［15］华林.声像档案管理学［M］.昆明：云南大学出版社,1997.
［16］段东升主编.会计档案整理［M］.北京：中国文史出版社,2013.
［17］国家档案局编.纸质档案数字化的流程与方法［M］.北京：中国文史出版社,2018.
［18］上海市档案局编.档案信息化建设［M］.上海：上海教育出版社,2015.
［19］姚晓春,辛文华编.档案法规教程［M］.北京：中国档案出版社,1999.

注：第二、三章部分图片来源于国家档案局官网及其他第三方网络平台。